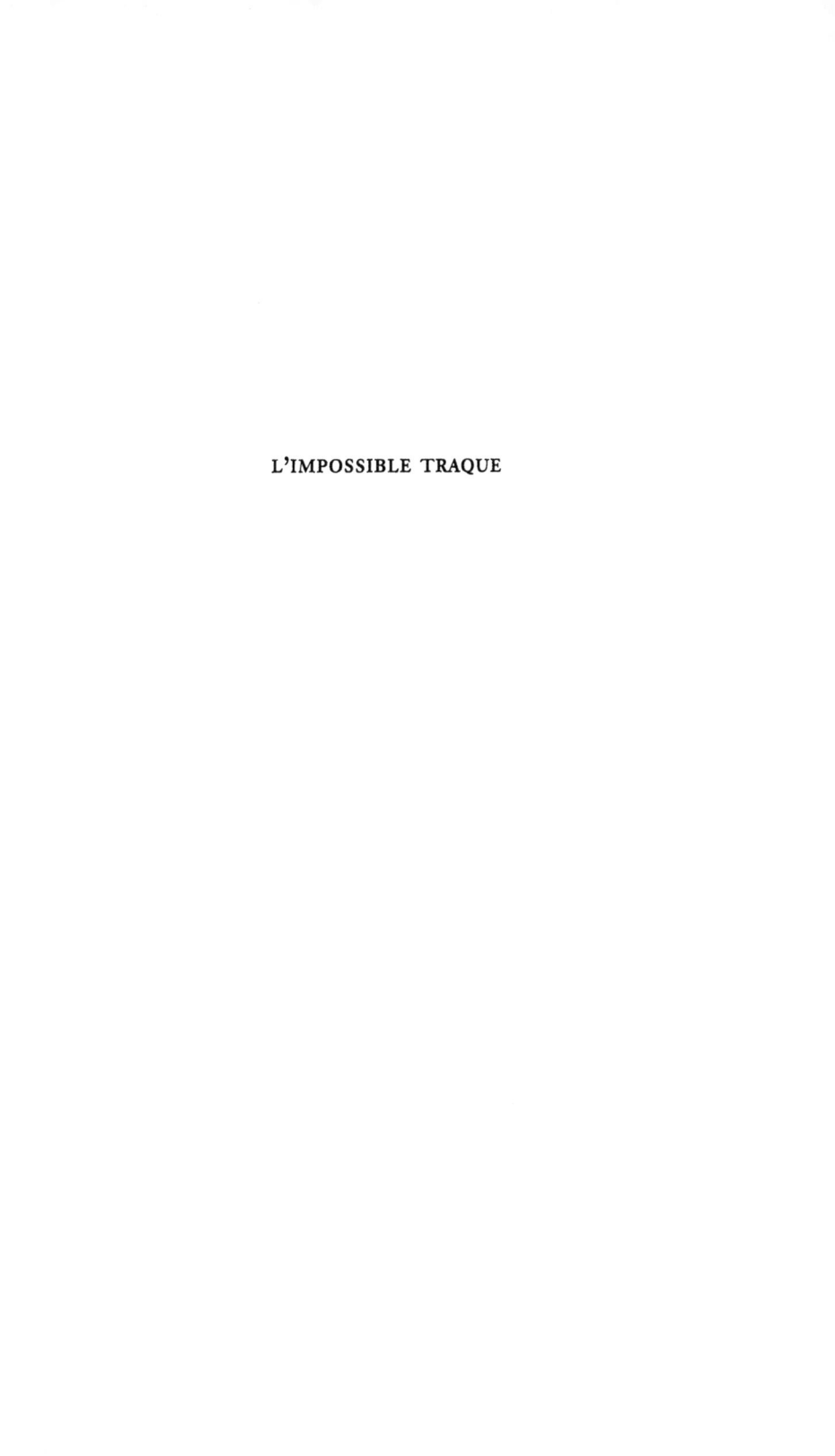

L'IMPOSSIBLE TRAQUE

Patricia Chaira
Dorothée Lépine

L'impossible traque

Au cœur de l'antiterrorisme

Fayard

© Librairie Arthème Fayard, 2016.
ISBN : 978-2-213-70143-1
Couverture : © Antoine du Payrat
Photo © Tuul et Bruno Morandi

« Les terroristes sont des opportunistes. Paradoxalement, ils sont beaucoup plus réalistes que ceux qui les traquent. Parce qu'ils s'adaptent au jour le jour en fonction de la situation et des moyens. »
Percy Kemp, écrivain

« Le renseignement est bien la clé de la lutte antiterroriste, mais la justice en est la serrure. »
Marc Trévidic, juge d'instruction

« Gagner la guerre ne suffit pas à gagner la paix. »
Général Pierre de Villiers, chef d'État-major des armées

Prologue

30 septembre 2015, en une de *Paris Match* : « La France est la cible principale de l'État islamique. Le pire est à venir ». C'est un magistrat qui l'affirme, et pas n'importe lequel : Marc Trévidic, le célèbre juge antiterroriste. Dix mois après le massacre de *Charlie Hebdo*, alors que les Français se remettent à peine du choc, les rédactions s'affolent.

Au sein de notre agence de presse, chacun y va de son commentaire : « C'est vrai, c'est ce que nous confirment toutes nos sources… Tous les voyants sont au rouge, la menace n'a jamais été aussi élevée. Maintenant que la France s'excite au Moyen-Orient, c'est pas étonnant, fallait bien que ça nous retombe dessus ! Daesh est prêt à tout, et Al-Qaïda veut se refaire. Pourquoi ils ont viré le seul juge valable en matière de terro ?! Il est fort, ce Trévidic, quand même. Il a raison, les juges et les services de renseignement sont débordés… C'est sûr, on va dans le mur. Et on ne pourra pas dire qu'on ne savait pas. Trévidic nous aura prévenus ! »

Nous relisons l'interview du lanceur d'alerte. L'angoisse du « pire à venir » nous effleure, avant que nos réflexes de journalistes ne reprennent le dessus. Qu'est-ce qui fait dire cela au juge ? Comment notre pays se prépare-t-il à affronter le pire ? Où et quand aura lieu le prochain attentat ? Comment l'éviter, à moins de partir vivre sur une île déserte ou au fin fond de notre Périgord natal ? Et pendant combien de temps ?...

Toutes ces interrogations nous décident à enquêter sur les moyens de la lutte antiterroriste en France. Le pire est-il à venir parce que les moyens sont défaillants ? Qui fait quoi, finalement, dans cette course contre la montre qui nous oppose à un ennemi prétendument insaisissable ? Le juge Trévidic a été envoyé à Lille comme vice-président du tribunal de grande instance ; d'autres, tout aussi compétents, ont pris le relais. Combien sont-ils aujourd'hui au pôle antiterroriste ? Les méthodes des services de renseignement ont-elles évolué ? Comment les policiers et les magistrats traquent-ils les terroristes ? Le juge n'exagère peut-être pas lorsqu'il déclare : « L'évidence est là : nous ne sommes plus en mesure de prévenir les attentats comme par le passé. On ne peut plus les empêcher. Quant aux moyens affectés à la lutte antiterroriste, ils sont clairement devenus très insuffisants, et je pèse mes mots. On frise l'indigence à l'heure où la menace n'a jamais été aussi forte. »

Deux mois plus tard, le 13 novembre 2015, le pire se produit. Notre enquête devient urgente. Pour mesurer la menace et la comprendre. Connaître les forces qui la combattent. Et répondre à cette question : avons-nous les moyens de nos ambitions ?

En ce début 2016, un document classé « confidentieldéfense » vient de nous tomber entre les mains. Il s'agit d'un rapport secret sur l'état de la menace, daté du 14 janvier. D'emblée, des chiffres : le nombre de djihadistes identifiés comme tels par les services de renseignement français. Ils sont plusieurs centaines en territoire ennemi, dont près de la moitié ont échappé aux services de renseignement. Sont-ils revenus dans l'Hexagone ? La note met l'accent sur le nombre croissant de mineurs et de femmes. Elle ne précise ni leur identité ni leur objectif.

Ces chiffres font écho aux propos d'Abdelhamid Abaaoud, le coordinateur des attentats du 13 novembre : « On est venus à plusieurs. Il y a des Syriens, des Irakiens, des Français, des Allemands, des Anglais. On est rentrés à quatre-vingt-dix, on est un peu partout en Île-de-France. » Un témoignage qui fait froid dans le dos. Tout comme celui du patron de la DGSI (Direction générale de la sécurité intérieure), s'exprimant fin mai 2016 devant la commission de la défense à l'Assemblée nationale : « La France est aujourd'hui, clairement, le pays le plus menacé. […] Nous savons que Daesh planifie de nouvelles attaques – en utilisant des combattants sur zone, en empruntant les mêmes routes qui facilitent l'accès à notre territoire –, et que la France est clairement visée. […] Face à ce péril, notre stratégie est celle du démantèlement judiciaire des réseaux par une action visant à empêcher la commission d'actes terroristes. »

Au fil de nos longs entretiens avec les hommes et femmes du renseignement, des forces de l'ordre et de la justice, nous avons découvert qu'en effet la menace est d'une ampleur inédite, nourrie par de nouveaux combattants. Aux origines du mal, l'histoire et la géopolitique du monde. Mais aussi notre propre histoire, politique et sociétale. Notre plongée au cœur de l'antiterrorisme français nous a ouvert les yeux. L'enjeu n'est pas de savoir seulement où et quand aura lieu le prochain attentat, mais combien d'ennemis évoluent à l'intérieur de nos frontières, combien vont revenir des combats, et comment « faire face » à ce péril.

« Le terrorisme est le symptôme d'une maladie qui vient altérer notre organisme, nos fonctions vitales. » Celui qui nous offre cette définition pragmatique travaille dans le renseignement et parcourt le monde depuis plus de vingt-cinq ans – probablement du côté des pays « chauds », à en croire son teint hâlé. Son témoignage nous intéresse particulièrement, car nous savons que rien ne viendra le polluer : l'homme n'est pas politique et n'attend aucune reconnaissance. Il nous donne sa vision de la traque, celle qu'il pratique au quotidien pour lutter contre le terrorisme dont la France, son pays, est victime : « Les facteurs pouvant entraîner l'apparition d'une maladie peuvent être aussi bien intrinsèques qu'extrinsèques à l'organisme qu'elle touche. Deux facteurs ont entraîné le terrorisme que nous vivons actuellement. D'abord, la crise au Moyen-Orient, qui remonte à 1916. Il y a un siècle, au sortir de la Première Guerre mondiale, les Français et les Anglais ont signé l'accord Sykes-Picot pour se partager les restes de l'Empire ottoman. Schématiquement, au départ, Mark Sykes, représentant la Grande-Bretagne, et le diplomate français François Georges-Picot tracent une ligne séparant le Moyen-Orient en deux : au nord de la ligne, la zone française, et, au sud, la zone britannique. Au fil du temps, les Anglais s'emploient à contrôler la zone énergétique – le pétrole – et la France s'efforce de maintenir son influence en assurant la protection des lieux saints. Sans qu'ils arrivent jamais à se mettre d'accord sur la Palestine. Mais le terrorisme auquel nous faisons face aujourd'hui est aussi le symptôme d'une deuxième maladie : celle de l'Occident. L'homme est fait pour vivre en société, il a intrinsèquement besoin de se sentir appartenir à un groupe, or notre société occidentale vit actuellement une crise des valeurs. Et notez bien : les pays musulmans sont les premières victimes de ce terrorisme. »

Notre discussion avec le quinquagénaire aux yeux bleu clair va nous éclairer sur cette traque qui se mène dans l'ombre. En France, la police, la justice, les services de renseignement et l'armée luttent contre ce nouvel ennemi :

PROLOGUE

Daesh. Jean-Yves Le Drian, le ministre de la Défense, note que l'ennemi possède une « armée terroriste » contre laquelle « la France a engagé ses troupes dans un cadre de légitime défense[1] ». « La France est en guerre », martèlent-ils tous, du président de la République au Premier ministre, en passant par les membres du gouvernement. Les interventions au Sahel et au Levant s'enchaînent pour traquer les djihadistes. Le chef de l'État a fait voter la loi restaurant l'état d'urgence après les attentats du 13 novembre 2015. Au pays des droits de l'homme, l'exécutif a entamé un numéro d'équilibriste pour satisfaire le besoin de sécurité exprimé par les Français tout en préservant nos libertés. La lutte antiterroriste est devenue un enjeu politique majeur. Alors, l'antiterrorisme en France, comment ça marche ? Qui traque quoi ?

Pour les besoins de cette enquête, nous avons sollicité tous les acteurs de l'antiterrorisme. Ce sont des gens qui ne parlent pas habituellement, rechignent à donner des chiffres, répugnent à révéler leurs méthodes. Armées de patience et nous étant prises au jeu de cette chasse, nous avons obtenu leurs confidences pour vous raconter cette impossible traque.

---

1. Jean-Yves Le Drian, *Qui est l'ennemi ?*, Éditions du Cerf, 2016.

1.

Ennemis publics numéro un

« Ce phénomène touche la majeure partie des pays occidentaux, partout où il y a une concentration d'individus en rupture sociale, en perte d'identité, et qui considèrent que la seule façon d'exister est de basculer dans le djihadisme et la lutte contre l'Occident. Ces individus sont, en plus, dans une logique mortifère. On n'avait jamais eu de kamikazes en France avant le 13 novembre. »

Anne Kostomaroff, ancienne procureure de Paris

Quatre mois de traque

C'est le seul survivant du commando. Il n'a pas actionné sa ceinture d'explosifs. Dans la nuit du 13 au 14 novembre 2015, Salah Abdeslam est en plan au sud de Paris. Il vient de participer aux pires attentats que la France ait jamais connus. Seul, il improvise son exfiltration du pays.

Il appelle d'abord un cousin de Paris, mais celui-ci refuse de venir le chercher : « Je ne sais pas si t'es au courant, mais il y a des attentats. — Ah ouais, il y a des attentats[1] ? » répond Salah dans cet échange surréaliste. Il appelle alors deux amis en Belgique, Hamza Attou et Mohamed Amri, qui se mettent en route pour venir le récupérer. Il a quatre heures à tuer et cherche un endroit calme pour manger et se reposer. *L'Obs*[2] nous apprend que, en attendant ses amis, le terroriste a trouvé l'hospitalité auprès de jeunes de la cité Vauban, à Châtillon, dans une cage d'escalier. Après être passé au McDo, Abdeslam a débarqué avec son burger et partagé quelques joints avec ces lycéens, dont les portables ne cessaient de sonner quelques heures après les attentats. Vers 4 heures, les jeunes quittent les lieux ; le terroriste se met en boule dans un coin et s'endort, avant que ses copains de Molenbeek n'arrivent vers 5 h 30. Direction : la Belgique.

Pour éviter les contrôles, Salah Abdeslam demande à ses chauffeurs de prendre les routes départementales, mais ils se perdent et se retrouvent finalement sur l'autoroute, où ils sont arrêtés une première fois. « Le policier nous a demandé si on avait consommé », raconte Attou. Salah reste silencieux sur la banquette arrière. Amri et son copain répondent positivement, puisqu'ils viennent de fumer un joint. « Le policier a dit que ce n'était pas bien, mais que ce n'était pas la priorité aujourd'hui[3]. » Au deuxième barrage, la police leur demande leurs papiers, puis ils sont stoppés une troisième et dernière fois près de Cambrai, à 180 kilomètres au nord de Paris. Les gendarmes relèvent la plaque d'immatriculation du véhicule, et « Salah donne même son adresse de Molenbeek[4] », selon le convoyeur.

Le contrôle d'identité d'Abdeslam fait apparaître qu'il est bien inscrit par la police judiciaire belge au fichier

---

1. *Le Parisien*, mise en ligne le 20 décembre 2015.
2. *L'Obs*, 15 juin 2016.
3. *Le Parisien*, mise en ligne le 20 décembre 2015.
4. *Ibid.*

Schengen 2 pour des faits de droit commun, mais les Belges n'ont pas émis le signalement de sa radicalisation. Il est pourtant connu comme candidat au djihad en Syrie.

Partis de Paris à l'aube, les trois comparses arrivent à Bruxelles en début d'après-midi sans avoir été inquiétés. À cette heure-là, le nom de Salah Abdeslam n'est pas encore relié aux attentats, et il n'est pas encore l'homme le plus recherché de France et d'Europe.

Pendant ce temps, à Paris, les recherches se focalisent sur deux des trois voitures louées par le commando et immatriculées en Belgique : une Polo noire retrouvée devant le Bataclan et une Seat Leon noire abandonnée à Montreuil. Grâce aux multiples indices qu'elles livrent, les policiers commencent à retracer le parcours macabre du commando. Très vite, ils se concentrent sur un nom : Abdeslam. Et trois prénoms : Brahim, Mohamed et Salah. Trois frères de nationalité française mais ayant grandi en Belgique, à Molenbeek, un quartier populaire de Bruxelles.

Quarante-huit heures après les attentats, trois des sept terroristes sont connus, et Brahim, l'aîné des frères Abdeslam, en fait partie : les policiers l'ont vite identifié comme étant celui qui a fait exploser sa bombe au Comptoir Voltaire. Mohamed Abdeslam, lui, est placé en garde à vue à Bruxelles pour être interrogé, puis rapidement relâché. Quant au frère cadet, Salah, il est considéré comme un « individu dangereux » et visé par un appel à témoins. Sa photo est diffusée dans tous les services de police d'Europe. C'est le premier visage de l'affaire. En interrogeant longuement le propriétaire et le convoyeur de la voiture contrôlée à Cambrai, en d'autres termes les complices qui ont aidé Salah Abdeslam à s'exfiltrer de France, les enquêteurs belges en apprennent davantage sur le fugitif. Sa famille, qui vit encore à Molenbeek, est placée sous surveillance, dans l'espoir qu'il vienne se réfugier chez elle.

De fait, c'est dans le quartier de son enfance qu'il va revenir se cacher. Trois jours après les attentats, « les policiers l'ont logé », nous confirme une source bruxelloise. Il se terre au numéro 47 de la rue Delaunoy, à Molenbeek. À 5 heures du matin le 16 novembre, les unités des forces d'intervention prennent d'assaut le bâtiment, mais trop tard : le fugitif ne s'y trouve plus. La fouille de l'appartement révèle des traces de son passage. Des complices auraient profité du désordre paradoxalement occasionné par cette opération d'interpellation et par l'important dispositif de sécurité qui l'accompagne pour l'aider à s'échapper.

Nous n'avons pas pu vérifier cette information auprès des autorités belges, personne n'ayant souhaité s'exprimer sur le sujet, qui n'est pas vraiment à la gloire des forces de l'ordre. La presse, qui s'interroge alors sur l'efficacité du système policier et judiciaire en Belgique, s'en fait largement l'écho. On lit ainsi dans *Le Monde* : « Mais pour quelles raisons l'ennemi public numéro un n'a-t-il pas été interpellé plus tôt ? Car la loi du 7 juin 1969 exige que, sauf exception dont le terrorisme ne fait pas partie, les perquisitions n'aient lieu qu'entre 5 heures du matin et 9 heures du soir. Le Code d'instruction criminelle prévoit que la perquisition doit être ordonnée par un juge d'instruction en charge de l'enquête, même s'il n'est pas obligé d'y assister personnellement. Résultat : la police a dû attendre d'obtenir un mandat de perquisition. » Le quotidien ajoute : « Plus étonnant – et plus grave – encore : le suspect en fuite a peut-être pu échapper à la surveillance policière exercée sur un immeuble de Molenbeek grâce à la complicité d'un de ses amis, Lazez Abraimi. Ce brocanteur, appréhendé le 19 novembre à Jette, aurait caché Abdeslam dans sa fourgonnette, en simulant un déménagement dans le quartier[1]. » « On nage en plein surréalisme[2] ! » s'exclame le présentateur du journal télévisé de la RTBF quand l'affaire est révélée un mois plus tard.

---

1. *Le Monde*, publié le 17 décembre 2015.
2. RTBF.be, publié le 16 décembre 2015.

Durant ces cent vingt-cinq jours de chasse à l'homme, tandis qu'on imaginait Salah Abdeslam en Allemagne, ou encore hors d'Europe, en Syrie, il était chez lui, en Belgique, s'offrant même le luxe de se balader tranquillement dans son quartier ! Des images de vidéosurveillance ont en effet été retrouvées depuis, comme nous le raconte notre source diplomatique : « On voit le type, en capuche, qui se promène sur le marché de Molenbeek. Il avait des potes dans le quartier qui savaient et qui le planquaient. Des amis avec lesquels il avait grandi. Pendant tout ce temps, il a bénéficié de ce réseau de fidèles. »

Dans l'après-midi du vendredi 18 mars 2016, les forces spéciales belges investissent la rue des Quatre-Vents, à Molenbeek. La commune est désormais tristement et mondialement connue pour avoir abrité plusieurs djihadistes ayant participé aux attaques de Paris. Appuyées par une équipe du GIGN (Groupe d'intervention de la gendarmerie nationale) français, les forces belges s'apprêtent à passer à l'assaut.

Trois jours plus tôt, Salah Abdeslam leur a encore échappé. C'était à Forest, une commune limitrophe. Les policiers d'une équipe commune d'enquête dans le volet belge des attentats de Paris effectuent une perquisition « de routine ». Ils recherchent les « planques » dans lesquelles les terroristes ont préparé leurs attaques. Des individus liés au grand banditisme et à un trafic de voitures volées auraient aidé ces derniers à trouver des appartements ou des véhicules. L'immeuble de Forest aurait pu abriter l'un de ces « appartements conspiratifs ». Lorsque les policiers décident de pénétrer à l'intérieur, rien n'indique que l'immeuble est habité, le raccordement à l'eau courante et à l'électricité ayant été coupé plusieurs semaines auparavant. Très vite, cependant, la perquisition prend une tout autre tournure : une fusillade éclate et les policiers se retrouvent sous le feu d'armes automatiques. Deux suspects s'échappent par les toits pendant qu'un troisième homme couvre leur fuite en tirant sur les policiers. Trois d'entre eux sont blessés, dont une Française. L'individu est tué. Ses deux complices, eux, restent « activement recherchés ».

À côté du suspect abattu sont découverts une kalachnikov et un livre sur le salafisme. Dans l'appartement, la police retrouve aussi un drapeau de l'organisation État islamique, onze chargeurs et de nombreuses munitions. Sans le savoir, les policiers viennent de tomber sur une cellule terroriste. Surtout, c'est cette opération de fortune qui va les remettre sur la piste de Salah Abdeslam. L'homme abattu est identifié : il s'agit de Mohamed Belkaïd, un Algérien de 35 ans en séjour illégal en Belgique. C'est un des logisticiens des attentats de Paris et le destinataire du SMS : « On est parti. On commence », coup d'envoi de l'attaque du Bataclan. L'individu qui s'est enfui par les toits avec un complice est peut-être le survivant du commando. La police scientifique passe l'appartement au peigne fin et relève toutes les traces d'empreintes pour en extraire les ADN. Dans le même temps, plusieurs autres « planques » potentielles sont mises sous surveillance, dont l'appartement d'une jeune femme, rue des Quatre-Vents, à Molenbeek. Ce coup d'accélérateur donné à l'enquête pousse Salah Abdeslam à commettre une erreur, celle que les policiers attendent depuis quatre mois. Notre source nous raconte l'histoire.

Hasard du calendrier, le 17 mars 2016 ont lieu les funérailles de Brahim Abdeslam, celui qui a actionné sa ceinture d'explosifs au café Comptoir Voltaire après avoir mitraillé plusieurs terrasses de bar et de restaurant avec deux autres terroristes, causant la mort de trente-neuf personnes. Son enterrement est surveillé de près par les policiers. À la sortie du cimetière, toutes les personnes présentes sont fouillées, les téléphones saisis. Bonne pioche : dans la mémoire d'un des téléphones, les enquêteurs découvrent un message de

Salah Abdeslam dans lequel il demande à son ami de l'aider à trouver une nouvelle planque, après avoir dû s'enfuir de celle de Forest. L'appareil a borné au 79, rue des Quatre-Vents, à Molenbeek. C'est là-bas qu'il se terre désormais, les policiers en sont sûrs. Les quatre pizzas livrées la veille à cette adresse les confortent dans leur idée, puisque c'est une femme seule qui est censée occuper l'appartement. Entre-temps, l'ADN d'Abdeslam vient d'être formellement reconnu comme étant celui retrouvé dans l'appartement de Forest. La divulgation de cette information par la presse contraint les forces de l'ordre à précipiter son arrestation.

À 16 heures le vendredi 18 mars, le quartier est bouclé, l'immeuble évacué. L'heure est au face-à-face final. La police fédérale belge somme Salah Abdeslam de se rendre les mains en l'air. L'homme, vêtu d'un sweat-shirt et d'une casquette blanche, sort de l'immeuble en courant tête baissée, comme s'il tentait le sprint de la dernière chance. La colonne de policiers en faction le laisse s'éloigner de l'immeuble avant de lui tirer dessus en visant les jambes. Salah Abdeslam s'écroule. La traque de l'homme le plus recherché d'Europe vient de prendre fin. « Nous l'avons », tweete Theo Francken, le secrétaire d'État belge à l'Asile et à la Migration. « C'est une jolie opération, se réjouit un des nombreux "experts" du terrorisme sur le plateau d'iTélé. Coup de chapeau aux forces de l'ordre, même s'il faut reconnaître que c'est un total hasard. C'est une surprise, une bonne surprise. » En fin de journée, Barack Obama, le président des États-Unis, appelle François Hollande et le Premier ministre belge Charles Michel pour les féliciter.

Tout le monde salue l'arrestation d'Abdeslam, mais chacun sait que la traque des terroristes, que ce soit en Belgique ou en France, est loin d'être terminée. « Qu'on ne s'y méprenne pas, avertit le quotidien *La Libre Belgique*, d'autres cellules sont à l'œuvre. Elles risquent de faire encore couler le sang... »

Quatre jours après l'arrestation d'Abdeslam, Bruxelles est frappée par trois attentats suicide qui font trente-deux morts et trois cent quarante blessés.

La fabrique à djihadistes

Les policiers sont conscients qu'ils ont « seulement » attrapé un logisticien des attentats de Paris, et non la tête pensante de l'organisation. Lentement, ils tentent de démêler les fils de cette nébuleuse djihadiste et de remonter jusqu'à la genèse des actes terroristes. Un organigramme se dessine. Des noms apparaissent. Le rôle de chacun se précise.

Un temps présenté comme le cerveau des attentats de Paris, Abdelhamid Abaaoud n'en serait en fait que le coordinateur. Sa présence à Paris le 13 novembre, puis sa mort à Saint-Denis lors de l'assaut du RAID (groupe Recherche, Assistance, Intervention et Dissuasion) cinq jours plus tard, l'attestent. Selon Olivier Christen, un ancien du parquet antiterroriste, il ne peut pas être une pièce maîtresse dans l'échiquier de l'État islamique : « Une armée peut faire de ses troupes de la chair à canon, mais en aucun cas elle ne tue son général. » Dans ce cas, qui est le général qui, depuis la Syrie, a ordonné ces attaques coordonnées en Belgique ou en France, puis veillé à leur bonne exécution ?

Dans les PV d'audition des juges, le nom d'un Français ressort régulièrement. Son nom de guerre : Abou Souleymane al-Faransi. Âgé d'une trentaine d'années, d'origine maghrébine, il a vécu à Drancy, en région parisienne, jusqu'à son départ pour la Syrie en 2012 avec femme et enfants. Arrivé comme simple combattant, il aurait gagné ses galons de chef en fomentant le macabre projet des attaques coordonnées du 13 novembre, qu'il a présenté lui-même à Abou Bakr al-Baghdadi, calife autoproclamé de l'État islamique en Irak et au Levant depuis juin 2014. Selon l'hebdomadaire

L'Express, ce coup d'éclat le propulse au rang de Français le plus haut placé dans l'organigramme de Daesh[1]. Souleymane al-Faransi est le chef de l'Amn Al-Kharji, le service de renseignement extérieur de l'État islamique, chargé de l'espionnage et des attaques en territoire ennemi.

Sous ses ordres, on trouve d'autres Français, dont Salim Benghalem. Bien connu des services de police et de renseignement, ce dernier apparaît pour la première fois sur les radars de la justice en 2001. Condamné pour des faits de délinquance, il se radicalise en prison au contact d'un membre du groupe dit des Buttes-Chaumont, chargé d'organiser des filières de recrutement de djihadistes vers l'Irak au début de l'invasion américaine, entre 2003 et 2005. Surveillé par les services dès sa sortie de prison en 2010, il s'envole pour la Syrie deux ans plus tard et devient là-bas l'un des bourreaux de Daesh.

Viendraient ensuite dans l'organigramme deux coordinateurs : le Français Fabien Clain – la voix des attentats du 13 novembre – et le Belge Abdelhamid Abaaoud – avant qu'il ne se fasse tuer par les forces de l'ordre lors de l'assaut de Saint-Denis. Tous ont un lien plus ou moins direct avec les récents attentats en Europe, comme la tuerie du Musée juif de Bruxelles, l'attaque avortée du Thalys ou l'attentat déjoué de Villejuif.

À mesure qu'ils progressent, les enquêteurs voient apparaître les ramifications entre les attentats. « Ce sont des réseaux tentaculaires, s'inquiète Samia Maktouf, avocate de nombreuses familles de victimes des attentats du 13 novembre. Du début des années 2000 à aujourd'hui, ce sont les mêmes filières, en interconnexion. C'est une immense toile d'araignée tissée sur notre sol. »

La traque promet d'être longue et sans répit.

---

1. *L'Express*, 1er juin 2016.

Toutes les pistes convergent vers Raqqa, en Syrie, et Mossoul, en Irak. C'est là-bas que les têtes de réseau planifient les attaques avant de renvoyer en France ces djihadistes que personne n'a vus monter en puissance, malgré leurs multiples voyages en terres de djihad. Le 13 août 2015, Reda Hame, un jeune Parisien arrêté à son retour de Syrie, donne aux enquêteurs le nom d'Abdelhamid Abaaoud. Il raconte avoir été missionné à Raqqa par un certain Abou Omar – c'est la *kounia* (le surnom musulman) d'Abaaoud. Son récit est édifiant : « Il m'a demandé si ça m'intéressait de partir à l'étranger. […] "Imagine un concert de rock dans un pays européen, si on te passe de quoi t'armer, est-ce que tu serais prêt à tirer dans la foule ?" Pour trouver des armes, il m'a dit qu'il n'y avait aucun souci. Je n'avais qu'à demander ce dont j'avais besoin. […] Il m'a précisé que le mieux, après, c'était d'attendre les forces d'intervention sur place et de mourir en combattant avec des otages. » Après lui avoir donné 2 000 euros en liquide, Abaaoud lui conseille de passer par Prague et griffonne un numéro de téléphone turc sur un papier « avec écrit papa dessus ». Reda Hame prévient les enquêteurs et le juge Marc Trévidic qui l'entendent ce jour-là : « Tout ce que je peux vous dire, c'est que cela va arriver très bientôt. Là-bas, c'était une vraie usine, et ils cherchent vraiment à frapper la France et l'Europe. »

Parmi les milliers de djihadistes partis de l'Hexagone pour rejoindre les rangs de l'État islamique, certains occupent des postes au plus haut niveau de son organisation. En Europe, le constat est terrible : depuis les attentats de Madrid en 2004 et de Londres en 2005, les terroristes ont encore renforcé leur implantation dans les pays qu'ils frappent. La menace n'a jamais été aussi élevée. Nos responsables politiques en ont-ils pris la mesure trop tard ?

2014 : « La France n'a pas peur »

Lundi 22 septembre 2014. L'armée française a lancé ses frappes sur l'Irak trois jours plus tôt. Dans un message diffusé en plusieurs langues via Twitter, le porte-parole de Daesh exhorte les musulmans du monde entier à tuer les « infidèles », particulièrement les Français, les Américains, les Australiens et les Canadiens – les pays qui font partie de la coalition. « Tuez le mécréant, qu'il soit civil ou militaire. Tuez-les, de quelque manière que ce soit. » Pour la première fois, l'État islamique menace spécifiquement notre pays.

« La France n'a pas peur, réplique dans la foulée Bernard Cazeneuve, le ministre de l'Intérieur, lors d'une conférence de presse retransmise en direct sur toutes les chaînes. La France n'a pas peur, parce que ce n'est pas la première fois qu'elle est menacée par des groupes terroristes, qu'elle est préparée à répondre à leurs menaces. Vigipirate est opérationnel, efficace et entièrement mobilisé. [...] Le gouvernement prend et continuera à prendre toutes les mesures pour assurer la sécurité des Français. Il le fera avec sang-froid, sans se laisser impressionner par l'abjection des terroristes de Daesh. »

La France n'est jamais sortie du plan Vigipirate, instauré en 1995. Il était « rouge » depuis les attentats de Londres en 2005, passant à rouge renforcé ou écarlate pendant les périodes sensibles comme les fêtes de fin d'année ou d'autres événements. Simplifié au début de l'année 2014, il n'a désormais plus de couleur, mais un code d'alerte signalétique avec deux niveaux : alerte vigilance et alerte attentat. Le ministre de l'Intérieur demande aux préfets « d'élever le niveau de vigilance », notamment vis-à-vis des « édifices sensibles » : les bâtiments confessionnels, les représentations consulaires, mais aussi les « lieux symboliques ou à forte fréquentation », les offices religieux, « les spectacles ou encore les rencontres sportives ». Sur les plateaux de télévision, les « experts » en sécurité se bousculent pour décrypter la menace proférée par Daesh. Pour Charles Pellegrini, ancien commissaire de police reconverti dans la sécurité privée, « le grand danger, le seul, le vrai, c'est le kamikaze dans un rassemblement de foule : les gares, les grands magasins, les aéroports... C'est là que réside la menace et c'est là que les services de renseignement doivent travailler en amont. Il faut savoir pour réagir[1] ».

Depuis deux ans, en effet, les services de renseignement sont en alerte. Des Français rejoignent la Syrie, en proie à la guerre. Des combattants étrangers rallient les rangs de l'opposition pour combattre la répression de Bachar el-Assad. À l'époque, Olivier Christen est chef de la section antiterroriste du parquet de Paris. Il se souvient de cette vague de départs : « Nous sommes fin 2012. La première approche française était de les voir comme des brigadistes. En fait, très vite, les responsables de la sécurité intérieure nous ont expliqué que ce n'était pas ça du tout. À l'époque, le Front al-Nosra, un groupe d'islamistes issu d'Al-Qaïda, s'était imposé aux côtés des opposants au régime de Damas. Les gars qui partaient en Syrie rejoignaient donc ce groupe. La vision romantique des Occidentaux qui vont aider les gentils contre les méchants était complètement fausse et ne correspondait plus à rien. »

Mais, cette année-là, Nicolas Sarkozy décide de fermer l'ambassade de France en Syrie. « À partir de ce moment-là, note Bernard Squarcini, ancien patron de la DCRI (Direction centrale du renseignement intérieur), on a eu une mauvaise lecture de la cartographie sur place. L'ambassade fermée, on a dû se replier en Jordanie. Un service, quand il est sourd, aveugle et muet, ne donne rien. »

---

1. BFM Story, 22 septembre 2014.

En effet, les contacts avec la Syrie étant rompus, il est difficile aux hommes du renseignement d'évaluer la situation et de suivre les candidats au djihad. Vont-ils se battre aux côtés des rebelles de l'Armée syrienne libre, assoiffée de démocratie, ou grossir les rangs des groupes islamistes ?

La situation sur place est totalement confuse. Al-Baghdadi a envoyé ses troupes en Syrie depuis longtemps déjà, d'abord pour prendre le contrôle du Front al-Nosra, qui lui-même mène désormais son combat pour le contrôle de l'opposition révolutionnaire face à Bachar el-Assad. Le printemps syrien n'a pas pris le tournant escompté par les militants et activistes étrangers venus soutenir les rebelles à ses débuts. La progression fulgurante de Daesh au Levant anéantit tout espoir de révolution démocratique. Le dictateur est toujours en place, soutenu par Moscou. Cela, personne ne l'avait prévu.

Ce soir du 22 septembre 2014, le Quai d'Orsay, qui vient de se doter d'une « task force interministérielle » pour renforcer la sécurité des expatriés dans les zones à risque, particulièrement là où les intérêts français sont menacés, recommande « la plus grande prudence » dans une trentaine de pays, au Maghreb, au Moyen-Orient et en Afrique. Quatre journalistes français détenus en Syrie ont été libérés en avril, mais Serge Lazarevic est encore retenu au Sahel.

De plus, la veille, un touriste français a été enlevé dans la région montagneuse de Tizi Ouzou, en Algérie. Hervé Gourdel, 55 ans, sera décapité trois jours plus tard. La France n'a pas voulu céder au chantage. C'est le quatrième otage occidental assassiné par décapitation. La vidéo circule sur Internet. L'assassinat est revendiqué par un groupe émanant d'AQMI (Al-Qaïda au Maghreb islamique) qui vient de prêter allégeance à l'État islamique. Depuis New York, François Hollande condamne un acte « lâche » et « odieux ». Le président français souligne que sa « détermination » à lutter contre cette organisation est renforcée.

Le Figaro titre sur la « barbarie » des ravisseurs, tandis que *Le Parisien* consacre cinq pages à ce « crime ». « Décapité parce que français », lit-on en une de *Libération*.

Six mois plus tard, l'opinion sera de nouveau mise à l'épreuve.

2015 : « C'est une horreur »

L'année 2015 s'ouvre sur le choc du 7 janvier, avec l'assassinat des journalistes de *Charlie Hebdo*, et la prise d'otages dans le magasin Hyper Cacher, à Vincennes, deux jours plus tard. C'est un carnage : dix-sept morts et de nombreux blessés. Les Français vivent une semaine d'horreur, marquée par la sanglante cavale des tueurs.

« Moi, je ne veux rien cacher de cette menace », déclare Manuel Valls dans un lycée de la région parisienne deux semaines après les attentats. Il demande à la nouvelle génération de « s'habituer à vivre avec ce danger pendant un certain nombre d'années », précisant que le danger que constitue le retour de jeunes djihadistes formés à l'étranger et déterminés à frapper leur propre pays est inédit en France. « Il faut dire la vérité aux Français, martèle-t-il quelques jours plus tard au micro de RTL. Il faut s'habituer à vivre avec cette menace terroriste, qui est le fruit d'organisations internationales particulièrement barbares, comme Daesh ou Al-Qaïda, mais aussi d'individus radicalisés sur notre sol[1]. »

Le 21 janvier, à l'issue du Conseil des ministres, sont annoncées des « mesures exceptionnelles pour lutter contre le terrorisme ». Manuel Valls promet « un renforcement très important des effectifs alloués à la communauté française du renseignement : 1 400 emplois vont être créés dans

---

1. RTL, 16 février 2015.

les trois prochaines années ». Le gouvernement s'empresse de faire voter la loi sur le renseignement, qui sera promulguée le 24 juillet. Mais personne ne semble voir qu'une opération de grande ampleur impliquant plusieurs personnes capables de se coordonner se prépare.

L'année 2015 s'achève comme elle avait commencé, dans la terreur, mais avec une montée en puissance. Le 13 novembre, neuf terroristes frappent la capitale lors de plusieurs attaques coordonnées. Le bilan est de cent trente morts et quatre cent treize blessés. Dans la nuit, le chef de l'État convoque ses ministres. Très ému, il prend la parole depuis l'Élysée : « C'est une horreur. C'est une terrible épreuve qui une nouvelle fois nous assaille. Nous savons d'où elle vient, qui sont ces criminels, qui sont ces terroristes. » L'état d'urgence est instauré sur l'ensemble du territoire et le contrôle aux frontières rétabli.

Nos responsables politiques semblent avoir oublié que la mouvance djihadiste a déjà depuis longtemps fait de la France une de ses cibles, les premières menaces ayant été proférées par Oussama Ben Laden dès 2002. Pêle-mêle, les extrémistes religieux lui reprochent son passé colonial, sa tradition laïque, sa volonté de créer un islam de France, l'envoi de troupes en terres d'islam… Mais pour Philippe Migaux, enseignant à Sciences Po et commissaire à la DGSI, « la raison principale est la volonté de revanche : depuis 1993, plus de mille huit cents militants djihadistes ont été interpellés en France et près de deux cents d'entre eux sont toujours détenus[1] ».

Quelles que soient les raisons de la haine, tous s'accordent à dire que la France est au cœur de la cible. « On est ciblés en premier. On ne l'a jamais été autant. On est allés chatouiller l'ours au Sahel. Si en plus vous leur grattez la

---

1. David Bénichou, Farhad Khosrokhavar, Philippe Migaux, *Le Jihadisme. Le comprendre pour mieux le combattre*, Plon, 2015.

viande sur l'os en Syrie, ils vous le rendent bien. Ils ne vont pas rester toute leur vie à prendre des bombes sur la gueule. Donc, ils viennent se mettre en Libye ou nous emmerder en France. Et ce n'est pas fini, cela ne fait que commencer », prévient Bernard Squarcini.

2016 : la France en état d'urgence

« La France est en guerre » : ce sont les premiers mots de François Hollande devant le Congrès de Versailles trois jours après les attentats de novembre. « Dans cette guerre qui a commencé depuis plusieurs années, poursuit-il, nous avons bien conscience les uns et les autres qu'il faudra du temps et que la patience est aussi exigeante que la durée et la dureté avec laquelle nous devons combattre. L'ennemi use des moyens les plus vils pour essayer de tuer. Mais il n'est pas insaisissable. Je serai même plus précis encore : il n'est pas hors d'atteinte. »

Le chef de l'État veut prolonger l'état d'urgence et, au-delà, modifier la Constitution. Il appelle à une grande coalition internationale pour intensifier les frappes en Irak. « Oui, la France est en guerre contre le terrorisme, martelait déjà Manuel Valls en janvier 2015. [...] Parce que nous sommes en guerre, nous prenons des mesures exceptionnelles. Nous répondrons au même niveau que cette attaque avec une volonté de détruire, et nous gagnerons cette guerre. »

Ces propos ne sont pas sans rappeler le discours de G.W. Bush devant le Congrès américain, le 20 septembre 2001, annonçant une *global war on terror* (guerre mondiale contre le terrorisme). La réponse américaine aux attaques contre le World Trade Center et le Pentagone a été directe et militaire. La guerre a été déclarée à ces groupes qui ne sont pas des États, conduisant à parler de « guerre asymétrique » et d'« attaques obliques ». Ces nouveaux combattants mettent des nations en échec, et rien n'est négociable avec eux.

« La doctrine des terroristes nous a été donnée par Mohamed Merah, relève Samia Maktouf. Il disait : Nous aimons autant la mort que vous aimez la vie. » Et de regretter le manque de clairvoyance de nos responsables politiques : « À l'époque, nous n'avions pas voulu l'entendre. C'était une erreur. »

Merah visait des Juifs, adultes et enfants, et des militaires. En janvier 2015, avec l'attaque contre l'Hyper Cacher, c'est encore la communauté juive qui a été visée, ainsi que des représentants des forces de l'ordre. Avec l'assassinat des journalistes de *Charlie Hebdo*, la France a été atteinte dans ses valeurs de liberté. Dix mois plus tard, les victimes étaient cette fois tout simplement des gens en train de vivre, les attentats ayant ciblé des terrasses de café, une salle de concert et un stade. « C'est assez symptomatique de la manière dont les djihadistes perçoivent l'homme occidental et européen : comme quelqu'un de surtout intéressé par le pain et les jeux », note l'écrivain britannique Percy Kemp.

Qui est l'ennemi ? Pour Jean-Yves Le Drian, le ministre de la Défense, « l'ennemi, c'est Daesh [...]. C'est bien lui qui nous a déclaré la guerre ». Et « il n'y a pas d'ennemi de l'intérieur : si le combattant de Daesh en Syrie et en Irak est un ennemi, il doit être traité comme tel[1] ».

Alors, comment stopper ces terroristes dans leur folie meurtrière ? Personne, ni le gouvernement, ni les forces de l'ordre déployées dans le pays et en territoire ennemi, ne parvient à dissiper le sentiment d'insécurité que ces djihadistes ont réussi à imposer. Ils semblent agir en toute impunité sur notre propre sol et paraissent insaisissables. La police belge a mis plusieurs mois à arrêter le fugitif du

---

1. Jean-Yves Le Drian, *Qui est l'ennemi ?*, op. cit.

commando du 13 novembre. Quant à Abdelhamid Abaaoud, pourtant connu de toutes les polices et de tous les services de renseignement bien avant de commettre son crime, il a pu tranquillement se balader en Europe, multipliant les allers-retours entre la Syrie, la Grèce et la Belgique pour mettre tranquillement le plan à exécution.

2.

Les revenants

« Que vont devenir les centaines de Français actifs aux côtés de Daesh ? Ils vont nous revenir ici, et ils ne vont pas vouloir s'inscrire à Pôle emploi. »
Alain Marsaud, membre de la commission d'enquête parlementaire sur les attentats

C'est un fait : la plupart des auteurs d'attentats ou de tentatives d'attentat sont déjà connus des services de police. Chaque fois, le crime est signé, revendiqué à travers des messages audio ou vidéo sur la Toile. Le grand public découvre alors des noms, des visages, parfois aussi des voix. Les présumés terroristes sont déjà identifiés, fichés par la police, et pourtant ils lui échappent. Les enquêteurs les pistent et remontent les filières : Artigat, les Buttes-Chaumont, Strasbourg, Cannes, Molenbeek... Les djihadistes les font courir et les narguent en proférant leurs menaces.

« J'arrive d'ici dix jours », écrit ainsi par SMS Younès Abaaoud, le frère d'Abdelhamid, à sa sœur le 18 février 2016. Sa photo surgit sur les réseaux sociaux : à 15 ans, il pose armé d'une kalachnikov. Dans le dossier d'Interpol qui lui est consacré, baptisé « Calanque », le « lionceau du Califat » est décrit comme un « mineur disparu », un « tueur », un « guerrier-djihadiste » « à arrêter et mettre en détention aussitôt ». Et Interpol prévient : Younès Abaaoud pourrait avoir « changé son aspect physique » et voyager « avec de faux papiers d'identité[1] ».

Combien sont-ils à programmer leur retour pour « mettre la France à feu et à sang[2] » ? Faut-il redouter les menaces d'un Boubaker al-Hakim ? L'organisateur de la filière des Buttes-Chaumont, qui a envoyé des dizaines de jeunes Français en Irak entre 2003 et 2005, était aussi un exemple pour ses « frères d'armes », les frères Kouachi. Il est devenu l'un des responsables de l'État islamique.

Tout comme Fabien Clain et son frère Jean-Michel, partis en Syrie en 2015. Ce sont eux qui ont lu le communiqué de revendication des attentats du 13 novembre en prévenant : « Cette attaque n'est que le début de la tempête. »

Insaisissables

Desperado du djihad, homme sans culture, sans véritable foi et d'une dangerosité absolue, Abdelhamid Abaaoud semble tout droit sorti du film de Stanley Kubrick *Orange mécanique*. Le réalisateur s'était inspiré du roman *A Clockwork Orange*, écrit en 1962 par Anthony Burgess. L'écrivain y racontait le quotidien d'« une jeunesse insatisfaite, dans l'incapacité de créer, qui éprouve le besoin de détruire ».

En 2014, en Syrie, le djihadiste est filmé au volant d'un pick-up traînant des cadavres recouverts de sang et

---

1. *Paris Match*, 4 avril 2016.
2. Boubaker al-Hakim dans une vidéo tournée en Syrie en décembre 2014.

de terre : « *Al hamdoulilleh !* Avant on tractait des jet-skis, des remorques, des bagages [...]. Maintenant on tracte les mécréants, ha ! ha ! Tu peux filmer ma nouvelle remorque ! Accélère ! Ça pue, mes frères ! » La vidéo fera le tour du monde. Elle montre l'horreur et le visage de la terreur : Abdelhamid Abaaoud a déjà planifié son retour en Europe pour tuer un maximum de mécréants, mais lui seul le sait.

À revoir ces images où de jeunes djihadistes francophones se vantent de tuer les « mécréants », on ne peut s'empêcher de faire le parallèle et de se demander : mais comment avons-nous fait pour ne rien voir ? Comment ces jeunes qui n'ont l'air de rien d'autre qu'une bande de « dégénérés » ont pu commettre le pire sans que personne les stoppe dans leur folie destructrice ?

Pour comprendre, nous avons voulu rencontrer les journalistes qui ont mis la main sur cette vidéo, laquelle, à l'origine, n'était vraisemblablement pas destinée à être diffusée sur une chaîne de télévision.

Mars 2014 : les grands reporters Guillaume Lhotellier et Étienne Huver partent en Syrie pour vérifier la présence de Français combattants. Direction la frontière, au nord de la ville d'Alep. L'ambiance est tendue. « Daesh venait de se faire chasser de la zone et s'était regroupé à Raqqa. Les combats avaient été acharnés, la région n'était pas sûre. À ce moment-là, il y a une rumeur insistante qui circule : il existerait des vidéos d'exactions commises par des djihadistes qui parlent français. » Les deux journalistes se mettent en quête de ces images. Trois jours plus tard, un jeune rebelle syrien leur donne une clé USB qui contient ces vidéos dont tout le monde parle en ville.

En découvrant les images atroces de ces jeunes francophones qui fanfaronnent dans leur pick-up de la mort, les journalistes n'en croient pas leurs yeux. Sur d'autres plans, ces mêmes jeunes jouent au foot avec la tête d'un homme décapité. Les images ont été tournées un mois plus tôt et retrouvées dans un téléphone portable que les rebelles syriens ont saisi après la fuite de l'EI. « Sur le moment, on n'a aucun nom, on ne sait pas encore que c'est Abaaoud, mais on voit tout de suite que c'est un document hallucinant. Notre fixeur nous dit qu'il a récupéré ce film auprès d'un sympathisant de l'Armée syrienne libre qui réparait des téléphones. Il avait eu celui d'Abaaoud en réparation, avait aspiré tout son contenu au passage et l'avait mis de côté. On négocie le prix de la vidéo, puis on décide de se rendre là où les images ont été filmées, à Azaz. Je reconnais tout de suite la ville avec sa grande place centrale ; c'est un endroit que je connais bien. Là-bas, on rencontre des habitants qui nous racontent les décapitations et nous montrent la maison où vivaient des Français. Puis on rentre à Paris. Avec Alfred de Montesquiou, de *Paris Match*, on décide de traquer tous les profils de djihadistes sur les réseaux sociaux pour essayer de mettre des noms sur les visages de la vidéo. On finit par tomber sur le profil Facebook d'Abaaoud. À l'époque, il est Abou Omar Soussi. C'est sa *kounia*, son surnom chez les djihadistes. »

Le 27 mars 2014, le reportage est publié dans *Paris Match* et diffusé le même jour sur BFM TV. C'est un journaliste belge qui reconnaît Abaaoud et donne l'info. Dans la foulée, la DGSI appelle BFM TV et réclame les rushes. Une enquête est ouverte. « Ils veulent récupérer les images, mais ils ne cherchent pas à nous rencontrer », affirment Guillaume Lhotellier et Étienne Huver.

Après la diffusion du sujet, Abaaoud ne tarde pas à réagir sur sa page Facebook en signant Abou Omar Soussi : « Sachez que les vidéos qui ont été publiées par les médias ont été volées dans mon tél par un apostat syrien qui les a vendues à des journalistes français. Sachez aussi qu'il n'y a aucun civil de tué, ce sont tous des apostats rebelles soutenus par les mécréants du monde pour nous combattre et *al hamdoulilleh*, la colère d'Allah s'est abattue sur eux. » Sur un autre profil, il ajoute : « C'est officiel les frères, on a terrorisé les kuffars [mécréants] grâce à des vidéos volées à Azaz. [...] On est officiellement des terroristes. [...] Comment ils parlent sur notre dos, comment on leur fait peur, comment ils nous insultent de fous d'Allah. Leurs insultes ne font que les rapprocher de leur défaite et de notre victoire ici au shâm [territoire sacré des musulmans] et chez eux. »

Abaaoud fait bonne figure, mais en réalité il n'apprécie pas de voir ces images diffusées à son insu. Les journalistes en sont persuadés : « Elles n'avaient absolument pas vocation à être diffusées, ou alors juste pour ses potes de Molenbeek pour les faire venir en sous-main. Ce ne sont pas des images de propagande de l'EI. C'est son film de vacances. » Les enquêteurs aussi pensent qu'Abaaoud a très mal pris le piratage de son téléphone portable. D'ailleurs, ils ne vont pas totalement lâcher Guillaume.

Celui-ci habite dans le XIe arrondissement de Paris, près du canal Saint-Martin, juste en face du bar Le Carillon. « Le Carillon, c'est mon QG. Mes fenêtres donnent sur le bar. Le soir du 13 novembre, je suis installé en terrasse, trois quarts d'heure avant la fusillade. Je pars sans finir ma bière, car j'ai un mauvais feeling. Je vois une voiture noire se garer devant et deux mecs en sortir. Il se trouve que personne ne se gare jamais là, donc je trouve ça bizarre. Vu que je suis un peu parano, j'ai pensé que la voiture allait sauter. Donc, je m'en vais. Plus tard, j'apprends par des copains que ça canarde à côté de chez moi. On fonce en scooter et on voit le carnage. Le lendemain, je dis à Étienne, sur le ton de la plaisanterie, mais à moitié seulement : tu vas voir, c'est Abdelhamid qui est dans le coup. »

Deux jours plus tard, le nom d'Abaaoud sort dans la presse. À ce moment-là, il est présenté comme le cerveau du groupe. Guillaume est pris d'un doute. « Je préviens la DGSI que j'habite juste en face du Carillon. Ils me répondent que cela n'a probablement rien à voir. Puis je rencontre Loïc Garnier, le patron de l'UCLAT (unité de coordination de la lutte antiterroriste). Eux, c'est sûr, s'interrogent : est-ce une coïncidence ? J'ai mis au jour Abaaoud. Ils se demandent s'il a pu me "loger" via les réseaux sociaux et me traquer comme ça. À l'époque, tous mes profils étaient publics. Sur Facebook, il y avait marqué "back home" avec une photo du Carillon. Les policiers nous demandent si on veut une protection rapprochée. Personnellement, même si j'ai eu des soupçons au début, je pense qu'il s'agit sûrement d'une coïncidence. Certes, Abaaoud a vu le sujet, certes, il n'est pas content, mais, selon Garnier, s'il avait voulu nous tuer, il ne nous aurait pas ratés. La coïncidence est grosse, mais l'histoire s'arrête là. »

Personne n'avait imaginé que le djihadiste rigolard monterait en puissance jusqu'à devenir le « cerveau » des terrasses, ce soir du 13 novembre. Pourtant, le jeune assoiffé de violence en Syrie était dans le collimateur des services de renseignement américains et européens depuis janvier 2015, date du démantèlement d'une filière à Verviers, dans la banlieue bruxelloise. Le rôle d'Abaaoud consistait alors, semble-t-il, à coordonner une attaque le 16 janvier, soit quelques jours après les tueries de *Charlie Hebdo* et de l'Hyper Cacher.

Le 13 mai 2015, le Homeland Security – la plus importante institution dans la lutte contre le terrorisme aux États-Unis – publie un rapport de huit pages sur les possibles futures opérations de l'État islamique dans les pays occidentaux[1]. Le nom d'Abdelhamid Abaaoud y est écrit noir sur blanc en page 2 : il aurait été localisé à Athènes, sa base arrière pour organiser plusieurs attaques. Classifié, ce rapport est destiné au département d'État américain, au

---

1. Homeland Security, *Future ISIL Operations in the West Could Resemble Disrupted Belgian Plot*, 13 mai 2015.

FBI et à tous les partenaires européens dans la lutte contre le terrorisme.

Nous sommes six mois jour pour jour avant les attentats de novembre, et déjà le mode d'action observé au Bataclan et au Stade de France est exposé dans le document : le recrutement des kamikazes, l'utilisation d'explosifs liquides comme le TATP ou de kalachnikovs... Dans la maison athénienne où Abaaoud s'est installé, des armes, des faux passeports et de l'argent, beaucoup d'argent, l'attendent, lui et ses complices. Tout ce cash proviendrait du braquage d'une banque qu'Abaaoud aurait initié quelque temps plus tôt.

En ce printemps 2015, le téléphone portable du Belge est géolocalisé par les Américains. Le rapport s'appuie sur les renseignements que les services ont pu collecter quatre mois plus tôt lors de l'assaut de Verviers. Ce soir-là, la police a investi une maison de la rue de la Colline, une ancienne boulangerie. Les djihadistes présents à l'intérieur ont opposé une longue résistance. Coups de feu nourris, incendie : l'assaut a fait deux morts et un blessé chez les djihadistes. Les policiers ont retrouvé dans la maison des armes, des explosifs ainsi que des uniformes de policier faisant penser à l'imminence d'une attaque, probablement contre un commissariat. Treize personnes ont été interpellées. L'attentat déjoué a permis aux services de renseignement belges de collecter un grand nombre d'informations. De leur côté, les services grecs avaient tenté en urgence une opération pour faire tomber le réseau Abaaoud à Athènes, en collaboration avec les services français et belges. En vain.

Dans son rapport, le Homeland Security détaille notamment le chemin parcouru par les djihadistes depuis la Syrie pour rentrer en Europe. La route des migrants est leur option favorite. Ils se fondent dans le flux de réfugiés qui tentent de gagner l'Europe. Le document cite les propos d'Abaaoud, qui, le 12 février 2015, s'est vanté dans *Dabiq*, le journal de propagande de l'État islamique, de pouvoir aller et venir librement de Verviers à la Syrie malgré son mandat d'arrêt international : « J'ai soudain vu ma photo partout dans les médias, mais *al hamdoulilleh*, les kuffars ont été aveuglés par Allah. Je n'ai même pas été arrêté par un agent qui m'a dévisagé en me comparant à la photo et m'a laissé passer sans voir la ressemblance ! » Sur un de ses statuts Facebook, il se qualifie de « touriste terroriste ».

Tout est là, tout est écrit. Pourtant, ce rapport restera lettre morte, malgré le contexte sécuritaire, malgré la menace permanente, malgré l'émotion suscitée par les attentats de *Charlie Hebdo* et de l'Hyper Cacher quelques mois plus tôt. Pourquoi ? « Tout simplement parce que, des rapports comme celui-là, il y en a quatre-vingts à cent qui sont produits chaque jour, nous confie Vincent, commissaire au Service central du renseignement territorial (SCRT). Ils inondent les services de renseignement. La vraie différence, avec des djihadistes comme Abaaoud, c'est qu'il n'y a pas de réseau apparent. D'où la très grande difficulté pour nous, enquêteurs, à travailler en amont. Ils appartiennent à une franchise, un système, appelez ça comme vous voulez, mais quelque chose de si diffus que cela rend la tâche des traqueurs extrêmement ardue, car ces djihadistes deviennent insaisissables. Même lorsqu'on en attrape un, c'est très compliqué de remonter le fil. »

Français, ancien militaire, Kalène travaille dans la sécurité privée à l'étranger. Habitué des zones de guerre en Afrique ou au Moyen-Orient, il a vu débarquer ces combattants francophones dans le nord de la Syrie dès septembre 2012. « Les premiers que j'ai rencontrés appartenaient à la même famille, les Ayachi. Ils recrutaient des jeunes Belges et Français. Tous passaient par la Turquie. À l'époque, je gérais la sécurité de quelques journalistes. Les djihadistes empruntaient les mêmes voies : un vol pour Istanbul, puis direction Gaziantep, dans le sud-est de la Turquie, puis un bus jusqu'à Kilis, à la frontière. De là, le passage en Syrie se faisait à pied. Aussi simple que d'aller à Eurodisney. Quoique, aujourd'hui, à mon avis, le parc doit être mieux surveillé que toutes les frontières d'Europe réunies ! »

À force de parcourir les pays en guerre, Kalène s'est endurci, mais il garde son humour : « Sinon, quand on voit ces mecs si jeunes se transformer en chair à canon, y a de quoi déprimer. Après un an et demi de conflit, j'en voyais qui me disaient : "On est venus pour faire le djihad, en bons musulmans." Personne ne les attendait. Ils venaient souvent tout seuls pour se battre aux côtés de leurs "frères" sans trop rien comprendre à la situation politique en Syrie. D'autres sont arrivés via les anciens réseaux afghans. Au début, c'étaient plutôt des mecs paumés. Ils faisaient les malins : "Je veux faire la guerre, c'est l'aventure." Et puis quand ils ont vu ce que c'était vraiment, la guerre : "Ah merde, c'est ça ? Je me casse !" Ils ont vraiment eu la trouille. J'en ai sorti quelques-uns à l'époque, principalement des Belges. Les parents, démunis, appelaient la police pour leur dire que leur fils ou leur fille était coincé en Syrie. Les mecs se font confisquer leurs papiers par les combattants djihadistes dès leur arrivée. En plus, les déserteurs sont considérés comme des traîtres, donc ils sont bloqués. Leurs familles contactaient ma société et on les exfiltrait. Sur les premiers départs, au début du phénomène, les autorités belges ont pris la chose très au sérieux. J'étais en contact permanent avec l'ambassade de Belgique. On sortait les jeunes de Syrie, on les raccompagnait jusqu'en Turquie et on les remettait à une personne du consulat de leur pays d'origine. J'en ai sorti une bonne vingtaine comme ça. »

Du côté des autorités françaises, en revanche, il semble qu'il y ait eu un « petit » cafouillage initial. Six mois après avoir récupéré le « film de vacances » d'Abaaoud, en octobre 2014, Guillaume Lhotellier part filmer pour M6 le voyage d'une jeune Française qui veut rejoindre le pays du shâm. Il s'installe, avec une journaliste, dans un hôtel de Gaziantep, en Turquie. Ensemble, ils montent de faux profils de candidates au djihad et attendent. « Ça mord tout de suite, raconte-t-il. Les demandes en mariage se multiplient. On attend que les passeurs appellent. Au bout de deux jours, ils se manifestent. Ils donnent des ordres, puis des contrordres. Et puis, au dernier moment, l'un des passeurs dit à ma collègue : attends un peu, il y a une autre Française qui vient d'arriver, elle est à tel hôtel. Vous allez traverser la frontière ensemble et vous irez à Raqqa. On va donc rencontrer la fille, en caméra cachée. Et là, on tombe sur une gamine de 15 ans, complètement paumée, presque illuminée. Elle nous tient un discours totalement dingue. Elle croit qu'elle part au paradis, que ça va être le Disneyland du djihad. Elle nous montre de la lingerie fine qu'elle a achetée en prévision. Un truc délirant. Pourtant, à l'époque, Raqqa, c'est déjà terrible. Les informations retransmettent en boucle les exactions de Daesh et l'horreur de la guerre. Elle vient d'une cité de Montbéliard, elle nous raconte qu'elle a voyagé toute seule. Comme son passeport lui avait été confisqué parce qu'elle avait déjà montré des velléités de départ vers la Syrie, elle a volé la carte d'identité de sa sœur aînée, âgée de 27 ans. Elle est passée avec sans problème à Roissy, enregistrée sur un vol pour Gaziantep. Nous n'en revenons pas. Elle est haute comme trois pommes, on voit très bien qu'elle n'a pas 27 ans ! »

Estomaqués par leur découverte, les journalistes se demandent quoi faire : la laisser partir ? Retrouver ses proches pour les prévenir ? Bernard de La Villardière, leur producteur, prévient ses contacts au sein des services de la sécurité intérieure. On lui aurait répondu : « On n'a personne à Gaziantep, on ne peut rien faire. » *End of the story*.

Les journalistes rentrent à Paris pour monter leur sujet. Guillaume va rencontrer la famille de la jeune fille. La mère pense que sa fille a fugué, une nouvelle fois. C'est lui qui lui apprend qu'en fait elle est partie pour la Syrie. Les parents ont reproché aux journalistes de ne pas les avoir prévenus plus tôt, mais en quoi cela l'aurait-il empêchée de partir ?

À cette époque, les candidats au djihad se font plus nombreux. Parfois, comme cette jeune fille, ils sont très jeunes. Leur départ est facilité par la suppression, depuis le 1er janvier 2013, de l'autorisation de sortie du territoire pour les mineurs, qui était signée par les parents. Un simple titre d'identité en cours de validité suffit pour se déplacer seul à l'intérieur de l'Union européenne.

Face à cette vague de départs, la France décide de prendre des mesures administratives. Les autorités proposent de rétablir l'autorisation de sortie du territoire pour les parents qui en feraient la demande. « Cette démarche déclenchera une identification au niveau français et européen, et entraînera une interdiction de sortie de territoire. Ce sera beaucoup plus efficace[1] », justifie Bernard Cazeneuve. Encore faut-il que les parents soient au courant des velléités de départ de leur enfant. « Comment signaler un enfant qui ne laisse paraître aucun signe de radicalisation ? se demande Samia Maktouf. C'est tout le problème de l'endoctrinement de ces jeunes, à qui l'on apprend à ne rien montrer avant le départ pour que leur passage à la frontière n'attire pas l'attention. »

L'avocate connaît bien le sujet. Depuis 2013, elle défend une mère de famille niçoise dont le fils s'est envolé pour la Syrie. Brian était alors âgé de 16 ans. « Sa maman est venue me voir un jour totalement désemparée. La veille, il était allé à la messe de Noël à Nice, puis il a demandé s'il pouvait dormir chez un copain d'enfance. En réalité, il a pris la route pour Paris, puis un avion pour la Turquie. Sa mère ne comprend pas où elle a péché. Elle avait bien remarqué qu'il ne mangeait plus de porc à table, mais elle a mis cela sur le

---

1. *Le Parisien*, 22 avril 2014.

compte de la crise d'adolescence. Tous les soirs, il était à la maison à 18 heures précises. Le jour de son départ, il était seul et n'avait pas de bagages, juste sa carte d'identité. Aucun flic ne lui a demandé où il allait ni pourquoi. C'est là qu'il y a un problème. »

À l'Assemblée nationale, la commission d'enquête sur la surveillance des filières et des individus djihadistes, présidée par le député LR Éric Ciotti, se penche à son tour sur le sujet. En juin 2015, elle propose que, « dans le cas de mineurs qui voyagent non accompagnés, les garde-frontières s'assurent, par une vérification approfondie des documents de voyage et des autres documents, que les mineurs ne quittent pas le territoire contre la volonté de la ou des personnes investies de l'autorité parentale à leur égard[1] ». Autrement dit, elle réclame le retour de cette fameuse autorisation de sortie du territoire, deux ans après son abrogation. Ce sera chose faite le 8 octobre 2015.

Entre-temps, combien de Français sont partis ? On assiste à une véritable guerre des chiffres. Le gouvernement parle alors de 800, mais d'autres chiffres circulent : 200 ou 250 Français auraient rejoint les rangs des « islamistes radicaux » – par opposition aux « islamistes modérés » dont on parle à cette époque ; 450 ou 500 auraient manifesté l'« envie de partir » ou en seraient « revenus »... Bref, chacun y va de son vocabulaire et de ses statistiques, mais ce qui est sûr, c'est que personne ne maîtrise la situation.

Kalène, lui, est persuadé que les autorités françaises sont au courant depuis le début de la présence de Français là-bas. « Je les avais alertés via ma société de sécurité privée basée en Suisse. Ils ne savaient pas que j'étais en Syrie ni ce que je faisais là-bas. Cela faisait pourtant un an et demi que

---

1. *Rapport de la commission d'enquête sur la surveillance des filières et des individus djihadistes, présidée par Éric Ciotti*, Assemblée nationale, 2 juin 2015.

je m'étais déclaré sur le réseau Ariane, un outil du ministère des Affaires étrangères qui permet aux ressortissants français de déclarer leurs déplacements dans les zones à risque. Le problème, c'est que personne ne le consulte. En Belgique, c'était déjà très bien organisé. Ils ont mis en place la "Task Force Syrie", une sorte de structure antiradicalisation comme il en existe en France depuis peu, composée de policiers de la lutte antiterroriste et d'autres services, de psychologues et de juristes, pour aider les familles, mais aussi les gamins. Il faut dire que les Belges ont eu de sérieux précédents avec des groupes classés extrémistes comme Sharia4Belgium[1], ce qui les a rendus hyperattentifs à ces jeunes candidats au djihad. Ils savaient que la plupart étaient des paumés. Ils les ont jugés et condamnés à de la prison par mesure de sécurité. Quant à ceux qui n'avaient pas combattu sur place, une fois sortis de prison, ils essayaient d'en faire des repentis pour dissuader les autres de partir. En France, on est passés d'un laisser-faire total au tout-répressif. »

La gestion des retours de Syrie est un problème majeur auquel sont confrontés tous les pays « réservoirs » de djihadistes. Et, face à l'augmentation exponentielle de leur nombre, la France a pris du retard. « Que vont devenir les centaines de Français actifs aux côtés de Daesh ? s'inquiète Alain Marsaud, membre de la commission d'enquête parlementaire sur les attentats. Ils vont nous revenir ici, et ils ne vont pas vouloir s'inscrire à Pôle emploi. »

---

1. Le 29 septembre 2014 s'est ouvert à Anvers, sous haute sécurité, le procès de quarante-six membres de Sharia4Belgium, organisation suspectée d'être le plus gros fournisseur de djihadistes pour le front syrien. Les autorités belges estiment que, « sur les trois cents à quatre cents Belges partis faire la guerre sainte, dix pour cent étaient membres ou gravitaient autour de Sharia4Belgium ». *Le Monde*, septembre 2014.

Djihad, l'inexorable promesse du retour

Décembre 2015, Assemblée nationale. Le coordonnateur national du renseignement, soumis au feu des questions des membres de la commission de défense, qui l'auditionnent ce jour-là, tente de les rassurer : « Des moyens techniques et humains nouveaux ont été alloués aux services [de renseignement] et les embauches sont encore en cours. Nous avançons donc à grands pas, comme il le faut. » Didier Le Bret s'efforce en même temps de répondre aux critiques soulevées dans la presse et relayées par les députés : « Vous m'avez interrogé, monsieur Lamour, sur les principales failles mises au jour par les attentats du 13 novembre dernier. La première, c'est la liberté de circulation sans entrave dont ont joui ceux qui faisaient l'objet d'une fiche S. [...] On voit que quelque chose ne va pas dans l'espace intra-Schengen. [...] À terme, dans l'hypothèse probable d'un recul militaire de Daesh en Irak et en Syrie sous l'effet des frappes aériennes, le retour de combattants islamistes radicaux francophones vers l'Europe et les pays du Maghreb est à redouter[1]. »

Tandis que sont pointées du doigt les « failles » du renseignement français, le gouvernement se défend d'avoir échoué de quelque manière que ce soit. « Les politiques ne se remettent pas en cause sur le fonctionnement intérieur, tempête un député européen. Ils disent : ce n'est pas le moment d'ouvrir une réflexion. Quant aux services, ils ne font pas cet effort non plus de leur propre chef. Le message est donc : circulez, tout va bien ; nos services sont les meilleurs du monde ; si problème il y a eu, c'est à cause de l'Europe ! »

Arnaud Danjean sait de quoi il parle : c'est un ancien de la maison. Après un service militaire en tant qu'officier

---

1. Commission de la défense nationale et des forces armées, Assemblée nationale, 8 décembre 2015.

de réserve, il est entré sur concours à la DGSE (Direction générale de la sécurité extérieure), où il a passé dix ans, effectuant des missions à Sarajevo et dans les Balkans avant de rejoindre la Représentation française de l'ONU à Genève et, plus tard, d'entamer une carrière politique, ce qui lui permet d'y voir clair en matière de communication officielle. « Le gouvernement pratique une communication assez habile d'un point de vue politique, mais insuffisante en profondeur. Je trouve cela très grave. C'est toujours la faute des autres. Bien sûr, c'est un peu la faute des Belges, de Frontex, des Grecs... mais cela n'explique pas que dix mecs puissent se balader dans la rue et commettre un massacre de masse comme celui du Bataclan ! Je voudrais qu'on ouvre tous ces chantiers. Cela a été fait après le 11 septembre aux États-Unis. À Londres et à Madrid aussi. »

Il semble bien en effet qu'on ait oublié un peu vite les attentats de Madrid en 2004 (191 morts, 1 800 blessés) et de Londres l'année suivante (56 morts, 700 blessés). Les autorités ne pouvaient ignorer que les terroristes allaient recommencer, surtout après que notre pays avait pris part à la coalition contre Daesh. Tout le monde le sait, mais personne ne connaît leur plan. Où et quand frapperont-ils ? Dans le métro, dans un cinéma, dans la rue, dans une église, dans une école ou une crèche, à Bordeaux, Lille, Orléans ? Sur une plage de la Côte d'Azur, dans un stade, dans un aéroport, au Puy du Fou, dans une usine chimique, à Eurodisney, dans un train Paris-Limoges ? « Que regarde le terroriste ? Un endroit vulnérable. Il a carte blanche, le mec. Il fait quand il veut, s'il le veut, où il le veut et comme il le veut. C'est royal au bar », ironise Bernard Squarcini.

La menace est d'une ampleur inédite en France. Nous sommes tous des cibles. Pour Anne Kostomaroff, ancienne chef du parquet antiterroriste, « il y a des indicateurs qui permettent de mesurer le niveau élevé de la menace : le nombre de jeunes qui se radicalisent à une vitesse éclair ; le nombre de jeunes qui ont rejoint la Syrie et qui intègrent les rangs de l'État islamique, et de tous ceux qui vont sans doute rejoindre la Libye ou qui y sont déjà. Ces indicateurs sont au rouge ». En avril 2015, les bourreaux de l'État islamique ont égorgé vingt-huit chrétiens d'origine éthiopienne sur une plage de Libye. « Le fait que l'EI se déplace en Libye, aux portes de l'Europe, renforce le sentiment de menace, poursuit la magistrate. Ce phénomène touche la majeure partie des pays occidentaux, partout où il y a une concentration d'individus en rupture sociale, en perte d'identité, et qui considèrent que la seule façon d'exister est de basculer dans le djihadisme et la lutte contre l'Occident. Ces individus sont, en plus, dans une logique mortifère. On n'avait jamais eu de kamikazes en France avant le 13 novembre. »

La « menace globale »

« Nous sommes devant une menace globale qui exige d'y répondre globalement. La France et la Belgique sont liées par l'horreur », déclare François Hollande le 22 mars 2016 en réaction aux attentats de Bruxelles. Ce jour-là, trois attaques suicide à la bombe, deux à l'aéroport et une dans une rame de métro, font trente-deux morts et trois cent quarante blessés. C'est la première fois que le président de la République évoque la notion de menace globale.

Pour ceux qui traquent les terroristes, la tâche est difficile à tous les niveaux. C'est le cas en amont pour les agents des services de renseignement. Yves Trotignon, ancien analyste et agent du Service Action, une unité militaire ultra-secrète de la DGSE (Direction générale de la sécurité extérieure), a donné vingt ans de sa vie à la boîte, pendant de la prestigieuse CIA américaine. Cet homme au regard vif et malicieux nous explique : « Quand vous essayez de neutraliser un individu, il faut le localiser pour le faire arrêter par les services de police judiciaire. Mon job, c'était de localiser les individus. Éventuellement de les neutraliser, mais ça je ne vais pas vous en parler aujourd'hui... Grâce à des moyens techniques déjà très sophistiqués, on pouvait apprendre beaucoup de choses sur leur environnement et leurs habitudes. Il ne faut jamais perdre de vue que le contre-terrorisme, comme le contre-espionnage, c'est d'abord un travail sur l'humain. Il faut en permanence se réajuster et avoir une capacité analytique stratégique pour appréhender les choses. Comme un policier, on va identifier ce que l'on ne sait pas. On interroge nos sources. Une fois qu'on sait où ils sont, notre boulot est de savoir ce qu'ils font. Aujourd'hui, ils sont cinq mille types classés potentiellement dangereux pour la France. Dont cent cinquante très dangereux, prêts à passer à l'acte, sur notre territoire ou depuis l'étranger. »

En mai 2016, les données du djihad sont réactualisées par les services de renseignement. Sur les quelque cinq mille combattants européens qui auraient rejoint l'État islamique en Syrie ou en Irak, 627 sont des ressortissants français. D'autres chiffres font froid dans le dos : 244 Français sont revenus sur le territoire national, et environ un millier de jeunes affichent des velléités de partir combattre dans les rangs de l'EI. Certes, les départs tendraient à diminuer, mais les retours, eux, augmentent. Avons-nous seulement identifié tous les individus capables de passer à l'acte ?

« Il y a une dizaine d'années, on avait affaire à des individus clandestins, poursuit Yves Trotignon. Aujourd'hui, ils le sont un peu moins, mais le défi reste le même : sortir, sur un claquement de doigts, un dossier que nous avons mis des semaines, des mois, voire des années, à constituer. Nous établissons des radiographies. Dans SDECE [Service de documentation extérieure et de contre-espionnage, l'ancêtre de la DGSE], il y avait le mot "documentation", cette notion de savoir. La traque, c'est un cheminement qui part d'une documentation intellectuelle, un travail quasi scientifique ou journalistique, et va vers une concrétisation : permettre l'arrestation de terroristes et le démantèlement de réseaux à partir du puzzle le plus complet possible. Lorsqu'un dossier est très bien fait, et souvent aussi lorsqu'on a de la chance, le fruit est mûr, il tombe tout seul. Aujourd'hui, le problème, c'est qu'on travaille dans l'urgence. »

Diffuse, la menace émane tout autant d'Al-Qaïda que de Daesh ou d'AQMI. Du Moyen-Orient à l'Afrique, de l'Amérique à l'Asie, en passant par l'Europe, les soldats du califat frappent n'importe où dès lors que les donneurs d'ordres, depuis leur territoire, l'ont décidé.

« Nous savons que Daesh planifie de nouvelles attaques et que la France est clairement visée, déclare Patrick Calvar, le patron de la DGSI, au printemps 2016. La question n'est pas de savoir "si", mais "quand" et "où". Une fois la décision prise, la structure est mise en place en Syrie. Les opérateurs sont des combattants aguerris qui, face à l'armée de Bachar el-Assad, sont devenus des professionnels de la guerre et ont perdu toute humanité. » Patrick Calvar affirme disposer « d'informations faisant état de la présence de commandos sur le sol européen, dont nous ignorons la localisation et l'objectif », ajoutant que l'Europe ferait « sans nul doute face à d'autres attentats » et que la « France rest[ait] en première ligne » face à la menace djihadiste, une menace « de nature à déstabiliser notre société ».

En février 2016, le patron de la DGSE, Bernard Bajolet, s'exprime aussi sur l'état de la menace en France : « La menace présente plusieurs aspects inédits : la territorialisation du groupe État islamique, grâce au concours d'anciens officiers de Saddam Hussein, une cruauté absolue, un nihilisme, mais aussi un véritable professionnalisme, Al-Baghdadi s'étant assuré les compétences d'ingénieurs et de propagandistes de métier. C'est visible dans la qualité morbide de la propagande de Daesh, mais aussi dans sa capacité à utiliser des méthodes clandestines de communication, de transport, etc. Comme Patrick Calvar l'a rappelé, des instructions ont été données par des dirigeants du groupe État islamique pour de nouvelles opérations en Europe.

La menace vient aussi de la mouvance Al-Qaïda, qui, affaiblie, cherche à se signaler par des coups d'éclat. [...] Le schéma des attentats du 13 novembre n'est pas le seul ; d'autres modèles existent, fondés sur des cellules dormantes en France et une circulation entre les zones de djihad et l'Europe[1]. » Le patron des services extérieurs insiste sur « le nécessaire renseignement humain [...]. Là aussi, nous travaillons en lien avec la DGSI et les autres services français ou étrangers amis pour le recrutement de certaines sources. Les derniers textes de loi renforcent les capacités techniques des différents services, avec par exemple ces fameuses "boîtes noires" qui, installées chez les opérateurs télécom, collecteront les données de connexion de leurs clients afin de repérer, le cas échéant, des comportements suspects ou bien des réseaux ».

Les deux hommes martèlent que la réponse sécuritaire ne peut, à elle seule, régler le problème du terrorisme. Bernard Bajolet s'en explique : « Certes, nos services travaillent de façon mutualisée. Nos forces armées, renseignées aussi par la DRM [Direction du renseignement militaire], contribuent à l'attrition du groupe État islamique et des autres organisations terroristes en Syrie, en Irak et au Sahel. Mais nous avons besoin d'une réponse politique. En effet, Daesh s'appuie sur la marginalisation de la communauté sunnite en Irak, où un certain nombre de milices chiites ne sont plus contrôlées par le gouvernement. En Syrie, la minorité alaouite monopolise le pouvoir depuis 1963.

---

1. Audition conjointe de Patrick Calvar et Bernard Bajolet devant la commission des affaires étrangères, de la défense et des forces armées, au Sénat, le 17 février 2016.

L'État islamique en profite pour asseoir son empire sur les sunnites. Enfin, en Libye aussi, la clé est politique. » Une position qui tranche avec celle de François Hollande, que d'aucuns jugent trop « va-t-en-guerre » dans sa lutte contre le terrorisme.

Génération(s) djihadiste(s)

Au sein du pôle antiterroriste, le juge traque. À sa façon. Il quitte assez peu son bureau, sauf pour exécuter les commissions rogatoires à l'étranger. Il passe ses journées à éplucher les dossiers, les anciens comme les nouveaux, les retournant dans tous les sens pour établir des liens entre eux.

Le terrorisme islamiste remonte au début des années 80. Ce sont juste les modèles qui ont évolué. Celui auquel nous confronte l'EI aujourd'hui est inédit par sa violence, et son organisation déroute les juges habitués à des configurations plus « classiques ». Le juge qui nous parle est actuellement en poste. Il nous demande de ne pas citer son nom, pour des raisons de sécurité. « Ce terrorisme a changé de nature. Jusqu'à il y a une dizaine d'années, il était caractérisé par des organisations relativement structurées comptant assez peu de membres, une dizaine ou une quinzaine au maximum, comme le groupe Abou Nidal, un mouvement historique du terrorisme des années 80 à qui l'on doit notamment l'attentat de la rue Copernic et celui de la rue des Rosiers. C'est pareil pour l'ETA, l'organisation séparatiste basque, même s'ils sont plus nombreux, avec un appareil militaire très organisé, très hiérarchisé. »

Kalène est trop jeune pour avoir eu affaire avec cette génération de terroristes, mais il connaît bien le sujet, puisque son oncle a été assassiné par les islamistes algériens. « À l'époque du GIA [Groupe islamique armé], les gars venaient directement d'Algérie. C'étaient des anciens d'Afghanistan. Ils étaient formés au combat et aux modes d'action terroristes là-bas, puis ils se retrouvaient en France où ils créaient leur propre cellule. Ils ne se faisaient confiance qu'entre eux. Quand tu remontais le fil, tu démontais une cellule, tu chopais tout le monde. »

Bernard Squarcini se souvient de cette époque. Il occupait alors le poste de directeur adjoint aux RG, feu les Renseignements généraux. Depuis, il s'est reconverti dans le privé. « Le GIA quand il nous frappe, il nous envoie l'émir Bensaïd[1], qui vient actionner des cellules dormantes déjà positionnées en France. On sait que si on se met en amont, sur les cellules dormantes, c'est gagné. C'est comme ça qu'on déjoue l'attentat sur le marché de Wazemmes. »

Et de nous raconter les mois de traque qui, il y a plus de vingt ans, ont conduit à ces arrestations décisives. Après une folle course contre la montre, l'enquête conduit les policiers dans le nord de la France. Le 2 novembre 1995 au matin, à Villeneuve-d'Ascq, ils perquisitionnent un appartement du quartier de la Poste. À l'intérieur se trouvent tous les composants d'une bombe similaire à celles utilisées dans les attentats de Paris, plusieurs kilos d'explosifs, des pistolets et des cartouches. La bombe était destinée à exploser en plein cœur du marché de Wazemmes, à Lille. L'occupant de l'appartement, qui se fait appeler Omar Allaoui, n'est autre que Smaïn Aït Ali Belkacem, l'artificier des attentats de Paris. C'est l'interpellation, la veille, de Boualem Bensaïd, présenté comme un « émir » du GIA, qui a mis les policiers sur sa piste.

Ces deux arrestations ont permis aux services français de démanteler le réseau dans son ensemble et de mettre fin à la

---

1. Boualem Bensaïd est considéré comme le cerveau de la vague d'attentats attribués au GIA qui a frappé Paris en 1995 : station Saint-Michel le 25 juillet ; métro Maison-Blanche le 6 octobre ; station Musée-d'Orsay le 17 octobre.

vague d'attentats. L'artificier de 1995 est tristement revenu sur le devant de la scène vingt ans plus tard, au moment de l'attaque contre *Charlie Hebdo*. Les frères Kouachi l'avaient bien connu, et Amedy Coulibaly aussi. Leur mentor à tous n'était autre que Djamel Beghal, une figure historique du terrorisme islamiste en France.

L'ancien juge antiterroriste Jean-François Ricard, qui ne s'était jamais exprimé jusqu'à présent, nous explique : « Toutes les générations de djihadistes se retrouvent dans un seul et même dossier : celui du projet d'évasion d'Aït Ali Belkacem en 2010. La première génération, celle du GIA, ce n'est pas n'importe qui. Quand ils sont venus à deux, pas plus, pour commettre leurs attentats en 1995, ils n'avaient quasiment rien, juste quelques armes, quelques contacts. Il fallait un minimum de savoir-faire et des tripes pour ça. Ils voyageaient avec les engins explosifs sur eux dans le RER. Ce n'étaient pas des kamikazes, mais ils étaient prêts à mourir pour la cause. La deuxième génération, c'est Djamel Beghal, plutôt intello et charmeur. Il est parti se former en Afghanistan, ça montre une certaine ambition. Il possède une vraie culture religieuse. Et puis c'est un fin stratège. En Afghanistan, les djihadistes se répartissaient dans les maisons en fonction de leur nationalité. Lui est algérien, mais il vivait dans la maison des Tunisiens, car ils étaient moins nombreux et il leur faisait davantage confiance. Il en est devenu l'un des principaux responsables. C'était sa façon de prendre le pouvoir : s'infiltrer dans une petite cellule. Il fallait voir tous les petits qui allaient lui rendre visite au début des années 2000 à Murat, dans le Cantal, lorsqu'il était encore en résidence surveillée. »

L'expérience du juge Ricard nous éclaire sur les profils des terroristes, si difficiles à cerner – et pour cause : il n'en existe pas vraiment. Le magistrat note une vraie différence de niveau intellectuel à la génération suivante : « La troisième génération, celle des Kouachi, apparaît avec la filière des Buttes-Chaumont. À l'époque, c'était presque rafraîchissant. » Il s'empresse de préciser : « Je ne veux pas que ce soit mal interprété, cela peut paraître choquant de dire cela après ce qui s'est passé, mais c'est vrai que nous non plus n'avions pas mesuré leur dangerosité. » Cette petite phrase en dit long sur le suivi, ou plutôt le non-suivi de ces individus après leur condamnation par la justice.

Jean-François Ricard poursuit : « À ce moment-là, on ne pouvait pas prévoir leur montée en puissance pour les quinze années à venir. Ils nous paraissaient tellement "branques" – pardonnez-moi l'expression. Au bureau, avec Bruguière [Jean-Louis Bruguière, autre juge antiterroriste], on leur disait : "Tu t'assieds là. — Oui monsieur, bien monsieur." Un des gars, je ne sais plus si c'est Kouachi ou un autre, on l'arrête à l'aéroport juste avant son départ pour l'Irak, et il me dit : "Euh, ouais, je partais me faire exploser, ouais, tu vouas." J'avais l'impression de me retrouver à Bobigny. Il ajoute : "Comme ça j'aurai les 73 vierges ! — Non, c'est 72. — Ah bon ?" »

Jean-François Ricard ne cache pas son désappointement. Puis il embraye sur Coulibaly : lui s'est radicalisé en prison aux côtés de Djamel Beghal. « Ceux qui ont 40-50 ans aujourd'hui sont extrêmement dangereux, car ils ont de fortes convictions intérieures. Ils possèdent le réseau, la connaissance. Ils ont la capacité de convaincre et savent parfaitement où il faut frapper. Ceux-là, en tout cas la plupart, sont quelque part en Syrie. »

Le magistrat pense notamment à Farid Melouk. Ce vétéran du djihadisme bien connu des juges fait parler de lui pour la première fois au début des années 90. À cette époque, on le soupçonne d'être le logisticien du GIA en France. Après l'attentat de Saint-Michel en juillet 1995, il s'enfuit en Afghanistan. Il sera condamné par contumace, avant de se faire arrêter en 1998 en Belgique, où il est condamné dans un autre dossier à neuf ans de prison pour sa participation dans l'organisation de filières djihadistes. À sa sortie en 2009, il tente de se faire oublier des services, mais pas de ses « frères » rencontrés en détention, avec lesquels il reste en contact. Parmi eux, Djamel Beghal. On l'aperçoit ainsi en 2010 se promenant et jouant au foot à ses côtés et en compagnie de Chérif Kouachi sur des clichés pris par les services de renseignement, qui surveillent Beghal dans sa résidence du Cantal.

En 2012, Farid Melouk fait refaire son passeport et part en Syrie avec femme et enfants. Les services ne retrouveront sa trace que par hasard, trois ans plus tard : dans le portable d'Hasna Aït Boulahcen, la cousine d'Abaaoud, morte à ses côtés dans l'assaut de Saint-Denis le 18 novembre 2015, les enquêteurs découvrent une photo de Melouk et Abaaoud, tous deux arborant un grand sourire. Le site Mediapart s'interroge alors : Farid Melouk serait-il le trait d'union entre les attentats de janvier et ceux de novembre[1] ?

L'ancien juge antiterroriste Marc Trévidic s'inquiète également d'une reprise du service des anciens. Auditionné en février 2015 par l'Assemblée nationale, il cite lui aussi Farid Melouk : « Il était à la tête d'un très important réseau d'acheminement de djihadistes. Les services de renseignement ont-ils les moyens de vérifier ce que sont devenus tous ces gens condamnés dans le passé pour leur implication dans une filière djihadiste ? [...] Ces anciens ont un carnet d'adresses phénoménal, en France et en Belgique[2]. »

L'enquête déterminera de façon précise le nombre de terroristes impliqués dans les attentats et leur niveau de responsabilité. C'est le boulot des juges d'instruction. Les vieux dossiers n'ont certainement pas livré tous leurs secrets. Pour

---

1. Mediapart, 13 mars 2016.
2. Audition devant la Commission d'enquête sur la surveillance des filières et des individus djihadistes, Assemblée nationale, 12 février 2015.

Jean-François Ricard, c'est une évidence : « Les jeunes sont montés en puissance ces quinze dernières années ; quant aux anciens, ils ont acquis un pouvoir de recrutement énorme pour les mouvements djihadistes actuels. »

Yves Trotignon, ancien de la « Piscine » – c'est ainsi qu'on appelle la DGSE, en référence à ses bureaux du boulevard Mortier, situés à côté d'une piscine municipale – fait le même constat alarmant : « Actuellement, on est arrivés à un point de saturation. D'un côté, vous avez des gens extrêmement mobiles au sein d'une énorme mouvance composée de nouveaux venus qui ont une petite trentaine d'années et qui n'ont pas encore été arrêtés, donc inconnus de nos services. Ils sont soit en France, soit dans des réseaux syriens ; ils vont et viennent. D'un autre côté, vous avez les mecs qui ont déjà été condamnés, dont on sait qu'ils ne renonceront pas tous à la cause et qu'il faut donc surveiller. Enfin, vous avez de vieux réseaux qui peuvent se relier aux autres. Ce phénomène n'est pas que français, il est aussi allemand, anglais, belge, suédois, espagnol... Ce n'est pas infaisable, c'est juste très compliqué. Monstrueusement compliqué. »

3.

Le pôle antiterroriste

> « L'association de malfaiteurs, c'est devenu l'arme essentielle de la justice antiterroriste. »
> Jean-François Ricard, ancien juge antiterroriste

Dans les années 90, l'islamisme radical s'installe sur notre territoire. Mais personne n'en connaît encore réellement les contours, et le terrorisme n'est pas la matière la plus noble à traiter à cette époque. Les dernières décennies ont connu les stars de la crim', ceux qui courent après les grands gangsters, et le 36, quai des Orfèvres suscite admiration et fantasmes. La littérature et le cinéma rivalisent de talent et d'imagination pour évoquer ces grandes affaires criminelles. Le terrorisme, lui, ne suscite pas encore de véritable vocation. Les juges antiterroristes se sentent incompris et isolés.

Le pool des juges antiterroristes est créé en 1986. Jean-François Ricard l'intègre huit ans plus tard. « Dès 1994, les terroristes sont doublement actifs. D'une part, ils soutiennent les opérations à l'étranger et, pour certains, les préparent depuis la France. Sur le plan judiciaire, on a beaucoup de mal à traduire ce phénomène, que l'on découvre en même temps que les services de renseignement. D'ailleurs, mon tout premier dossier, l'affaire Kraouche[1], va mal se passer. Les services de renseignement se faisaient la guerre, et, hormis Gilles Kepel[2], personne ne s'intéressait à l'islamisme. Nous n'avions aucune source pour bâtir notre réflexion judiciaire. Nous n'étions plus dans le modèle du terrorisme de papa et de la guerre froide, le terrorisme étatique de 1986. Il faut parler un peu l'arabe et avoir lu le Coran un minimum pour comprendre ces nouveaux réseaux où il n'y a pas vraiment de chefs. La plus grande difficulté consiste à comprendre leur objectif, parce qu'il est secondaire. On l'a vu pour Bruxelles [en mars 2016] : ils font Bruxelles parce qu'ils n'ont pas l'occasion de frapper en France. C'est typique de leur fonctionnement. Ce qui compte, c'est d'agir, de frapper les mécréants. Le choix de l'endroit peut intervenir dans les derniers jours de la mise en place de l'opération. C'est un obstacle de plus dans l'instruction d'une affaire de terrorisme islamiste. »

Alain Marsaud, qui a dirigé le parquet antiterroriste de sa création en 1986 à 1988, soulève également ce problème : « Jusqu'alors, lorsque nous étions frappés par le terrorisme sur notre sol, nous parvenions toujours à trouver un interlocuteur – le représentant d'un État ou d'une organisation terroriste dépendant d'un État. On savait comment régler le contentieux. C'est ce qu'on a fait avec la Syrie ou l'Iran dans les années 70-80. Ce qui est nouveau aujourd'hui, c'est

---

1. Arrêté en 1993, Moussa Kraouche, suspecté d'être le leader d'une puissante « association de malfaiteurs en relation avec une entreprise terroriste », obtiendra un non-lieu en 2000, le magistrat ayant noté une « construction pure et simple de preuves de la part des services de police ».

2. Gilles Kepel est chercheur, professeur à Sciences Po, spécialiste de l'islam et du monde arabe contemporain.

qu'il n'y a pas d'interlocuteur. On ne peut pas aller voir Baghdadi et lui dire : "Bonjour monsieur Baghdadi, est-ce que vous pourriez faire en sorte de nous foutre la paix ?" Ça, c'est pas jouable. »

Yves Trotignon ajoute : « Ils font des attentats pour nous dire et nous montrer combien ils ne nous aiment pas et pour provoquer le trouble chez nous. Ce sont de vraies opérations de guerre. Mais on ne peut pas discuter. Il y a vingt ans, on était face à des idéologues accessibles. On allait voir les mecs à Londres, on leur disait : bon, là, c'est chaud, il faudrait que cela s'arrête. Le GIA disait : OK, on transmet. Et le message remontait au Soudan. Maintenant, il n'y a plus de relais. On ne parle pas avec Mossoul ou Raqqa. On ne parle avec personne. » Il ajoute : « La guerre, c'est une dialectique. La façon dont on se claque le beignet, c'est un dialogue. On peut leur faire passer des messages. C'est ce qu'on fait en envoyant nos avions. »

À dialogue impossible, messages explicites : au terrorisme islamiste sont venus répondre les missiles occidentaux, d'abord américains, puis ceux de l'armée française et des autres pays de la coalition, visant les bases de Daesh au Levant. Les États-Unis font largement usage de leurs drones pour « neutraliser » les djihadistes inscrits sur leur liste noire des terroristes.

C'est en 1979 que le terrorisme islamiste fait son apparition : le 20 novembre, un commando constitué d'environ deux cents hommes attaque la mosquée de La Mecque, en Arabie saoudite, premier lieu saint de l'islam. Plusieurs centaines de pèlerins sont pris en otages. Les terroristes – des fondamentalistes religieux opposés à la famille royale – se réfugient dans les sous-sols de la mosquée. Le GIGN français est sollicité par le royaume pour intervenir. Constitué de gendarmes d'élite commandés par le capitaine Paul Barril et appuyé par une équipe du SDECE (ancêtre de la DGSE), le groupe d'intervention parvient à dénouer la situation après deux semaines de crise en décidant d'injecter des gaz incapacitants dans les souterrains à travers des trous creusés à même le béton de l'édifice. Lors de la reprise du contrôle de la mosquée, trois cent quatre personnes seront tuées et six cents autres blessées parmi les forces de sécurité saoudiennes et les assaillants.

Ce terrorisme se développe et s'« internationalise » pendant la guerre d'Afghanistan, qui débute le 24 décembre de la même année avec l'invasion du pays par l'armée soviétique. Le conflit avec l'URSS va durer dix ans et des milliers de combattants étrangers viendront s'y entraîner au combat. En 2001, après les attaques d'Al-Qaïda contre le World Trade Center et le Pentagone, le président George W. Bush déclare la guerre aux terroristes. Son discours devant le Congrès américain le 20 septembre fera date : « Nous sommes en guerre contre la terreur. » Il lance l'opération « Liberté immuable » en Afghanistan, avant d'envahir l'Irak deux ans plus tard. C'est ce pays qui verra naître en plein chaos un nouveau groupe, l'organisation djihadiste de l'État islamique. Ses membres, qui constituaient une partie de l'ancienne garde de Saddam Hussein, sont affiliés à Al-Qaïda, dont le chef, Oussama Ben Laden, est devenu l'ennemi public numéro un des États-Unis.

En effet, six jours après les attentats du 11 septembre, Bush dit vouloir retrouver Oussama Ben Laden « mort ou vif ». En réalité, les Américains le recherchent déjà depuis 1999, le FBI l'ayant inscrit sur sa liste des dix criminels les plus recherchés. Au lendemain des attaques coordonnées contre les ambassades américaines au Kenya et en Tanzanie, en août 1998, des affiches « Wanted » sont diffusées dans toute la zone pakistano-afghane. La tête du chef d'Al-Qaïda est mise à prix pour 25 millions de dollars.

L'enquête, menée par la CIA, mobilise tous les services de renseignement américains, dont la National Security

Agency (NSA) et la National Geospatial-Intelligence Agency (NGA). Elle nécessite des moyens financiers et techniques sans précédent. Dix années d'enquête seront nécessaires pour aboutir à la localisation de Ben Laden – nom de code : « Geronimo » – et à sa neutralisation. L'opération « Neptune Spear » est conduite par les forces spéciales américaines. Le 2 mai 2011, les Navy Seals donnent l'assaut contre une villa d'Abbottabad, au Pakistan, où Ben Laden vit dans le plus grand dénuement, sans téléphone ni connexion Internet, et sans mesure de sécurité particulière. Quatre heures plus tard, l'opération se solde par « Geronimo EKIA » (Enemy Killed In Action, « ennemi tué pendant l'intervention »). La plus grande chasse à l'homme qu'ait connue l'Amérique jusqu'alors prend fin avec la mort d'Oussama Ben Laden.

Sollicités par les Américains, les services de renseignement français ont participé à la traque. Les agents de la DST (Direction de la surveillance du territoire, l'ancien service de contre-espionnage) et ceux de la DGSE travaillent eux aussi sur les filières pakistano-afghanes, d'où a émergé la première génération de djihadistes dans les années 90. Parmi eux, des Français et des Belges partis s'entraîner dans des camps « commandés » par Ben Laden. Leurs parcours sont souvent similaires : ils sont envoyés en Afghanistan pour être formés au combat après avoir été endoctrinés en Angleterre. C'est l'époque du « Londonistan », nom donné à la capitale britannique par les services secrets français, qui jugent la Grande-Bretagne trop laxiste envers l'activisme des islamistes radicaux. Les mosquées de Finsbury Park et de Baker Street sont devenues de véritables bureaux de recrutement de volontaires européens. De là viendront les combattants du GIA qui commettront la série d'attentats de l'été 1995 en France. Les magistrats français s'emparent des dossiers.

Quelques jours après le 11 septembre 2001, dans un journal pakistanais, Oussama Ben Laden déclare : « Le djihad continuera même si je ne suis pas là. » Les États-Unis prennent acte de la menace : le *Patriot Act* est voté par le Congrès américain le 26 octobre 2001 afin de renforcer les pouvoirs des agences gouvernementales dans la lutte contre le terrorisme. Trois mois plus tard, l'Angleterre vote à son tour l'*Antiterrorism, Crime and Security Act*, passant ainsi, selon Marc Trévidic, d'« une indulgence coupable à une justice d'exception[1] ».

En France, l'histoire des mesures antiterroristes commence au milieu des années 80.

1986 : « Terroriser les terroristes »

La décennie 80 est marquée par une vague d'attentats à la bombe visant des endroits très fréquentés de la capitale : la tour Eiffel, les Champs-Élysées, le grand magasin Tati, rue de Rennes, où l'attentat du 17 septembre 1986 fait 7 morts et 55 blessés. Ils sont signés Action directe, les indépendantistes arméniens, le Hezbollah, l'extrême droite... Au cours de la seule année 1986, on compte une quinzaine d'attaques, qui font 14 morts et près de 250 blessés. Cette escalade meurtrière suscite l'émoi de la population et pousse la classe dirigeante à réagir « avec fermeté ». La montée de l'insécurité s'invite dans la campagne des législatives, alors que le pays s'apprête à vivre sa première cohabitation. La mort à Beyrouth de l'otage français Michel Seurat vient d'être annoncée. C'est dans ce contexte que le nouveau ministre de l'Intérieur du gouvernement Chirac, Charles Pasqua, lance son fameux mot d'ordre : « terroriser les terroristes ». Un nouveau dispositif policier et judiciaire voit le jour avec le vote, le 9 septembre 1986, d'une loi relative à la lutte contre le terrorisme et aux atteintes à la sûreté de l'État.

---

1. Marc Trévidic, *Au cœur de l'antiterrorisme*, JC Lattès, 2011.

Sous l'impulsion du juge Alain Marsaud, ancien substitut en région parisienne, les dossiers sont regroupés entre les mains d'un Service central de lutte antiterroriste au sein du parquet, le ministère public. Les « crimes commis contre les intérêts fondamentaux de la nation » ne sont plus jugés par des juridictions de droit commun, mais par des magistrats spécialisés regroupés à Paris. Les enquêtes sont confiées à des juges d'instruction et à des procureurs spécialisés : le parquet antiterroriste, surnommé la « 14e section », vient de naître.

En matière de terrorisme, il n'existe aucune spécificité judiciaire avant 1986. Jean-François Ricard se souvient : « Des juges d'instruction sont affectés au pôle centralisateur à Paris. Ce n'est pas encore très structuré. Lorsqu'on m'a proposé le poste, je n'ai pas hésité. J'avais fait mes preuves en matière de grande criminalité et j'étais intéressé par l'international. J'avais roulé ma bosse, c'était mon troisième poste à l'instruction. »

Le texte de la loi du 9 septembre 1986 prévoit de prolonger la durée de garde à vue jusqu'à quatre jours. La présence d'un avocat peut être repoussée jusqu'à la 72e heure. Les peines sont alourdies et le délit d'apologie de terrorisme est voté.

Dix ans plus tard, en 1996, la loi du 22 juillet va plus loin, instaurant notamment la déchéance de nationalité pour les binationaux auteurs d'attentats. Mais, surtout, les parlementaires font voter le délit d'« association de malfaiteurs en relation avec une entreprise terroriste ». C'est l'intention qui est retenue. Cette disposition est une réaction à la série de huit attentats meurtriers de l'année précédente, attribués au GIA. En quatre mois, ces attaques font 8 morts et près de 200 blessés, la plus meurtrière étant celle de la station de RER Saint-Michel.

Cette loi va devenir la marque de fabrique du judiciaire dans l'antiterrorisme. L'idée est de permettre aux magistrats de démanteler les réseaux et d'intervenir avant un attentat. Comme le soulignait à l'époque un magistrat parisien devant le Sénat, il fallait « se donner des moyens juridiques pour éviter que les bombes n'explosent ». C'était le juge Jean-Louis Bruguière ; il deviendra l'emblème de l'antiterrorisme en France.

1996 : *l'association de malfaiteurs*

« L'association de malfaiteurs, c'est devenu l'arme essentielle de la justice antiterroriste, explique Jean-François Ricard. Il faut mettre en évidence la structure, la personne, le moyen. Ça demande une rigueur extrême. Quand on démarre l'instruction, on ne sait pas toujours où on va. Par exemple, dans la filière dite des Tchétchènes, au tout début on se plante. Aucun ne va passer en Tchétchénie. C'est le groupe Romainville-La Courneuve qu'on a démantelé[1]. Ils s'apprêtaient à passer à l'acte en France. Avec la DCRI [Direction centrale du renseignement intérieur], on a mis en évidence l'implantation de ces groupes qui allaient frapper dans les semaines à venir. Voilà ce qu'il faut faire : remonter les filières et taper avant qu'elles ne frappent. C'est ce qu'on a fait pendant des années. »

Procureur en charge de la section terroriste de 2000 à 2004, Michel Debacq travaille beaucoup avec le tandem Bruguière-Ricard. Les trois hommes s'apprécient, même s'ils ont parfois des vues différentes. Ils utilisent systématiquement le délit d'association de malfaiteurs pour démanteler

---

1. Le 16 décembre 2002, la police découvre chez Merouane ben Ahmed, à La Courneuve (Seine-Saint-Denis), des éléments susceptibles de servir à fabriquer une bombe. Le 21, son complice, Nourredine Merabet, est intercepté à la frontière franco-espagnole et incarcéré.

les filières. « C'était ça et simplement ça, raconte-t-il. S'il fallait taper, c'est-à-dire mettre hors d'état de nuire, on tapait ! Mais intelligemment. On savait bien qu'on n'allait pas attraper Oussama Ben Laden, mais on déstabilisait une filière de contrefaçon de vêtements qui finançait des réseaux djihadistes du GIA. On faisait ça constamment. »

Aujourd'hui, à la Cour de cassation, où il a retrouvé Jean-François Ricard, Michel Debacq a le sentiment que cela ne fonctionne plus vraiment de cette façon. Pour preuve, selon lui, les attentats contre *Charlie Hebdo* et l'Hyper Cacher en janvier 2015. Les frères Kouachi et Amedy Coulibaly étaient connus : ils étaient passés par les cases police, justice et prison. Les services de renseignement les avaient à l'œil. Pourtant, personne n'a pu empêcher le pire de se produire. Pour Debacq, la raison en est très claire : tout le travail réalisé en amont pendant les années 2000 grâce au fameux outil de l'« association de malfaiteurs » n'est plus fait aujourd'hui. « Concrètement, dans le cas des Kouachi ou de Coulibaly, le problème, c'est qu'on n'a jamais ouvert d'enquête préliminaire, on n'a jamais fait de flagrance. Une association de malfaiteurs, c'est donner du temps au temps. Même si un dossier est déjà dans le cabinet d'un juge d'instruction, rien n'empêche le parquet d'ouvrir parallèlement une autre enquête. Cela permet de ne pas lâcher l'individu visé. Et cela n'a jamais été fait pour les auteurs des attaques de janvier. À mon époque, les gens qui étaient condamnés n'étaient pas libérables, parce que, une fois mis en détention, on ne les lâchait pas, on se remettait dessus. Dès qu'ils s'approchaient d'une période probatoire, on les surveillait. Pourquoi ? Parce qu'on savait qu'ils avaient gardé des contacts, donc on faisait des associations de malfaiteurs, on faisait un vrai travail de fond. C'est nous, au pôle antiterroriste, qui organisions cela. On ne s'appuyait pas sur les services de renseignement. »

Le pool des juges d'instruction spécialisés, emmené par Jean-Louis Bruguière, s'installe dans la galerie Saint-Éloi, au dernier étage du Palais de justice de Paris. Jean-François Ricard se rappelle : « Quand j'arrive à Saint-Éloi, en 1994, on est trois : Jean-Louis Bruguière, Laurence Le Vert et moi. Gilbert Thiel arrivera peu après. Incontestablement, Bruguière occupe le premier plan. C'est une forte personnalité, avec ses qualités et ses défauts. » À l'évocation de son ancien coéquipier, ses yeux pétillent. D'excitation, sûrement. Jean-François Ricard n'a pas oublié la grande époque : « C'était l'époque où les juges d'instruction tenaient la barre. Ils avaient plus d'importance que le parquet. Par exemple, lors de l'attentat du RER Saint-Michel, le 25 juillet 1995, nous avons été saisis immédiatement. L'attentat a eu lieu à 17 heures, nous étions sur place dès le lendemain matin à 9 heures. Sur celui de Port-Royal [attentat à la station du RER B Port-Royal, le 3 décembre 1996], nous avons été saisis dans l'heure et demie qui a suivi. Nous arrivions en première ligne très vite. »

Jean-Louis Bruguière aussi se souvient de ce duo un peu particulier : « Avec Jean-François Ricard, on formait un sacré binôme, redoutablement efficace. C'était un peu la task force, nous deux. On avait tellement déteint l'un sur l'autre que, quand on se répartissait les interrogatoires d'un même gars et qu'on relisait après coup les procès-verbaux, on s'apercevait qu'on avait les mêmes phrases, les mêmes répétitions. C'était une symbiose. On travaillait ensemble sur tout, mais moi j'étais peut-être plus orienté sur l'international, parce que j'avais plus de *background*. » De fait, Jean-François Ricard était le plus jeune au pôle, et l'international était définitivement le domaine réservé de Bruguière.

Le monde de l'antiterrorisme ne manque pas de fortes têtes. De 1998 à 2004, Louis Caprioli a été sous-directeur en charge de la lutte contre le terrorisme à la DST, devenue en 2008 la DCRI. Patrick Calvar, l'actuel patron de la sécurité intérieure, avait quant à lui intégré la DST dès 1984 comme commissaire principal.

« À l'époque, ils avaient tous une forte personnalité, souligne le juge Ricard. Caprioli et Calvar étaient calés en matière de terrorisme. Jean-Louis Bruguière avait une vraie légitimité auprès des services de renseignement, car il avait bossé sur tous les dossiers d'attentats. Quand on instruit les affaires de terrorisme ou qu'on traite les dossiers à l'international, il faut avoir un sacré carnet d'adresses pour pouvoir rencontrer le patron du FBI à New York ou le procureur fédéral. Il n'y a pas de secret : pour cela, il faut du temps et de la légitimité. »

Surnommé « l'amiral », Jean-Louis Bruguière était le juge coordonnateur de la section, autrement dit le patron de Saint-Éloi. Il pesait de tout son poids face au ministre de la Justice dans l'intérêt de ses dossiers et face au parquet. Longtemps respecté, parfois décrié, il a toujours assumé sa manière de gouverner le navire : « Jean-François Ricard me laissait aller au casse-pipe. Les relations dures avec l'exécutif, c'était moi. Les coups dans la presse, c'était moi aussi qui les prenais. Mais c'est normal quand on est le *number one*. »

De son côté, Ricard reconnaît : « Si cela a bien fonctionné durant ces années au pôle, c'est aussi parce qu'on a un peu triché. Parce qu'on était un tout petit groupe, qu'on se connaissait depuis des années et qu'on s'appréciait. On fonctionnait comme des flibustiers, mais ça marchait. On était deux juges sur les dossiers, avec quelques commissaires de la DST, Caprioli et Calvar notamment, et des gens du renseignement qui, pendant dix ans, étaient au contact tous les jours avec ceux que l'on traquait. C'est comme ça que ça fonctionnait. Ce qui est important, c'est d'avoir une relation de confiance avec les hommes du renseignement. Cela ne veut pas dire être à leur botte, cela veut simplement dire qu'on va échanger des infos et s'accrocher sérieusement au dossier. Ça demande du temps et une vision politique, au sens large du terme. Du fait d'une gestion normalisée des carrières, aujourd'hui ce n'est plus possible. »

Jean-Louis Bruguière et Jean-François Ricard ne travaillent plus ensemble depuis bien longtemps maintenant, mais leurs analyses restent communes. Pour le premier, les relations entre les hommes de loi et ceux du renseignement se sont dégradées : « Je ne suis pas certain, et si je le dis c'est que j'ai de bonnes pistes, que la relation entre les juges de Saint-Éloi et la DGSI soit de la même qualité qu'avant. Je parle en termes de confiance. Dans ce domaine, c'est quelque chose qui se détruit très vite et qui est très difficile à reconstruire. »

Michel Debacq ne peut que faire le même constat, d'autant que la qualité de ces relations a beaucoup compté dans les réussites de l'époque : « À cette période, tout le monde travaille ensemble. Le parquet, suivant l'exemple de Pierre Truche [procureur général de Paris de 1988 à 1992] quelques années plus tôt, impose des réunions trimestrielles à tous les services de renseignement, la DGSE, les RG, la DST. À mon époque, le procureur général de Paris était Jean-Louis Nadal. On faisait une réunion par mois avec les services : une sur les islamistes, une sur les Basques et une sur les Corses. Du coup, on avait des super rapports avec les Squarcini [numéro un des RG à l'époque], Charbonnier [directeur du Service opérationnel et recherche spécialisée, une unité des RG], Caprioli [sous-directeur chargé de la lutte contre le terrorisme à la DST], Clair [directeur adjoint de la DST], etc. C'étaient des relations de travail, mais surtout de confiance. Chacun jouait son jeu et essayait de cacher des choses à l'autre, mais finalement on savait tout et on allait au fond des choses. »

Dès son arrivée à la galerie Saint-Éloi, Jean-Louis Bruguière découvre que tous les dossiers de terrorisme qu'il traite ont des liens avec d'autres groupes ailleurs en Europe. « On est en 1985. On sait qu'Action directe est lié à une fraction d'armée rouge en Allemagne. On a l'affaire

Audran[1], les Brigades rouges italiennes, les Belges... C'est une vraie nébuleuse, il y a de nombreux liens entre tous ces groupes. À ce moment-là, je prends conscience que le terrorisme est *par essence* transnational. C'était nouveau, à l'époque. » S'instaure alors une coopération sans précédent avec les autres pays européens. « C'est l'euroterrorisme qui m'a conduit à développer des relations avec des collègues qui avaient la même conscience et la même perception des choses. Par une volonté commune des hommes, on a cherché la façon d'agencer nos législations pour pouvoir avancer. »

Le juge Bruguière ne cache pas sa fierté au souvenir de sa « plus belle affaire » : « C'est en mai 1998, à la suite d'une enquête que je mène sur des réseaux islamistes en France et en Europe, avec l'Italie, la Suisse, les Pays-Bas, la Belgique et la Grande-Bretagne. On s'aperçoit, notamment grâce à des écoutes italiennes, qu'on a des menaces très claires, du genre : "On est en train de constituer l'équipe, mais il nous manque encore l'entraîneur." On s'est tous mis d'accord, et on a organisé une frappe commune, même jour, même heure. Pourquoi ? Parce que quelques semaines plus tard démarrait la Coupe du monde de football en France. Le 26 mai, cent personnes ont été arrêtées dans toute l'Europe. Même le journal *Le Monde*, qui ne nous était pas favorable, a salué cela comme une opération sans précédent. C'était un truc de fou. Je prenais des avions et je faisais des réunions opérationnelles dans les aéroports pour gagner du temps. Il fallait bien se caler pour agir tous en même temps. Vous vous rendez compte du boulot ? Chacun se débrouillait pour s'arranger avec son système. À l'époque, il y avait juste des

---

1. Le général René Audran travaillait pour la Direction générale de l'armement au ministère de la Défense, chargé à l'époque des ventes d'armes à l'Irak, en guerre contre l'Iran depuis 1980. Il a été assassiné le 25 janvier 1985 par des membres du groupe Action directe devant son domicile de La Celle-Saint-Cloud.

États avec leur législation propre et des hommes avec une volonté. Et pourtant, ça fonctionnait ! Parce que le rôle des hommes et des femmes, dans un système, c'est crucial. »

« L'amiral » impose alors sa marque de fabrique et son style, totalement novateur pour le monde de la justice. Il met l'international au cœur du système. « J'ai beaucoup travaillé avec la diplomatie, ce que peu de mes collègues ont fait, car ce n'est pas dans la culture. Si vous voulez être efficace dans les relations internationales, vous devez parler avec les autres. Cela implique d'employer des moyens régaliens, voire diplomatiques et militaires. Nous sommes le seul pays au monde où, quelle que soit la couleur du gouvernement, il n'y a jamais d'opposition à cela. Au final, l'exécutif a tout à gagner dans cette affaire, du moment qu'il en est tenu informé. Quand vous êtes juge, vous savez que vos décisions peuvent avoir des incidences diplomatiques importantes, donc il est crucial que l'exécutif n'apprenne pas cela par hasard dans la presse. C'est de la synergie, et c'est fondamental en termes de confiance, de dialogue. »

Mais les politiques, de gauche comme de droite, ne vont pas tarder à réagir en voyant le pouvoir leur échapper.

La puissance de Jean-Louis Bruguière à l'instruction, et surtout à l'international, couplée à son côté flibustier dans le duo qu'il forme avec le juge Ricard, agace fortement le parquet. En 2002, après la victoire de la droite aux élections, le procureur de Paris, Jean-Pierre Dintilhac, laisse sa place à Yves Bot. Ce dernier, réputé proche de Nicolas Sarkozy – ministre de l'Intérieur à l'époque –, passe à l'offensive. Il commence par se débarrasser de Michel Debacq, qu'il ne juge « pas assez fidèle », puis il part à l'assaut de la forteresse Bruguière.

L'ancien magistrat reconnaît qu'il a transformé le pool des juges en un instrument de pouvoir : « Ce qui est certain, c'est que j'ai fait de Saint-Éloi une vraie machine de guerre. Donc, à l'époque, le rapport de force était de notre côté. Nous avions des moyens. C'était ainsi parce que j'avais l'exécutif derrière moi. Celui qui m'a le plus soutenu, c'est Mitterrand. Avec Chirac, c'était pareil, mais ce n'était pas du tout politique : c'était une question de tradition régalienne. C'est vrai que j'étais un peu une locomotive, tout le monde était derrière moi... »

La galerie Saint-Éloi perd la main

C'est un autre changement important en matière de lutte antiterroriste : en 2004, la loi Perben II, du nom du ministre de la Justice de l'époque, a placé sur le même plan le crime organisé et le terrorisme, et confié de nouvelles prérogatives aux enquêteurs, désormais autorisés à réaliser des écoutes et de la surveillance vidéo. Par ailleurs, la garde à vue peut être prolongée jusqu'à quatre-vingt-seize heures et la pratique des indics de police est légalisée.

Cela n'a échappé à personne : depuis quelques années, le parquet de Paris se sent pousser des ailes et affiche une nette volonté d'investir le champ de l'enquête en matière d'antiterrorisme – ce qui ne plaît pas forcément aux juges d'instruction, qui se sentent « dépossédés » de leurs prérogatives, jusqu'alors exclusives.

Anne Kostomaroff est nommée à la section antiterroriste en février 2005 : « J'avais, juste avant, travaillé à la rédaction de la loi dite Perben à la chancellerie. C'était pour moi l'occasion de mettre en œuvre cette loi qui venait d'être votée. Il n'était plus question que le parquet antiterroriste soit le seul parquet de France à ne pas diriger les enquêtes. On a tout mis en œuvre pour faire bouger les lignes, et cela n'a pas été simple. Les juges d'instruction ont fait de la résistance, faisant valoir leur compétence acquise au cours de longues années d'investissement dans la lutte antiterroriste et demandant : "Quelle est la légitimité du parquet ?" Les services, y compris à compétence judiciaire, comme la DST, devenue DCRI en 2008, ont également fait de la résistance, disant : "On a l'habitude de travailler avec le juge d'instruction sur commission rogatoire. Quel est notre intérêt à travailler avec le parquet dans le cadre de l'enquête préliminaire ?"

« La force du parquet, c'est de travailler en équipe ; les juges d'instruction travaillent désormais systématiquement à plusieurs sur ces dossiers d'une telle ampleur. Le parquet a une connaissance élargie des dossiers, des phénomènes terroristes, des réseaux, des processus de radicalisation. Il est idéalement placé, lorsqu'il ouvre une enquête, pour apprécier l'état de la menace, la configuration du dossier pour qu'il aboutisse à une réponse répressive efficace de la part de la juridiction de jugement dans un délai raisonnable.

« Cette compétence du parquet n'enlève rien aux prérogatives du juge d'instruction. Simplement, quand le parquet saisit ce dernier, il a déjà réalisé un certain nombre d'enquêtes qui permettent d'éclairer les champs d'investigation à explorer par le juge. Le saisir comme avant, à partir d'un simple rapport de policiers, c'était lui donner un chèque en blanc ! Dans les années 2005-2006, ça a été compliqué de faire exister le parquet doté des nouvelles prérogatives que lui attribuait la loi, non pas pour affaiblir celles du juge d'instruction, mais pour que leurs compétences respectives s'articulent afin de conjuguer leur efficacité. C'est désormais acquis, et on ne peut que se féliciter de la place forte occupée par le parquet dans le dispositif judiciaire, telle qu'incarnée, en matière de lutte antiterroriste, par le procureur de la République de Paris. »

2015 : la « speakerine » du parquet

Aujourd'hui, le patron du parquet et de sa section antiterroriste, c'est François Molins. En tout cas, la communication passe par lui. Et il fait tellement bien le job que les policiers l'appellent entre eux la « speakerine » du parquet.

La France découvre François Molins le jeudi 20 mars 2012 alors que les hommes du RAID s'apprêtent à donner l'assaut contre l'appartement où s'est retranché Mohammed Merah après avoir perpétré les tueries de Montauban et Toulouse. L'assassin présumé de sept personnes, dont trois enfants et deux militaires, est cerné depuis plus de trente heures. Le procureur de Paris, qui dirige l'enquête, donne une conférence de presse retransmise en direct. Il sait que le tueur au scooter écoute la radio : « Merah n'ayant pas tenu parole [de se rendre], nous avons décidé de monter le niveau de la réponse d'un cran. » C'est encore lui qui annonce sa mort quelques heures plus tard : « Mohammed merah portait un gilet pare-balles sur lui, sous lequel il était vêtu d'une djellaba noire qu'il avait enfilée dans un pantalon blue jean. Il est mort d'une balle dans la tête. » L'énoncé est clair, précis. Les détails qu'il donne aux journalistes sont facilement compréhensibles. Il s'adresse à tous les Français, et son visage va leur devenir tristement familier. À chaque attentat, c'est cet homme au regard bleu glacé qui rend compte des événements.

François Molins commence toujours ses conférences de presse par un mot gentil. Le mercredi 7 janvier 2015, en fin d'après-midi, son émotion est palpable. « Mesdames, messieurs, avant toute déclaration sur le déroulement des faits, je voudrais d'abord avoir une pensée émue pour toutes les victimes, leurs proches, et leur faire part de toute mon empathie. » Sans donner de détails sur l'avancée de l'enquête, le procureur fait le récit de l'attaque meurtrière contre *Charlie Hebdo* : « Vers 11 h 30 ce matin, un véhicule de type Citroën C3 se garait devant l'immeuble du siège de *Charlie Hebdo*. Véhicule duquel descendaient deux individus habillés de noir, cagoulés et porteurs d'armes automatiques du type fusil d'assaut kalachnikov. » Les assassins ont pris la fuite et c'est une véritable chasse à l'homme qui commence, orchestrée par le parquet de Paris.

Que ce soit à propos de l'attaque de l'Hyper Cacher à Vincennes deux jours plus tard, de celle du Thalys au mois d'août suivant, de l'assaut de Saint-Denis en novembre, François Molins est toujours celui qui nous parle et nous abreuve, nous les journalistes, de lieux, de dates, de noms. La sémantique dont il fait usage peut surprendre, comme le note la sociologue Mara Goyet : « Sa parole n'est ni du registre du commentaire à chaud, ni de celui du témoignage, ni de celui de l'enquête journalistique ou de l'analyse fouillée. Elle s'en tient aux faits et aux détails. Sans affect ni sentiment. Dans ce type de discours, froid, chirurgical, sans pathos ni colère, les humains sont des individus (nom, prénom) dotés de quelques particularités données par la suite (les baskets orange de l'un des terroristes, la gastro d'un des frères Kouachi), mais sans psychologie ni biographie. Les dates et les lieux prennent une importance immense : il y a les planques, les appartements familiaux [...] le "buisson conspiratif" appelé aussi "igloo végétal". [...] De fait, Molins montre et cache, objective et vide, désentimentalise et monumentalise[1]. »

L'ancien magistrat Alain Marsaud ne cache pas son admiration pour celui qui dirige les investigations à l'antiterrorisme et qui est aussi le procureur le plus connu de France : « Il fait vraiment bien le job. Pourtant, on n'est pas du même bord. Je suis fier de ce qu'est devenue la section que nous avons créée en 1986. À l'époque, nous étions des amateurs éclairés dans un monde que nous commencions à découvrir. Nous sortions tous des services criminels, nous n'avions pas de spécialisation en terrorisme. Nous agissions empiriquement. Lorsque j'ai quitté le service, deux ans plus tard, nous avions identifié tous les réseaux auteurs d'actes terroristes et de violence politique. »

---

1. Mara Goyet, *Sous le charme du fait divers*, Stock, 2016.

Incontestablement, aujourd'hui, c'est le parquet qui a la main, et tout le monde s'en accommode. Avec le temps et l'arrivée d'une nouvelle génération de magistrats, plus discrète, les tensions sont retombées. La rénovation de la fameuse galerie Saint-Éloi a permis de gagner 210 mètres carrés de bureaux, et le rapprochement physique de l'instruction – seuls deux escaliers la séparent du parquet – réduit les temps de déplacement des magistrats. Un avantage non négligeable pour ces hommes et ces femmes lancés dans une course contre la montre avec les terroristes.

La fameuse 14e section antiterroriste du parquet s'appelle aujourd'hui « section C1 ». Onze magistrats y centralisent tous les dossiers de terrorisme. En amont, lors des enquêtes préliminaires, les magistrats du parquet travaillent en lien étroit avec la police et les services de renseignement. Au plus fort des crises, le service fonctionne vingt-quatre heures sur vingt-quatre, sept jours sur sept.

Le 13 novembre 2015, François Molins, le procureur de Paris, déclenche la cellule de crise du parquet à 22 h 30. Pour faire face à l'ampleur de la tâche, pas moins de trente-cinq magistrats viennent gonfler le pool de la section antiterroriste. Pendant douze jours, cette cellule de crise va fonctionner non stop. Elle se réunit dans une petite salle équipée d'un matériel électronique dernier cri et jouxtant le bureau de François Molins. Un chef de salle répartit les tâches. C'est un travail de titan qui s'annonce : analyse des procès-verbaux, contacts avec les enquêteurs, synthèse des auditions, rédaction des réquisitions... En quelques jours, huit cents témoins sont entendus. Aux côtés des magistrats, plus de huit cents enquêteurs de la police judiciaire sont mobilisés, sans compter les hommes du renseignement à la DGSI. Une équipe d'enquête commune franco-belge est également constituée, ce qui permet aux Français d'identifier rapidement la plupart des membres du commando.

Jusqu'à l'assaut de Saint-Denis, le 18 novembre, lors duquel les forces d'intervention neutralisent Abdelhamid Abaaoud, c'est le parquet qui a la main. L'assaut puis l'interpellation du logeur, Jawad Bendaoud, marquent la fin de l'enquête de flagrance et conduisent à l'ouverture d'une information judiciaire confiée à six juges d'instruction. Le dossier est désormais entre leurs mains.

4.

Chez le juge

> « Ce que nous apprend le dossier des attentats [du 13 novembre], c'est que ces types peuvent revenir avec de faux passeports et sans donner aucun signe de vie à leur famille. Ils sont alors indétectables. »
>
> Un juge en charge du dossier du Bataclan

Le « bunker »

En ce lundi du printemps 2016, la galerie Saint-Éloi est paralysée par une panne informatique générale. Le juge qui nous reçoit, fraîchement débarqué au pôle antiterroriste, ne s'en émeut pas : l'extinction forcée de son ordinateur semble lui offrir un répit salutaire. Avant de nous rencontrer, notre hôte a mis les choses au clair : « Je fuis les médias. Je ne parle pas aux journalistes par souci de discrétion. Je ne vous raconterai rien des affaires en cours. Je dois aussi vous prévenir que je ne travaille que depuis quelques mois à l'antiterrorisme, je suis en phase de découverte… »

Sachant la fameuse galerie difficilement accessible, nous avons pris soin de nous présenter au 4, boulevard du Palais une demi-heure avant le rendez-vous. Nous longeons la salle des pas perdus, traversons la galerie marchande, puis, au bout du couloir, nous prenons à droite, escalier F, 3e étage. Sur le palier exigu, un deuxième escalier conduit à la section C1, où sont installés les magistrats du parquet. Nous, nous allons en face – facile à deviner au vu du blindage de la porte et des caméras de surveillance. Passé le second sas, un gendarme nous délivre nos badges d'accès. Deux couloirs plus loin, un autre gendarme nous autorise enfin à accéder à la galerie après que nous avons montré patte blanche pour la cinquième fois. Le juge nous attend dans son cabinet.

Depuis la rentrée 2016, ils sont dix juges antiterroristes à se partager une centaine de dossiers. Celui des attentats du 13 novembre en mobilise six à lui seul. Il faut dire qu'il compte cent tomes. Un tome, c'est cent pages.

Notre hôte nous explique leur fonctionnement : « On se partage les interrogatoires. Ce qu'on ne peut pas se partager, c'est la prise de connaissance du dossier : chacun doit tout lire de son côté pour pouvoir synthétiser. Tout est important dans un PV d'audition. Une personne interrogée sept fois en garde à vue, cela représente environ soixante-dix pages à absorber. On travaille essentiellement avec trois services de police : la DGSI, la SDAT [Sous-direction antiterroriste, qui dépend de la Direction centrale de la police judiciaire] et la brigade criminelle de la préfecture de police de Paris. Sur les attentats de 2015, les trois services sont cosaisis. Ils débroussaillent énormément le terrain, mais cela ne nous dispense pas de maîtriser tous les PV et d'en connaître les détails. Pour mener des interrogatoires, on ne peut pas se contenter de vagues synthèses. Il faut recouper les dates, les lieux, les noms des personnes citées… Les relevés d'analyses téléphoniques sont cruciaux aussi. Ils nous disent qui est en relation avec qui. Cela demande un travail de synthèse considérable. »

Le réseau informatique n'est toujours pas rétabli. Le juge va chercher un des tomes qui engorgent les grandes armoires centrales de la galerie. « On a une trentaine d'affaires chacun. L'une des spécificités de l'antiterrorisme, c'est l'extrême difficulté à clôturer les dossiers. Ce n'est pas le cas dans la criminalité organisée. C'est ce qui explique qu'ici certains dossiers ont vingt ou trente ans d'âge. Il est parfois utile de les garder. Tenez, par exemple, l'affaire de l'attentat de la rue Copernic en 1980 a connu un incroyable rebondissement en 1999 avec l'ouverture des archives de la Stasi. C'est là que nous avons été mis sur la piste. Et son auteur présumé a été retrouvé et mis en examen en 2014, trente-quatre ans après les faits ! D'ailleurs, quand vous avez vingt ou trente morts dans un attentat, allez donc dire aux familles des victimes : "On va clôturer par un non-lieu." C'est très difficile à faire passer. Donc, ces dossiers, même s'ils ne sont pas très vivants, nous demandent du travail. Les parties civiles nous sollicitent en permanence et nous assaillent de demandes d'actes. »

Repérer les « bombes »

Parallèlement au dossier du 13 novembre, qui occupe déjà six juges sur dix à plein temps, le flux des autres dossiers, ceux des présumés djihadistes, s'accélère. « Depuis les attentats, nous sommes passés dans une dimension inconnue. Jusqu'à présent, en gros, seul un retour de Syrie sur deux était judiciarisé : la moitié des personnes qui rentraient en France passaient devant la justice, l'autre moitié faisant seulement l'objet d'un suivi administratif, c'est-à-dire un débrief par les services de renseignement, pas plus. Désormais, tout individu qui rentre de Syrie est considéré comme une bombe potentielle. Plus personne ne passe à travers les mailles du filet. On judiciarise tout. On n'a pas envie de prendre le risque de laisser filer dans la nature un mec qui demain va commettre un attentat. Les dossiers que nous envoient les services de renseignement et la police sont plus ou moins bien ficelés, mais je ne leur jette pas la pierre : ils sont sous l'eau. »

Justement, en ce mois de mai, Patrick Calvar, le patron de la DGSI, fait un point chiffré sur la situation. Six mois après les attentats, rien qu'au sein de son service, 261 procédures judiciaires sont en cours concernant plus de mille personnes : « Nous avons procédé à plus de 350 interpellations. Au moment où je vous parle, sept personnes sont gardées à vue. Chaque semaine, nous interpellons des gens. Plus de 220 sont mis en examen, plus de 170 ont été écroués et plus de 50 placés sous contrôle judiciaire[1]. »

Le juge qui nous reçoit explique que la plupart de ses dossiers concernent des individus interpellés par les Turcs en rentrant de Syrie. Neuf fois sur dix, les personnes arrêtées à la frontière turco-syrienne n'ont pas de papiers. Donc, nos ressortissants sont expulsés vers la France. Les policiers français les cueillent à l'aéroport avant de les placer en garde à vue, où ils font l'objet d'une enquête préliminaire de retour de Syrie. Et puis il y a les autres, les Français qui ont rejoint les rangs de l'État islamique : « Si les juges apprennent leur retour imminent, ils se font cueillir avant leur entrée sur le territoire national. Malheureusement, la plupart du temps, on ne sait pas où ils se trouvent exactement. Pendant longtemps, on a pu utiliser les posts des djihadistes sur Facebook et les autres réseaux sociaux : ils étaient prolixes et avides de publicité concernant leurs

---

1. Audition de Patrick Calvar devant la commission de la défense nationale et des forces armées, à l'Assemblée nationale, le 10 mai 2016.

exploits. Mais ils se sont rendu compte qu'ils donnaient beaucoup trop d'infos aux services de renseignement militaire, qui les géolocalisent directement. À force de prendre des bombes sur le coin de la figure, ils ont compris qu'il valait mieux être discrets. Du coup, on surveille plutôt l'entourage familial et amical pour détecter un éventuel retour. »

Cela nous rappelle une remarque de Kalène : « À son arrivée en Syrie, un enfant contacte toujours sa mère. "T'inquiète pas, maman, je vais bien." Puis il donne régulièrement des nouvelles, surtout avant de mourir. » Pourtant, comme le note le magistrat, « ce que nous apprend le dossier des attentats [du 13 novembre], c'est que ces types peuvent revenir avec de faux passeports et sans donner aucun signe de vie à leur famille. Ils sont alors indétectables. Les Samy Amimour, Foued Mohamed-Aggad et Cie, ceux du Bataclan, on savait qu'ils étaient partis en Syrie. Ils faisaient l'objet de procédures judiciaires, et même, pour certains d'entre eux, de mandats d'arrêt. Au final, ils sont revenus sans qu'on en ait la moindre idée, car ils n'ont prévenu personne. Voilà pourquoi ils nous ont échappé. »

Samy Amimour est repéré par la DCRI dès 2012. Le jeune homme, originaire de Drancy, en Seine-Saint-Denis, a quitté le foyer familial et s'est rapproché des salafistes, ces musulmans qui pratiquent un islam rigoriste. Le 15 octobre de cette année-là, il est interrogé avec deux autres amis soupçonnés par les services de renseignement de vouloir partir en terre de djihad. Il est placé sous contrôle judiciaire, on lui retire son passeport et sa carte d'identité et on lui demande de pointer au commissariat chaque semaine. Cela ne l'empêchera pas de partir l'année suivante, muni de faux papiers, rejoindre les rangs de Daesh en Syrie avec sa compagne Kahina. Ils s'installent et se marient à Raqqa, puis gagnent Mossoul, en Irak. Un mandat d'arrêt international est lancé contre Amimour par la France. Le 6 septembre

2013, les Turcs donnent son signalement après l'avoir repéré en compagnie d'Ismaël Omar Mostefaï, lui aussi originaire de la région parisienne et qui faisait l'objet d'une fiche S pour radicalisation islamiste violente. Avec Foued Mohamed-Aggad, parti rejoindre l'État islamique en 2013, ils constitueront le commando du Bataclan.

Parfois, au détour d'une autre enquête, en exploitant un ordinateur ou un téléphone, les services découvrent incidemment que des individus partis en Syrie à l'insu de tous sont de retour en France. Ils sont alors appréhendés et écroués. Mais ce n'est pas une mince affaire : « Même si depuis septembre 2015 on a doublé les effectifs de la SDAT et de la DGSI, après le Bataclan c'est devenu de la folie. Le nombre d'individus que l'on nous présente a explosé. »

Dans le couloir, une jeune femme voilée patiente, encadrée par deux gendarmes, avant d'être entendue par un juge. Elle paraît seulement légèrement inquiète. Elle pense certainement aux questions que va lui poser le magistrat instructeur et prépare ses réponses. Les juges ont l'habitude. Le discours est bien rodé. « Il est très rare qu'ils gardent le silence, mais ils nous racontent tous la même histoire. Dans l'immense majorité des cas, ils nient être partis en Syrie pour combattre avec l'État islamique. Ils nous disent : "Je suis parti faire de l'humanitaire et, une fois arrivé là-bas, j'ai été effrayé par ce qui se passait. Je suis revenu, parce que ces gens de l'État islamique sont horribles. Je ne suis pas d'accord avec eux." C'est un discours hyper convenu. Là-bas, ils ont quasiment des cours sur ce qu'ils doivent dire et sur le bon comportement à adopter en garde à vue. Ils sont autorisés à critiquer l'EI et à condamner les attentats pour les besoins de la cause : c'est le principe de la *taqiya*, la dissimulation. »

Mais alors, comment évaluer la sincérité de ces jeunes prétendument « déçus du djihad » ? « C'est compliqué. Parfois, on manque cruellement d'éléments. Certains, lorsqu'on les récupère, ont pris soin de se débarrasser de leur téléphone portable ou de leur ordinateur. Ils n'ont pas de compte Facebook ou ne se souviennent pas de leur mot de passe. D'autres peuvent être confondus facilement même s'ils nous tiennent un discours de "repenti" : on a des photos d'eux armes à la main, ils se sont félicités de telle décapitation sur les réseaux sociaux ou ont hurlé de joie au moment des attentats. Lorsque vous réussissez à accéder à leurs comptes Facebook ou Instagram, à leurs discussions sur Viber ou d'autres messageries instantanées, vous constatez qu'ils regardent en boucle les vidéos de décapitation et que leurs propos ne laissent aucun doute sur leur radicalisation. »

Face à la nouvelle menace, le juge ne cache pas ses craintes : « On sait maintenant que tous ceux qui partent en Syrie sont capables de fabriquer une bombe et de tirer à la kalach. Ils représentent tous un danger potentiel. Pour fabriquer du TATP, c'est très facile, ce sont des produits que l'on achète sans difficulté en grande surface. »

Kalène non plus n'ignore pas que le mode d'emploi des bombes se trouve n'importe où sur Internet : « Tu vas chez Carrefour ou dans une jardinerie Truffaut pour acheter ton engrais et deux ou trois autres trucs pour faire ton explo, puis chez Norauto pour acheter la base de ton détonateur : une télécommande d'ouverture de voiture. Tu récupères l'émetteur et le récepteur, tu mets une pile, et boum ! C'est malheureux, mais c'est tellement facile pour eux. » Et il est tout aussi facile de se procurer une kalachnikov dans les cités.

Il arrive que les aspirants au djihad soient attrapés avant de réussir à partir. C'est un autre cas encore. Ceux-là sont inculpés pour « association de malfaiteurs terroriste en vue de rejoindre une organisation terroriste ». Quant à établir un profil des personnes soupçonnées d'avoir basculé dans la radicalisation, le juge y renonce : « Ça aussi, c'est effrayant : il n'existe pas de typologie du terroriste. Je vois des gens intelligents, d'autres complètement crétins ; des gens qui ne sont pas insérés dans la société, d'autres au contraire très intégrés ; des Arabes musulmans de longue date et des Européens fraîchement convertis ; des radicalisés express en quinze jours sur Internet et d'autres qui fréquentaient une mosquée depuis des années. Il n'y a pas de profil type. »

Dans ces conditions, comment repérer les « bombes » potentielles et éviter de nouveaux attentats ? À la galerie Saint-Éloi, les juges semblent démunis. « On le voyait venir, le Bataclan. Avec le nombre d'attentats déjoués dans les mois précédents, c'était évident. Je suis même étonné que cela ne soit pas arrivé plus tôt. Quand Trévidic dit : "Le pire est à venir", il n'est pas extralucide. Tout le monde le sait. On le sait par ceux qui rentrent de Syrie. Là-bas, on les incite à revenir en Europe pour commettre des attentats. Et à ceux qui ne peuvent pas rejoindre la Syrie, on dit : "C'est pas grave, prenez un couteau et allez poignarder le premier passant venu. C'est toujours ça de pris." Il se trouve que, deux jours avant le Bataclan, on a vu le patron de la DGSI qui nous a prévenus que tous les signaux étaient au rouge vif... et ce n'est pas près de se calmer. »

Calé au fond de son siège, le juge nous lance un regard perçant avant de poursuivre : « Je me souviens d'un dossier de terrorisme que j'ai traité en 1996, le "gang de Roubaix[1]". C'était trois mois après les accords de Dayton[2] et le retour des moudjahidine. » Les combattants étrangers de la mouvance islamiste qui avaient pris part aux combats en Bosnie

---

1. Le groupe était constitué de Français djihadistes partis se battre en Bosnie et dirigé par Lionel Dumont, originaire de Roubaix, et Christophe Caze, un autre vétéran de Bosnie.

2. Les accords de paix de Dayton, signés en décembre 1995, ont mis fin au conflit en ex-Yougoslavie.

contre les Serbes ont été autorisés à rentrer dans leur pays d'origine, comme l'Arabie saoudite, l'Égypte, l'Algérie ou la France.

« Ces mecs, dès leur retour en France, sont passés à l'acte en commettant des braquages d'une grande violence et en fomentant des projets d'attentats sur notre sol. C'était facile pour eux. Ils étaient habitués à faire sauter des bombes tous les jours et à égorger à tire-larigot. Ce que je veux dire, c'est que, quand il y aura la paix en Syrie et en Irak et que tous ces combattants étrangers vont revenir, ça va être un cauchemar. Le nombre de combattants européens est estimé à 30 000 ! Et les gens partis là-bas ont développé une dangerosité et une radicalité bien supérieures aux autres. De plus, il y a une autre donnée importante à prendre en compte. Tant qu'ils sont en France, on peut traiter un dossier d'un point de vue juridique avec l'association de malfaiteurs. Ils se voient entre eux, se téléphonent, partagent des amis pas jolis... On les a sous la main et on peut les cerner, comme on l'a fait quand on a démantelé au grand complet un réseau strasbourgeois parti faire le djihad. Mais à partir du moment où ils se retrouvent en Syrie, c'est le grand *melting-pot*. Ils n'ont plus de nationalité. Le Français peut aller commettre un attentat au Pakistan, l'Algérien en France, etc. Il n'y a plus de frontières. Par exemple, si un Fabien Clain revient, il ne sera peut-être pas accompagné de son frère Jean-Michel, mais d'un autre type que nous ne connaissons même pas. C'est très effrayant. »

La jeune femme patiente toujours dans le couloir. Elle doit avoir une vingtaine d'années. Les femmes, longtemps oubliées des procédures policières et judiciaires, font aujourd'hui l'objet de nouvelles attentions : « Jusqu'à présent, on ne les traitait pas, reconnaît le juge. On considérait qu'elles rejoignaient leur mari, qu'elles s'occupaient de la popote et des enfants, et c'est tout. Lorsqu'on savait qu'elles étaient parties en Syrie, on les plaçait en garde à vue pour les entendre, mais, sauf cas particulier, on ne les mettait pas en examen. Aujourd'hui, on se rend compte qu'elles sont parfois plus radicalisées que leurs maris. Regardez la femme de Foued Mohamed-Aggad, le troisième kamikaze du Bataclan. Avant l'attentat, elle écrivait qu'elle souhaitait que son mari se fasse martyr, sous peine de le considérer comme un lâche. Aujourd'hui, elle est fière de l'acte qu'il a accompli : elle écrit cela sur les réseaux sociaux. » C'est d'ailleurs elle qui, depuis la Syrie, a informé la mère du terroriste de la mort de son fils par SMS : « Ton fils est mort en martyr avec ses frères le 13 novembre. »

« Nous devons réviser notre façon d'appréhender les femmes, poursuit le juge. Nous devons considérer qu'elles sont aussi dangereuses que les hommes dès lors qu'elles rejoignent l'EI, même si l'on n'a pas de preuves qu'elles manipulent des armes ou sont programmées pour se faire exploser lors d'un attentat. La plupart des compagnes des auteurs des attentats de novembre se trouvent en Syrie, où elles jouissent d'un très avantageux statut de veuve de martyr. Elles ont une solde et n'en sont pas peu fières. Cela en dit long sur leur rôle... »

L'ex-procureur de la République Anne Kostomaroff nous confirme le rôle majeur de ces femmes de djihadistes : « C'est un vrai sujet. Les femmes ont souvent été entendues en garde à vue, mais très rarement mises en examen. Elles ont été négligées. Je pense en particulier à la femme de Djamel Beghal, jamais poursuivie ni condamnée. »

Une des premières femmes à avoir été mises en examen dans le cadre d'une procédure de terrorisme islamiste est l'épouse de Merouane Benahmed dans la filière dite « tchétchène[1] », comme le raconte Anne Kostomaroff :

---

1. Merouane Benahmed, Algérien d'origine, a fui son pays en 1999. En France, il a été condamné à dix ans de prison parce que soupçonné de projeter des attentats à Paris. Libéré en 2011, il vit depuis sous le régime de l'assignation à résidence, la Cour euro-

« Saliha Lebik, âgée de 27 ans à l'époque, a tenu un rôle important au sein de cette filière. Interpellée en 2002, elle est mise en examen pour association de malfaiteurs liée à une entreprise terroriste. Tout d'abord, elle vit avec Benahmed en Algérie alors qu'il est recherché pour sa participation en qualité d'"émir" au sein du GIA. Pendant sa cavale, elle transite en Espagne à ses côtés. Elle l'accompagne dans le Caucase, participe à La Courneuve aux réunions conspiratives. Sa position est de dire : "Je ne sais rien, parce que mon éducation ne me permet pas de poser des questions", ou alors : "Je n'étais au courant de rien, parce que, règle de non-mixité oblige, je suis confinée dans ma pièce. Je ne vois rien, je n'entends rien et je n'assiste à rien." Mais elle admet par ailleurs qu'elle exerce une forte influence sur son mari, qu'elle a une culture religieuse bien plus importante que lui et que, donc, c'est elle qui l'éduque.

« Au tribunal, devant lequel elle comparaît en 2006, je requiers en soulignant la particularité de son profil, et en faisant valoir en substance : si c'est la première fois que vous avez à juger une femme, vous devez mesurer son mode de participation à l'aune de la règle de non-mixité et de la place de la femme dans ce genre de structure. Mais sachez qu'elle joue un rôle de mentor auprès de son mari, donc elle est dangereuse. La juridiction la relaxe pour manque d'éléments de preuve. Un appel est formé contre cette décision. Dans le rapport, j'insiste sur le rôle de ces femmes, difficile à mesurer, parce qu'elles se cachent derrière la règle de non-mixité, mais pourtant essentiel. La décision de relaxe est confirmée. Au niveau judiciaire, personne ne perçoit le rôle joué par ces femmes. Au niveau policier, c'est l'histoire d'un long apprentissage. Elles sont voilées, les policiers ne

---

péenne des droits de l'homme ayant refusé son extradition en raison de sa condamnation à mort en Algérie.

savent pas comment les traiter. Tout cela va réapparaître avec une acuité terrible en 2015 avec Hayat Boumedienne, la compagne de Coulibaly – précédemment, Souad Merah et sa mère Zoulikha avaient également joué un rôle majeur. »

Le greffier vient informer le juge que sa réunion est reportée d'une heure. Très bien, il aura plus de temps à nous consacrer. Les traits de son visage sont tirés. Il a lu ses dossiers jusque tard dans la nuit hier. Au-delà de l'épuisement, ce quadragénaire à la ligne impeccable affiche aussi un certain découragement. Ce n'est pas lié au nombre de dossiers à traiter, contrairement à ce qu'on pourrait croire, mais à ce qu'il appelle la « gestion des victimes ». De fait, c'est une question qui nous avait échappé.

« C'est vraiment un gros problème. Si le droit des victimes est très à la mode, les textes, eux, ne sont pas adaptés. On doit tout notifier aux victimes, mais personne ne se rend compte du temps que cela prend. Avec quatre ou cinq mille victimes dans ce dossier, cela fait autant de lettres recommandées à envoyer ! C'est vraiment un travail de fou. Et je peux vous dire que l'heure n'est pas à essayer de nous soulager là-dessus : à chaque nouveau projet de loi antiterroriste, on en rajoute une couche ! »

Notre juge ne peut pas nous parler des affaires en cours, mais il a besoin de vider son sac, c'est certain ! On ne peut plus l'arrêter. « En plus, ces victimes sont bien souvent reçues par le président de la République, qui leur assure en personne que la justice fera tout pour elles. Parole de chef d'État ! Ce sont donc des victimes très exigeantes : elles veulent tout, tout de suite, et ne comprennent absolument pas les contraintes. Pire, elles les refusent. La lourdeur de la gestion des victimes : voilà ce que j'ai découvert en arrivant à la galerie Saint-Éloi. »

Le téléphone sonne, on le prévient que la réunion va commencer. Ce qui le relance sur le sujet : « Et cette sacro-sainte obligation de faire des réunions de victimes tous les six mois ! Dans le dossier du Bataclan, il faut compter trois jours complets de réunion pour les tenir au courant des dernières avancées[1]. Il faut savoir que plus de mille personnes se sont constituées parties civiles. Pour certaines, c'est : "J'étais en face du Bataclan quand c'est arrivé. Je me suis caché dans un café, j'ai eu très peur. Quand je suis sorti, j'ai pataugé dans des mares de sang. J'ai été choqué, du coup je suis sous anxiolytiques…" Cela veut dire qu'il faut passer du temps à rédiger des ordonnances d'irrecevabilité. Sans compter qu'on a deux jours de réunion pour préparer les trois jours de rencontre avec les parties civiles ! »

Notre juge ne cache pas son exaspération : « On est payés pour traquer les terroristes et les traduire devant une juridiction. Tout le temps qu'on passe à faire autre chose est contre-productif. Je n'arrive même plus à me déplacer à l'étranger pour assister à l'exécution des commissions rogatoires internationales. Sans parler de tout le travail d'interrogatoire des mis en examen et de l'audition des parties civiles, que seuls les juges sont habilités à faire. Donc, mes dossiers, je les lis chez moi, tard le soir. »

Le secret

L'autre sujet qui finit de le mettre en pétard, c'est la question du secret : « Qui dit nombreuses parties civiles dit nombreux avocats. Ces derniers ont donc accès au dossier complet de l'instruction et vont baver à tout-va auprès des journalistes. Cela veut dire que, à partir du moment où les investigations reviennent chez nous, tout se retrouve dans la presse, y compris des éléments très secrets. C'est arrivé

---

1. La première rencontre entre les victimes du 13 novembre et les magistrats s'est déroulée les 24, 25 et 26 mai 2016 à l'École militaire, à Paris.

encore dernièrement : deux types sont arrêtés en Autriche. Ils commencent à parler et leurs interrogatoires permettent de faire avancer notre enquête. Les Autrichiens coopèrent avec nous sur le dossier, mais ils nous préviennent : "Il faut absolument que cela reste secret, sinon nos sources vont arrêter de parler." Le lendemain, tout est dans les journaux ! Les Autrichiens sont fous de rage.

« Pour vous dire, nous en venons à demander aux policiers de ne plus nous faire de retour des pièces pour éviter que les avocats des parties civiles ne les consultent. Du coup, nous non plus ne pouvons plus les consulter et les utiliser. C'est cauchemardesque ! On ne peut pas instruire sur des faits extrêmement graves et voir nos dossiers étalés au grand jour. »

Nous n'osons glisser que, nous aussi, nous aimerions bien qu'il nous révèle quelques détails croustillants sur des instructions en cours. À notre grand désespoir, nous comprenons bien que rien ne sortira de ce bureau.

Depuis 2014, les juges antiterroristes travaillent avec la DGSI, le service de renseignement du ministère de l'Intérieur. Cette nouvelle direction a été créée pour mieux lutter contre les filières djihadistes. C'est la remplaçante de la DST (Direction de la surveillance du territoire), notre ancien service de contre-espionnage. Ses agents ont fait leurs armes durant la guerre froide. Plusieurs centaines d'analystes, d'interprètes, d'informaticiens et d'universitaires y sont recrutés depuis deux ans. La culture du secret y est absolue.

« Il y a des choses qui doivent impérativement rester secrètes, poursuit le juge. Nos méthodes de travail ne doivent pas être connues de ceux que nous traquons, et la vie d'informateurs est en jeu. Le problème est que nous vivons dans une société ultra-médiatisée. D'où viennent les fuites ? Je soupçonne très fortement les avocats. Quand l'un d'entre eux se précipite pour voir mon dossier et qu'une demi-heure après les premiers papiers sortent dans la presse, c'est assez clair.

« Je ne sais pas d'où est venue la fuite sur l'arrestation de Salah Abdeslam à Bruxelles, mais c'est très grave. La juge belge qui instruit l'affaire nous dit, le 18 mars au matin : "Voilà, on l'a localisé, on va intervenir cette nuit." Et puis, dans l'après-midi, l'attaché de communication du parquet nous appelle : "Vous avez localisé Salah Abdeslam ? Car les journaux s'apprêtent à sortir l'info." On prévient la juge en catastrophe que la presse est au courant. Du coup, les Belges déclenchent immédiatement l'interpellation, en pleine journée. Vous voyez un peu le problème ? Regardez les images à la télévision : il y a des gens qui se baladent dans la rue au moment où Salah Abdeslam sort de l'immeuble. C'est un miracle qu'il n'y ait pas eu de morts. Le patron de la police belge était furieux ! » En effet, Claude Fontaine, directeur général de la police judiciaire fédérale, a condamné « une certaine irresponsabilité d'une certaine presse », ajoutant : « On offre, sur l'autel de l'audimat, la sécurité de mon personnel et la sécurité publique de la population [...] et ça, je ne l'accepte pas[1]. »

Le juge français n'est pas loin de penser la même chose, mais il nous épargne son sermon. Sur ce coup-là, il en veut surtout à « ceux d'en haut » : « Je ne sais pas qui a fuité, mais c'est criminel de faire ça. Les avocats n'avaient pas l'information. Les enquêteurs jurent que ce n'est pas eux ; ils sont aussi handicapés que nous, et je veux bien les croire. Donc, soit il y a un pourri qui se fait payer pour filer des infos, soit – hypothèse très probable – l'information remonte des policiers du renseignement jusqu'au ministère de l'Intérieur, et, là, il y a plein de gens qui sont très pressés de faire savoir que le gouvernement est efficace. Beaucoup de fuites viennent de là, c'est certain. »

---

1. RTBF, 20 mars 2016.

Malgré les fuites, le volume insensé de travail, la pression des enquêtes et l'épidémie de réunionite aiguë, le juge antiterroriste serre les dents et s'accroche à ses dossiers, avec les autres « saints » de la galerie. « On est noyés, mais on ne peut pas augmenter indéfiniment le nombre de juges. Du côté des policiers, c'est pareil. Avec la multiplication des affaires, les enquêteurs n'ont plus le temps. On le voit bien, les dossiers sont de plus en plus mal ficelés. Je ne leur jette pas la pierre : on leur met une pression monstre pour qu'ils avancent. Donc, ils bâclent. Ils travaillent à la chaîne : dès qu'ils nous ont présenté un mec, ils passent au suivant, puis au suivant, et ainsi de suite. Les détenus s'accumulent et on a un énorme travail de vérification sur commission rogatoire. Ça va devenir vite ingérable... »

« On ne lâche jamais »

L'enquête sur les attaques du 13 novembre est loin d'être bouclée. Il reste des éléments à éclaircir et une dizaine de personnes à interpeller, nous confie le juge. « On a tous trop travaillé dans l'urgence. La reconstitution est nécessaire pour comprendre ce qu'ils ont fait, comment ils l'ont fait, savoir de quels appuis ils ont pu bénéficier. Il faut recouper toutes les informations, rapprocher un élément qui vient de Belgique d'un autre découvert en France ou transmis par les Turcs. On se rend compte que la préparation a commencé dès le début de 2015 : des appartements et des voitures ont été loués, on repère des allées et venues. Des personnes en Syrie ont donné des instructions. Mon idée, c'est que cela ne devait pas s'arrêter là. Ces attaques n'étaient que la première partie d'un projet de plus grande ampleur, une véritable vague d'attentats. Les agents qui se trouvaient en France et en Belgique ne sont peut-être plus opérationnels aujourd'hui, mais on peut penser que d'autres le sont ailleurs. Nous devons les retrouver. Moi, je continue à traquer quoi qu'il arrive pour ne pas laisser le crime impuni. On ne lâche jamais. »

C'est le moment qu'il choisit pour prendre congé. Les journées d'un juge antiterroriste sont souvent longues, très longues.

5.

La matrice

> « Patrick Calvar, patron du contre-espionnage à l'époque, a dit : "Artigat, ce sont des fumeurs de chichon" – en clair, le dossier ne vaut rien. »
>
> Un ancien du renseignement

7-9 janvier 2015 : la traque infernale

Vendredi 9 janvier 2015, en milieu d'après-midi, la traque des auteurs présumés de l'attaque contre *Charlie Hebdo* s'achève dans le sang. Les frères Kouachi sont neutralisés devant l'imprimerie de Dammartin-en-Goële, en Seine-et-Marne, où ils s'étaient réfugiés. Au même moment, leur complice présumé, Amedy Coulibaly, est tué dans l'Hyper Cacher où quatre de ses otages seront retrouvés morts.

Le procureur de Paris, François Molins, fidèle à son point presse, annonce le bilan de cette tragique semaine et égrène jusque tard dans la nuit les chiffres de la mobilisation exceptionnelle des services de l'État dans cette affaire « hors norme » : « Vingt-trois magistrats ont été engagés au parquet de Paris pour délivrer cinq mandats de recherche. Quarante-huit interceptions téléphoniques ont été diligentées, ainsi que trente-neuf procédures de géolocalisation. Plus de cent témoins ont été entendus. » Le procureur souligne l'extrême violence des scènes de crime, « puisque 31 étuis de calibre 7.62 [munitions de kalachnikov] ont été retrouvés à l'intérieur des locaux », soit un chargeur plein, auquel tout professionnel ajoute une cartouche, engagée dans la chambre.

Dès le 7 janvier en fin de matinée, la police technique et scientifique se met au travail au siège du journal satirique, dans le XIe arrondissement. Les vidéos de surveillance montrent les tireurs prenant la fuite à bord d'une Citroën C3 noire. Sur leur route, boulevard Richard-Lenoir, ils abattent un policier. Un peu plus loin, ils abandonnent leur véhicule et volent une Clio dans laquelle les enquêteurs retrouveront plus tard, selon le procureur de Paris, « dix cocktails Molotov, un drapeau djihadiste, utilisé à la fois par AQPA [Al-Qaïda dans la péninsule arabique] et l'EI [État islamique], un bandeau noir, deux talkies-walkies, une GoPro, un gyrophare, un pare-soleil police et un chargeur de kalachnikov ». De plus, « une carte d'identité a également été découverte au nom de "Saïd Kouachi, né le 7 septembre 1981 à Paris X^e" ». Et, sur l'un des cocktails Molotov, l'empreinte digitale de Chérif Kouachi.

Les auteurs de l'attaque sont donc identifiés, mais la police a perdu leur trace. Des avis de recherche sont lancés. Des perquisitions se déroulent à Strasbourg, en région parisienne, à Reims et à Charleville-Mézières, partout où les fugitifs ont des contacts et sont susceptibles de se réfugier. Des dizaines de témoins sont entendus. Vigipirate est relevé à son plus haut niveau (« alerte attentat ») sur l'ensemble de la région parisienne, puis, le lendemain matin, sur la Picardie. En effet, c'est là que, le 8 janvier, à 9 h 26, les deux frères sont formellement reconnus par le pompiste d'une station-service Avia, sur la nationale 2, près de Villers-Cotterêts, dans l'Aisne, où ils se sont arrêtés pour voler de quoi manger. L'exploitation de la vidéosurveillance confirmera leur présence.

Le RAID et le GIGN sont déployés dans le département. Les hélicoptères survolent les environs, les gendarmes fouillent les maisons. Des pompiers sont dépêchés en renfort, en cas de confrontation avec les tueurs, dans cette zone boisée de la Picardie où la psychose s'installe. La chasse à l'homme se poursuit tard, en vain. À la tombée de la nuit, les deux hommes n'ont toujours pas été localisés. La traque est relayée en direct sur les fils d'info en continu.

Les hommes du RAID et du GIGN, assistés par cinq hélicoptères, vont poursuivre leurs recherches tout au long de la nuit autour de la commune de Longpont. Cet important déploiement policier plonge les habitants des villages environnants dans l'angoisse. De nombreux riverains craignent de voir surgir l'un des frères Kouachi dans leur jardin ou au détour d'une route.

La traque se fait en silence. Gendarmes et policiers communiquent entre eux par radio et par gestes. Ils sont parfois accompagnés d'un médecin. « J'ai peur pour moi, témoigne Michel, un chauffeur de bus de 55 ans. J'ai fait le tour de la maison, fermé les volets, mais les environs sont pleins de grottes, de champignonnières. » Carole, une toiletteuse canine qui a sillonné les environs toute la journée pour les besoins de son travail, avoue : « Je ne comprends pas : les policiers sont habillés comme des Robocop dans les rues, mais on nous laisse circuler sans problème. Imaginez qu'on se retrouve face à eux, qu'est-ce qu'on fait ? »

Les fugitifs restent manifestement terrés toute la nuit dans un bois d'où ils surgissent le lendemain matin à 8 heures pour braquer une automobiliste, qui les reconnaît immédiatement. Lourdement armés, ils lui expliquent qu'ils sont là pour venger le Prophète et repartent avec sa Peugeot 206. La Clio avec laquelle ils circulaient depuis le mercredi est restée embourbée à l'orée du bois. La chasse à l'homme reprend. Où et quand va-t-elle s'achever ?

En réalité, ce n'est pas une traque qui est en cours, mais plusieurs.

Le 8 janvier, à 7 h 20, alors que tous les services de sécurité sont sur la trace des assassins de *Charlie Hebdo*, une policière municipale est tuée et un agent grièvement blessé à Montrouge, au sud de Paris. À la suite d'un accident de la circulation, une fusillade a éclaté avenue Pierre-Brossolette. L'auteur a pris la fuite. Les journalistes arrivent sur place, mais il n'y a pas grand-chose à raconter. À 9 h 25, FranceTVinfo tweete : « Un banal accident vers 7 h 15, la police municipale est sur place. » Les caméras repartent.

La police fait son travail et découvre sur la chaussée des étuis de calibre 7.62. Là encore, ce sont des munitions de kalachnikov. Selon plusieurs témoins, le tireur de Montrouge portait sur lui un gilet pare-balles. Équipé d'une arme de poing et d'un fusil d'assaut kalachnikov, il s'est enfui à bord d'une voiture retrouvée plus tard dans la journée à Arcueil, dans le Val-de-Marne. Au vu des événements de la veille, le parquet antiterroriste se saisit. Comme pour l'attaque contre *Charlie Hebdo*, l'enquête est confiée à la DRPJ (Direction régionale de la police judiciaire) de Paris, à la SDAT et à la DGSI. Un témoin a fourni suffisamment d'éléments à la police pour permettre de dresser un portrait-robot. Les enquêteurs recoupent leurs dossiers. Le nom d'Amedy Coulibaly sort dans la presse en fin d'après-midi, mais les médias n'ont pas le temps de s'y attarder. Ce 8 janvier est un jour de deuil pour le pays. Le monde entier adresse ses messages de soutien aux victimes de la barbarie. « Vive la France ! » écrit Barack

Obama dans le livre de condoléances à l'ambassade de France à Washington. Dans la soirée, une foule toujours plus nombreuse vient se recueillir place de la République. La fusillade de Montrouge, passée quasiment inaperçue, est déjà oubliée.

Le 9 janvier, à l'aube, la préfecture de police lance un premier appel à témoins, puis un second, sur les réseaux sociaux : « SECOND Appel à témoins #Fusillade #Montrouge Contacter le 0 805 02 17 17 ». L'avis de recherche émane de la brigade criminelle, qui invite à se manifester « toute personne pouvant permettre la localisation de deux individus [...] susceptibles d'être armés et dangereux et qui font l'objet de mandats de recherche dans l'enquête diligentée suite à l'homicide volontaire en relation avec une entreprise terroriste commis le 8 janvier [...] à Montrouge ». Sur cet avis de recherche, deux photos. La France découvre les visages d'Amedy Coulibaly, 33 ans, et Hayat Boumedienne, 27 ans. La veille au soir, les enquêteurs ont pu confirmer l'identité de Coulibaly grâce à l'ADN prélevé sur une cagoule retrouvée sur les lieux de la fusillade. Si les enquêteurs ont perdu sa trace, ils ont en revanche établi la connexion entre le tireur en fuite et les frères Kouachi.

On vient de retrouver ces derniers à Dammartin-en-Goële, en Seine-et-Marne. Après un échange de tirs avec une patrouille de gendarmes, les deux frères se retranchent dans une imprimerie. Saïd, l'aîné, est légèrement blessé, touché au cou. La petite ville, située à une trentaine de kilomètres de Paris, est bouclée par les forces de l'ordre. Le GIGN, le GIPN (Groupe d'intervention de la police nationale), le RAID et la BRI (brigade de recherche et d'investigation) sont déployés pour la première fois ensemble. Appuyées par cinq hélicoptères, les forces d'élite investissent toute la zone : les rues, les toits des maisons, les champs alentour. Six cents gendarmes encerclent le bâtiment. Michel Catalano, le gérant de l'imprimerie, est pris en otage. Son employé se cache à l'étage, sous l'évier de la cuisine. Les terroristes ignorent sa présence.

Dans le courant de la matinée, les frères Kouachi libèrent le gérant. Les hommes du GIGN entreprennent de négocier en laissant des messages sur leur téléphone portable. Pas de réponse. De leur côté, les enquêteurs continuent leurs investigations en faisant parler les téléphones, à commencer par celui de la femme de Chérif Kouachi, en garde à vue depuis deux jours. Ils dénombrent, sur toute l'année 2014, plus de cinq cents appels entre elle et Hayat Boumedienne, la compagne d'Amedy Coulibaly. Les relations entre les deux couples étaient étroites. Pour les magistrats du pôle antiterroriste, le lien entre la tuerie de *Charlie Hebdo* et le meurtre de Montrouge ne fait plus aucun doute.

Où se cache Coulibaly ? Va-t-il rejoindre ses « frères d'armes » dans leur base de retranchement de Dammartin-en-Goële ? Dans cette ville fantôme, les commerces ont baissé leur rideau de fer, les établissements scolaires ont été évacués, les enfants restent confinés chez eux. Le Plan blanc est déclenché à l'hôpital de Meaux. Du personnel a été rappelé pour répondre à un afflux potentiel de victimes. Le général Denis Favier, directeur général de la gendarmerie, dirige les opérations en personne. Par mesure de sécurité, l'aviation civile suspend même les arrivées sur les deux pistes nord de l'aéroport Roissy-Charles-de-Gaulle, dont Dammartin n'est éloigné que de 5 kilomètres à vol d'oiseau.

En début d'après-midi, une fusillade éclate à la porte de Vincennes, dans l'Est parisien. Amedy Coulibaly, lourdement armé, vient de lancer une prise d'otages dans une épicerie casher. Il menace de tuer tous les otages si l'assaut est donné à Dammartin-en-Goële. Là-bas, les SMS adressés par les négociateurs du GIGN aux deux terroristes n'ont toujours pas reçu de réponse. À 16 h 54, les frères Kouachi sortent de l'imprimerie munis de leurs fusils d'assaut.

Ils tirent en rafale en direction des forces de l'ordre, qui répliquent aussitôt à coups de grenades à effet de souffle pour les projeter au sol et les neutraliser. L'assaut ne dure pas plus d'une minute. Chérif Kouachi est atteint de treize balles, son frère Saïd de sept. L'employé de l'imprimerie ressort sain et sauf. Deux gendarmes sont blessés dans l'opération. À Paris, Amedy Coulibaly est tué lors de l'assaut donné quasiment au même moment contre l'Hyper Cacher. En effet, le chef de l'État a décidé que les opérations seraient simultanées pour éviter que les trois terroristes aient le temps de se parler. Car il est évident qu'ils ont coordonné leurs actions.

La sécurisation de l'entreprise de Dammartin par les démineurs prend une bonne heure. « Les mecs du GIGN n'ont pas fait dans la dentelle », confie un enquêteur de la SDAT. L'entreprise est ravagée. François Molins détaillera plus tard l'arsenal militaire retrouvé dans les décombres : « un lance-roquettes MK2 avec une roquette engagée, dix grenades fumigènes, deux kalachnikovs et deux pistolets automatiques ». Il ajoute : « Les démineurs vont même trouver sur le corps d'un des deux terroristes une grenade qui avait été positionnée en guise de piégeage. »

Décryptage d'un raté

Le pays peut souffler : les terroristes sont neutralisés. Mais vient rapidement le temps des questions. Chérif Kouachi et Amedy Coulibaly se sont rencontrés en prison par l'intermédiaire de Djamel Beghal, avant d'être tous deux mis en cause dans la préparation de l'évasion armée d'Aït Ali Belkacem, l'ancien du GIA. Coulibaly avait été condamné pour ces faits à cinq ans d'emprisonnement en 2013. Quant aux Kouachi, ils sont loin d'être inconnus des services de renseignement.

Les services ont-ils failli ? Au lendemain des attentats de *Charlie Hebdo*, c'est *la* question que se posent une partie des journalistes. Sentant souffler le vent de la polémique, le ministère de l'Intérieur prend les devants et organise un mini-point presse off pour tenter d'étouffer l'incendie. Devant quelques journalistes spécialisés, Patrick Calvar, le patron de la DGSI, et son adjointe, Lucile Rolland, distillent quelques infos et éléments de langage pour s'assurer que la presse reprendra bien leur version de l'histoire.

Officiellement, les Kouachi étaient connus des services, mais ils n'étaient plus suivis. La surveillance de Chérif Kouachi s'est arrêtée à la fin de l'année 2013, et celle de son frère six mois plus tard, à l'été 2014. Toujours selon la DGSI, les écoutes administratives ont été interrompues à la demande de la Commission nationale de contrôle des interceptions de sécurité (CNCIS), l'autorité administrative indépendante en charge du contrôle de ces enquêtes, car rien ne laissait penser qu'ils préparaient un attentat. Problème : ladite commission apporte très vite un démenti dans un communiqué, affirmant n'avoir jamais demandé l'arrêt des écoutes. Elle évoque « au mieux une inexactitude, au pire une manipulation ».

La suite, c'est *Le Monde* qui la révèle quatre mois plus tard[1]. Les fiches censées renseigner la DGSI sur l'activité des deux frères ne sont plus à jour depuis bien longtemps – la dernière actualisation remonte à fin 2012. Ainsi, des éléments factuels cruciaux n'y figurent pas, comme le nouvel état civil de Saïd Kouachi ou les deux fiches S dont il fait l'objet. Bien qu'il n'ait jamais été condamné par la justice, ces fiches le présentent comme un « individu susceptible d'être lié à la mouvance islamiste radicale internationale » et dont « les déplacements à l'étranger [sont]

---

1. « "Charlie Hebdo" : quand la DGSI réécrit l'histoire », *Le Monde*, 3 avril 2015.

de nature à compromettre la sécurité nationale ». Erronée aussi, l'adresse de son domicile. Alors que les services le croient encore en région parisienne, il vit à Reims depuis plusieurs années. Quant à Chérif Kouachi, sa fiche n'est guère épaisse non plus. Pourtant, le jeune homme a déjà un gros casier judiciaire en lien avec le terrorisme : condamné dans le procès des filières dites des Buttes-Chaumont, il a aussi été mis en examen dans l'affaire de la tentative d'évasion d'Aït Ali Belkacem, avant de bénéficier d'un non-lieu. Pour les besoins de l'enquête sur *Charlie Hebdo*, la DGSI met sur écoute une ligne téléphonique censée être attribuée aux parents de Chérif et Saïd en Algérie. Problème : ils sont tous les deux décédés depuis plus de vingt ans ! Les enquêteurs s'en sont rendu compte bien plus tard.

Ces révélations ne sont pas à la gloire des services et accréditent la thèse selon laquelle ils auraient failli dans leur mission de surveillance. Ce qui en ressort également, c'est qu'une véritable guerre des services ferait rage au sein de la DGSI en pleine réorganisation – créée en 2014, elle reprend les missions de la DCRI. Cela expliquerait notamment l'abandon du suivi de Saïd Kouachi pour des questions de territorialité : quand celui-ci aurait déménagé à Reims, les écoutes de la Direction du renseignement de la préfecture de police de Paris (DRPP) auraient été abandonnées, car la règle veut que la DGSI s'empare de tous les dossiers de terrorisme hors région parisienne.

Ce point a d'ailleurs été confirmé par le rapport d'Éric Ciotti sur les filières djihadistes. Pour y remédier, le député LR propose que « la Direction générale de la sécurité intérieure soit seule compétente sur l'ensemble du territoire, y compris à Paris, en matière de lutte contre le terrorisme[1] ». Ce faisant, il sait qu'il met les pieds dans le plat. C'est en

---

1. *Rapport de la commission d'enquête sur la surveillance des filières et des individus djihadistes, op. cit.*

effet une spécificité française : la capitale a ses propres services antiterroristes. La préfecture dirige un service de police au 36, à la brigade criminelle, et un service de renseignement, la section antiterroriste (SAT).

Dans son point presse postattentats de janvier 2015, François Molins retrace le parcours judiciaire du cadet des frères Kouachi. « Chérif avait fait un séjour au Yémen en 2011 et il fréquentait des djihadistes partis comme lui à l'étranger, dont on sait qu'ils se trouvent actuellement au Yémen et en Syrie. » Les services de renseignement américains avaient alerté les services français sur ce séjour, précisant que Chérif était accompagné d'un jeune délinquant radicalisé en prison, Salim Benghalem. Ce djihadiste originaire du Val-de-Marne fréquentait lui aussi le groupe des Buttes-Chaumont. Il serait, depuis, devenu l'un des chefs de la police islamique en Syrie[1].

Quid de la surveillance de ces présumés djihadistes sur le sol français ? Concernant les frères Kouachi et Amedy Coulibaly, une quarantaine de notes de la DGSI ont été déclassifiées à la demande des juges pour les besoins de l'enquête[2]. On y apprend plusieurs choses. Lorsqu'ils rendent visite en mars 2010 à Djamel Beghal, assigné à résidence dans le Cantal après sa sortie de prison, celui-ci est sous la surveillance de la Direction centrale du renseignement intérieur. C'est la DCRI (future DGSI) qui l'a placé sur écoute. Beghal est l'une des grandes figures historiques du terrorisme islamiste en France. Parallèlement aux écoutes, il est visé par une enquête de la Direction centrale de la police judiciaire (DCPJ). Les notes nous apprennent qu'à ce moment-là Kouachi est en contact avec Peter Burgess Chérif, un ancien des Buttes-Chaumont qui, lui, a rejoint Al-Qaïda dans la péninsule arabique (AQPA), le mouvement

---

1. Voir *supra*, p. 23.
2. *Le Monde*, 4 janvier 2016.

dont se revendiqueront les deux frères lors de l'attaque contre *Charlie Hebdo*.

En 2010, Kouachi et Coulibaly sont mis en examen dans le projet d'évasion de l'artificier des attentats de 1995. Malgré cela, étant donné que rien, dans les notes émises par les services qui les surveillent, ne prouve qu'ils préparent une action violente, Amedy Coulibaly n'a jamais été considéré par la DGSI comme un membre de la mouvance islamiste radicale. Lorsqu'il sort de prison en mars 2014 muni d'un bracelet électronique, il est toujours considéré comme une « petite frappe », un ex-braqueur qui a donné un coup de main dans un projet d'évasion. Personne ne s'est penché sur son cas ni sur la relation qu'il entretient avec les frères Kouachi, dont on connaît pourtant les accointances « radicales ». De même, Saïd Kouachi, en dépit de ses fréquentations et de son voyage au Yémen, où Al-Qaïda entraîne ses combattants, n'est pas non plus considéré comme un islamiste pur et dur.

Quant à Peter Burgess Chérif, les services de renseignement ont perdu sa trace depuis 2011. Sept ans plus tôt, le jeune Parisien part se battre en Irak contre les Américains. Il est blessé lors de la bataille de Falloujah en 2004. Il se fait alors appeler Abou el-Aouzar. Fait prisonnier, il est envoyé au camp Bucca, une prison militaire américaine dans le sud de l'Irak, devenue un véritable centre de formation des candidats au djihad international. C'est précisément là que se sont rencontrés les principaux cadres de l'État islamique. Chérif est aussi passé par la prison d'Abou Ghraib, tristement célèbre pour avoir été le théâtre de la torture américaine. Après avoir encore changé de lieu de détention, le jeune Français s'évade et regagne la Syrie, d'où il est expulsé et renvoyé en France.

Nous sommes alors en 2008. Peter Burgess Chérif doit être jugé lors du procès de la filière des Buttes-Chaumont, mais son dossier a été disjoint pour laisser au juge le temps de boucler l'instruction. Il est donc jugé et condamné seul en 2011, trois ans après les autres membres du groupe. Emprisonné dès son retour en France, il comparaît libre à l'audience. Deux mois plus tard, il ne se présente pas au prononcé du jugement : sentant venir la condamnation, il a quitté le pays, direction le Yémen, un des « *hot spots* » du djihadisme international. La destination était déjà très prisée des Français, Chérif Kouachi y ayant fait un aller-retour pendant ses vacances estivales, alors même qu'il était soumis à un contrôle judiciaire qui lui interdisait de quitter le pays. Les deux potes du XIXe arrondissement avaient vraisemblablement la même agence de voyages. En janvier 2015, Kouachi est réapparu en France, on sait pourquoi. Peter Burgess Chérif a lui aussi refait surface. En septembre de la même année, le département d'État américain l'a inscrit sur la liste noire du terrorisme, ainsi que deux autres Français, pour avoir rejoint les rangs du groupe État islamique en Irak et en Syrie.

Le juge Ricard ne s'étonne pas des problèmes que pose le suivi de ces jeunes radicalisés : « Il y en a plein, des cas de gens montés en puissance dont on se fiche. C'est tout le problème du suivi. Mais c'est pas notre boulot à nous, les juges. Au début des années 2000, on était à fond, tout était vérifié de façon systématique. Ça a bien fonctionné entre 1997 et 2012, jusqu'à Merah. Depuis, ça ronronne. Ils ont perdu la main. Il faut dire que la DGSI a souffert de sa réorganisation. Tout ne peut pas se faire à la hussarde ! »

« *Où est-ce qu'on a failli ?* »

Certes, ils ont surgi sans que personne les ait vus venir. Pourtant, ce sont des enfants de la République, comme nous le rappelle Wassim Nasr, journaliste spécialiste des mouvements djihadistes : « Ce ne sont pas des Martiens, que je sache. Ce ne sont pas des Syriens et pas des Irakiens qui viennent se battre ici. C'est du fait maison. Les armes sont achetées ici, en Europe, les équipes sont européennes, l'artificier est européen, et ils ont agi sur le sol européen. »

Les jeunes Occidentaux, selon lui, sont attirés par le « projet politique » que représente le djihad actuellement, opposé à la vision occidentale. C'est ce qu'il explique à l'Assemblée nationale devant la commission d'enquête « relative aux moyens mis en œuvre par l'État pour lutter contre le terrorisme depuis le 7 janvier 2015 » : « En Syrie, après cinq ans de guerre, beaucoup de jeunes ont rejoint cette révolution, de manière civile ou militaire – quoi qu'il en soit, elle s'est militarisée très vite, dès le début de 2012. Certains ont gagné les rangs de l'État islamique faute de mieux, parce que l'organisation représente une révolution contre les systèmes établis : contre les États de la région, et même contre le capitalisme et le système mondial. Ce qui attire les jeunes – du moins les Occidentaux – vers l'État islamique plutôt que vers Al-Qaïda, c'est cette dimension historique et mystique de la Syrie et de l'Irak, et le fait que l'organisation ait réussi à installer un proto-État avec des institutions, des mécanismes de redistribution, des bureaux des plaintes pour les consommateurs, un système éducatif, des écoles anglophones – au grand dam des francophones ! Il faut prendre ces personnes au sérieux et estimer leur action à sa juste valeur. Si on la minimise, si on considère l'État islamique comme une secte et ses membres comme des paumés, des drogués, on ne mesure pas le danger qu'il représente. Ses combattants font partie de l'Islam, ce sont des musulmans, mais ils ne représentent pas tous les musulmans du monde. En revanche, ils constituent un véritable pôle d'attraction pour de vastes franges de la population. »

La France fournit l'un des plus gros contingents de combattants étrangers, parfois radicalisés de façon expresse. « Ce ne sont pas des paumés, confirme l'avocate Samia

Maktouf. Les paumés, ce sont ceux que j'appelle les "fast djihadistes", la chair à canon. Ceux qui ne savent rien du Coran, comme c'est souvent le cas avec les chrétiens convertis. En trois jours, ils deviennent djihadistes. Ils ne parlent pas l'arabe, ne connaissent rien de l'islam, mais on leur donne un but dans leur vie. Qu'y a-t-il de plus précieux que cela ? Aujourd'hui, le problème, c'est qu'on ne comprend pas le terrorisme. C'est pour ça qu'on n'a pas de solutions adaptées. »

Les anciens, les purs et durs, sont passés par les camps en Afghanistan ou en Bosnie pendant la guerre en ex-Yougoslavie dans les années 90. Ils combattront ensuite en Algérie auprès du GIA, puis en Irak en 2003 et en Syrie aujourd'hui. Quand un conflit prend fin, l'« Internationale djihadiste » se tourne vers un autre terrain, toujours pour la même cause : soutenir les musulmans oppressés partout dans le monde.

Les années ont passé, la tumeur a grossi, la masse de gens à surveiller a explosé. Les organisations terroristes se sont adaptées en organisant des filières de recrutement et en utilisant les nouveaux moyens de communication. Avec Internet et les réseaux sociaux, plus besoin de se rendre sur place. C'est désormais une véritable autoroute qui s'ouvre devant eux.

Un juge affecté au dossier du 13 novembre constate : « Avec Al-Qaïda ou l'État islamique, ce n'est pas qu'il n'y a pas d'organisation, c'est plutôt une sorte de franchise. N'importe qui part en Syrie, prête allégeance, reçoit un entraînement minimum d'une à deux semaines, et hop ! repart en Europe aussi sec avec ses faux passeports. Il est opérationnel et peut commettre un attentat au nom de l'État islamique. Son lien réel avec l'EI est très diffus. »

Le criminologue Alain Bauer note : « Cette vague allégeance peut même amener deux organisations "concurrentes" – en l'occurrence Al-Qaïda et l'EI – à "travailler" ensemble. C'est le cas pour la première fois en janvier 2015 : *Charlie*

Hebdo est une revendication d'Al-Qaïda, l'attaque de l'Hyper Cacher est revendiquée par l'EI. C'est leur relation personnelle qui fait dire à Kouachi et Coulibaly : on prépare tout ensemble, on se coordonne, et ensuite chacun fera sa petite revendication : les uns avec la vidéo, les autres sans. Ça, c'est nouveau. Il n'y a pas d'autre exemple d'organisations terroristes ou en guerre qui organisent conjointement un attentat ou une série d'attentats. Cela veut dire que la décentralisation est considérable. On est dans une logique d'envoyés spéciaux. Ce ne sont pas des loups solitaires – ce concept est très mal utilisé –, mais ils ont une très grande capacité d'autonomie décisionnelle et de rapprochement opérationnel. »

La menace a muté et tout le monde est pris de court. Les services de renseignement ne veulent pas se remettre en cause, leur ministre de tutelle ne veut pas entendre les critiques, pourtant la société demande des comptes. N'en déplaise aux responsables de la lutte antiterroriste, ils devront se poser des questions pour ne pas répéter les mêmes erreurs. Notre dispositif de lutte antiterroriste est certainement l'un des meilleurs au monde, mais il est perfectible. Passé la stupeur et l'effroi, il est indispensable de se demander sérieusement, comme le fait Anne Kostomaroff, « où on a failli ».

Anne Kostomaroff a travaillé sur les filières djihadistes dans les années 2000. Difficile pour l'ancienne procureure de ne pas se remettre en question ce 7 janvier lorsqu'elle découvre, dès 18 heures, l'identité des frères Kouachi sur les réseaux sociaux : « L'un des frères a déjà été condamné en mai 2008 dans une filière d'acheminement de candidats au djihad en Irak (la filière dite "des Buttes-Chaumont"). Je m'interroge. Il apparaissait dans une relation de grande proximité avec Djamel Beghal dans un nouveau dossier ouvert en 2010, enquête dans laquelle ont également été mis en cause et condamnés en décembre 2013 d'autres membres de la filière des Buttes-Chaumont. Je me demande alors :

comment se fait-il que l'on retrouve, une poignée d'années plus tard, toutes ces personnes, avec ce durcissement dans la radicalité ? On les a connus débutants dans la filière des Buttes-Chaumont. Ils avaient 20 ans à l'époque. Ceux qui n'étaient pas partis combattre en Irak sont condamnés à des peines qui ne dépassent pas trois ans avec du sursis par le tribunal correctionnel.

« C'est cette spirale infernale qui m'obsède ce soir-là, le 7 janvier. C'est ce qui nous obsède tous, les anciens du parquet antiterroriste. On va échanger et s'interroger ensemble une partie de la nuit par SMS : "À côté de quoi on est passés ? Rappelle-toi les éléments qu'on avait, ta position à l'audience..." Etc. On revisite tout le dossier avec cette même question : qu'est-ce qui s'est passé depuis les Buttes-Chaumont, en 2004, depuis leur mise en examen pour "association de malfaiteurs en relation avec une entreprise terroriste" et leur condamnation à des peines de prison ? Je ne sais pas. »

Des « pieds nickelés » aux assassins de Paris

Les jeunes de la filière du XIXe sont majoritairement considérés comme des « guignols » à l'époque des départs en Irak. Cette filière est repérée par la DST et démantelée en 2005. Les médias s'y intéressent alors relativement peu, mais on trouve un portrait des djihadistes interpellés dans le journal *Le Parisien* : « Dangereux islamistes ou pieds nickelés influençables ? Le profil des candidats au départ pour aller combattre en Irak laisse perplexe. Deux d'entre eux, Thamer Bouchnak, 22 ans, et Chérif Kouachi, 23 ans, [...] incarnent une nouvelle génération de "djihadistes", née en France, sans formation militaire, déconnectée de réseaux structurés. "Mon client a été manipulé, raconte Me Vincent Ollivier, l'avocat de Kouachi. Plus l'échéance de son départ approchait, plus il avait peur. Il ne savait plus comment sortir de cette situation." »

« Pour son conseil, Kouachi, livreur de pizzas, n'est pas un "islamiste extrémiste" : "Il fume, il boit. Ce qui l'intéresse, c'est le foot. C'est une cible idéale pour les prédicateurs." La filière des Buttes-Chaumont s'apparente quasiment à une secte avec à sa tête un "gourou", Farid Benyettou [...]. Copains de quartier, de collège ou de lycée, le groupe évoluait dans un périmètre de quelques kilomètres carrés autour du parc des Buttes-Chaumont, où Benyettou les emmenait faire du jogging en guise d'entraînement physique... Selon le parquet de Paris, certains d'entre eux ont reconnu fomenter des projets d'attentat au cours de leur garde à vue, sans désigner de cible précise : "En fait, Kouachi a simplement émis l'idée de casser un restaurant tenu par des Israélites dont il avait été licencié", modère une source judiciaire[1]. »

Thamer Bouchnak se rend une première fois en Syrie dans une école coranique. À son retour en France, Benyettou le prépare à combattre. Il est interpellé la veille de son départ. « Est ce qu'on est intervenus trop tôt et trop fort ? » s'interroge Anne Kostomaroff, avant de poursuivre : « Dans la filière du XIXe, il y a ces jeunes qui veulent partir en Irak, certains y vont, et, parmi ceux qui sont restés là-bas, certains sont même devenus des cadres de l'EI, comme Mohamed el-Ayouni et Boubaker al-Hakim. Ce qui est certain, c'est qu'il fallait mettre un coup d'arrêt à ces départs. »

Les jeunes djihadistes parisiens sont mis en examen et condamnés lors du procès qui a lieu trois ans plus tard au tribunal correctionnel de Paris. *Le Nouvel Obs* raconte à l'époque : « Les "filières irakiennes" ont pris le relais des "filières afghanes" des années 90 qui voyaient des djihadistes français et européens acheminés vers les camps d'Al-Qaïda via Londres et le Pakistan. Pour l'un des avocats de la défense, Éric Plouvier : "C'est un dossier paradoxal. D'un côté, on a des déclarations politiques françaises hostiles à

---

1. *Le Parisien*, 9 février 2005.

l'intervention américaine en Irak et, de l'autre, ces jeunes Français qui sont venus par empathie[1]." »

La 14ᵉ chambre prononce une peine de six ans ferme contre Farid Benyettou, celui qui se chargeait de recruter les djihadistes, de les former et de les inciter à partir. Pour le procureur de l'époque, Jean-Julien Xavier-Rolai, « ce ne sont ni de sympathiques humanitaires ni des combattants de la liberté ». Les trois autres, Mohammed el-Ayouni, Thamer Bouchnak et Chérif Kouachi, interpellés juste avant leur départ, sont condamnés à trois ans d'emprisonnement.

Anne Kostomaroff plonge dans ses souvenirs et tente de comprendre : « Ils sont condamnés à des peines plus faibles que celles requises par le parquet. Quel est le sens de ces peines ? Je ne sais pas. Le tribunal a essayé de statuer sur leur dangerosité à l'époque. Pour ceux qui ne sont pas partis combattre en Irak, la défense plaide l'erreur de jeunesse : "en bref, une espèce de fascination qui ne va pas très loin". Mais voilà, Kouachi se révèle particulièrement dangereux dix ans après. » Comme pour Merah, la case prison a permis à Kouachi de se faire de nouveaux amis et de se radicaliser. Il en ressort djihadisé.

C'est pendant ses dix-huit mois de détention préventive à Fleury-Mérogis, entre 2005 et 2006, que Chérif Kouachi rencontre Amedy Coulibaly, un jeune de l'Essonne incarcéré pour plusieurs braquages, et son mentor, Djamel Beghal, figure de l'islam radical qui purge une peine de dix ans pour avoir préparé un attentat contre l'ambassade des États-Unis en France. Ce dernier est un charmeur. Tous ceux qui l'ont côtoyé le disent, comme ce directeur d'une des nombreuses prisons que Beghal a fréquentées et qui souhaite rester anonyme : « Beghal, c'est quelqu'un d'extrêmement courtois, d'une grande gentillesse avec les personnels. S'il n'y avait que des gens comme ça à garder dans les

---

1. *Le Nouvel Obs*, 24 mars 2008.

quartiers sensibles, on n'aurait aucun problème de gestion et de violence. Par contre, il faisait du prosélytisme, un truc de fou. Il ramassait tous les petits jeunes de banlieue, ceux qui avaient des courtes peines, les musulmans, les paumés, en manque de repères, et il les ramenait avec lui. Après une ou deux semaines au contact de Djamel Beghal, plus un seul ne commençait une phrase autrement que par : "Djamel m'a dit..." Si Djamel l'avait dit, c'est que c'était vrai. Il fonctionnait comme un gourou dans une secte. Ils sont ultra-dangereux, ces types-là. Ils peuvent entraîner n'importe qui en disant n'importe quoi. »

Libéré en 2009, Beghal est assigné à résidence à Murat, dans le Cantal. Le trio s'y retrouve le week-end. Anne Kostomaroff renoue avec le fil de ses souvenirs : « En 2010, on retrouve Kouachi en lien avec Djamel Beghal, puis avec Amedy Coulibaly. Ils ont ce projet d'évasion de Belkacem et d'un braqueur, Fouad Bassim. Ils sont repérés par le service de la PJ de Versailles, qui, à travers des écoutes téléphoniques, voient passer dans leurs radars des types condamnés pour des faits en lien avec le terrorisme : Thamer Bouchnak, Mohamed el-Ayouni, Chérif Kouachi pour la filière du XIXe, et Beghal et Belkacem sur les attentats de 95. La PJ vient voir le parquet, on ouvre une enquête. Ils sont arrêtés, le dossier est très compliqué à instruire. Je quitte le service quelques mois plus tard. »

Lors du procès, en 2013, la circonstance terroriste n'est pas retenue pour la plupart d'entre eux. Chérif Kouachi fera l'objet d'une ordonnance de non-lieu. « Ça signifie que ceux qui ont été condamnés sans la circonstance terroriste ne seront pas suivis par un juge d'application des peines [JAP] antiterroriste, mais par un JAP de droit commun, explique Anne Kostomaroff. Alors, à côté de quoi on est passés ? Je ne sais pas. Ce qui est sûr, c'est que le suivi au stade de l'application des peines n'est pas bon. Il n'est pas ciblé, parce qu'il n'est pas spécialisé. » Quand Chérif Kouachi est jugé et obtient un non-lieu pour ce projet d'évasion, il a déjà été condamné cinq ans auparavant dans la filière du XIXe arrondissement pour association de malfaiteurs terroriste. « Ces individus ne sont pas suivis par des conseillers spécialisés, de manière centralisée, avec un regard du parquet également spécialisé pour l'exécution et l'application des peines. Donc on a des individus qui partent dans la nature. On s'en est rendu compte, bien sûr, et plusieurs modifications législatives sont déjà intervenues. Cela reste une grosse faille du système judiciaire qui a été révélée par les attentats de janvier 2015. »

Pour le magistrat Jean-François Ricard, le contrôle judiciaire ou l'application des peines, ce n'est pas fait pour des gens rompus aux techniques de dissimulation : « Ce n'est pas le rôle du parquet non plus. Mais il faut changer les choses, c'est certain. La seule comparaison valable avec la situation actuelle, c'est la Bosnie. Ils étaient peu nombreux à partir, mais, quand ils sont revenus, c'étaient des fous furieux sanguinaires extrêmement dangereux. Regardez ce que ça a donné avec le gang de Roubaix. Ils meurent en décembre 1996 en tirant à la kalachnikov jusqu'à la dernière cartouche sur le RAID alors qu'ils sont en train de brûler vifs dans la maison en criant *"Allahu Akbar!"*. On a affaire à des jusqu'au-boutistes qui exercent un hyperterrorisme. »

La montée en puissance de cette nouvelle génération de djihadistes n'a pas été détectée. La France est en retard. Combien d'individus dangereux reste-t-il à identifier et, surtout, à localiser ? Faut-il ressortir tous les vieux dossiers de terrorisme, faire l'inventaire de tous les individus condamnés et remonter leur piste ?

Par exemple, où se cache Boubaker al-Hakim, arrêté et condamné dans le procès de la filière du XIXe ? En 2003, le jeune Parisien est en Irak aux côtés de ceux qui combattent les Américains. Il est interviewé à Bagdad par un confrère de RTL : « Je suis de Paris XIXe, tous ceux qui veulent tuer l'islam, on va les tuer. Tous mes potes du XIXe, je vous le dis, venez faire le djihad. Je suis là, c'est moi, Abu Abdullah, je suis en Irak, on fait le djihad ! [...] C'est des tapettes, des tapettes, des bouffons, c'est rien du tout, les Américains ! On sait qu'ils ont peur ! Ils font la guerre qu'avec leurs avions. Faut leur dire qu'ils viennent sur terre pour nous combattre avec les mitraillettes, avec les armes. S'ils viennent comme ça, en deux heures, on les détruit tous, les Américains ! Je suis prêt à combattre en première ligne, je suis même prêt à me faire exploser, je suis prêt à me faire exploser ! Mettre des dynamites et boum !... boum ! [...] Nous sommes des moudjahidine ! Nous voulons la mort, nous voulons le paradis ! »

Boubaker al-Hakim est né le 1er août 1983 à Paris dans une famille de cinq enfants. Il possède la double nationalité, française et tunisienne. La mère élève seule ses enfants. La grande sœur, Khadija, titulaire d'un diplôme d'arabe littéraire, a renoncé à son emploi pour pouvoir garder le voile. Pour le même motif, Fatma, la benjamine, a préféré ne pas aller au collège public. Rédouane, le jeune frère de Boubaker, est mort dans un bombardement de la coalition pendant la guerre en Irak.

Avait-on imaginé, en 2003, que le jeune Parisien du XIXe arrondissement deviendrait dix ans plus tard un cadre de l'organisation terroriste la plus puissante et la plus effrayante qu'on ait jamais connue ? Avait-on compris le sens de sa « révolte » contre les Américains, qui venaient d'envahir l'Irak ? Le contexte a changé, l'ennemi à combattre est désormais aussi la France, et à travers les mots de Boubaker al-Hakim on mesure aujourd'hui le poids de la menace.

Boubaker al-Hakim, le « numéro deux » du réseau des Buttes-Chaumont, est condamné en 2005 à sept ans d'emprisonnement – une peine plus lourde que les autres parce qu'il est parti combattre en Irak. À sa sortie de prison en 2011, il quitte la France pour rejoindre les djihadistes en Tunisie, où il intègre la brigade Okba Ibn Nafaâ, considérée comme une antenne d'Al-Qaïda au Maghreb islamique

(AQMI). En 2013, il revendique l'assassinat de Chokri Belaïd et Mohamed Brahmi, deux dirigeants de l'opposition laïque tunisienne. Un an plus tard, il part en Syrie, où il profère ses menaces contre la France et se fait appeler Abou Muqatil al-Tunisi.

Au printemps 2015, c'est au magazine *Dabiq*, qui diffuse la propagande de Daesh en plusieurs langues à travers le monde, qu'il accorde une interview. Il recommande à ses partisans de s'inspirer des frères Kouachi et de profiter de la facilité d'acquisition d'armes en Europe : « Je leur dis aussi, ne cherchez pas de cibles spécifiques. Tuez n'importe qui. Tous les kuffars là-bas sont des cibles. Ne vous fatiguez pas à chercher des cibles difficiles. Tuez quiconque se trouve là-bas parmi les kuffars. » Il commente aussi l'attaque contre le musée du Bardo, à Tunis, qui a eu lieu le 18 mars précédent : « L'opération nous a réjouis et a guéri nos cœurs. Nous espérons que les frères là-bas suivront cette voie, se reposeront sur Allah, et infligeront des massacres aux ennemis d'Allah. » Enfin, il ajoute : « Bientôt, avec la permission d'Allah, vous verrez la bannière *"la ilaha illallah"* de l'État islamique flotter sur le palais de l'Élysée. L'État islamique est proche maintenant. Entre vous et nous, il y a la mer. Avec la permission d'Allah, nous avançons vers vous. Et si Dieu le veut, nous vendrons vos femmes et enfants sur les marchés de l'État islamique. »

Artigat : les « fumeurs de chichon » devenus cadres de l'EI

Parmi les anciens qui réapparaissent dans les nouveaux dossiers, on trouve aussi les frères Fabien et Jean-Michel Clain. La famille Clain, catholique pratiquante, originaire de l'île de la Réunion, s'installe sur le continent, en Normandie, dans les années 90. Après avoir chanté leur ferveur chrétienne sur des musiques rap, les frères Clain se convertissent à l'islam, comme le reste de la famille. En 1998, ils partent vivre dans la ville rose, au Mirail, avec leurs épouses. Leur sœur épouse un salafiste du quartier. La famille ne ménage pas ses efforts pour enrôler les jeunes. Là-bas, on les surnomme le « clan des Belphégor » : les frères arborent la barbe et portent la djellaba, la sœur sort avec son niqab. Sur le marché, à l'ombre des platanes, les frères Clain vendent le Coran, des livres sur l'islam et des chants islamiques de leur propre production. Le week-end, ils vont se ressourcer à Artigat, un petit village de l'Ariège, au sein d'une communauté religieuse dirigée par Olivier Corel, qu'on appelle l'« émir blanc ».

Quinze ans plus tard, ce sont eux qui prononcent le communiqué de l'État islamique revendiquant les attentats du 13 novembre à Paris. L'enregistrement, glaçant, dure 5 minutes et 25 secondes. D'une voix claire et posée, Fabien lit le message dans un français sans accent, tandis qu'en fond Jean-Michel chante l'islam et le Prophète.

L'ancienne parquetière Anne Kostomaroff se souvient très bien de cette autre bande, celle d'Artigat. « On ouvre l'enquête le 1ᵉʳ avril 2006. Le chef de la SDAT à l'époque vient nous voir ce matin-là en nous disant : "J'ai une lettre anonyme envoyée au consul de Tunisie à Paris. Elle dit en substance qu'il y a des gars radicalisés en France, pas très sympas. Ils sont implantés à Toulouse. Ils vendent des corans sur le marché et ils sont en lien avec Olivier Corel à Artigat." La lettre est assez articulée, mais cela ne fait pas très sérieux. Toutefois, on ouvre l'enquête, bien sûr. »

La SDAT et le parquet se mettent au travail, mais le dossier est jugé inintéressant par la DST, qui, à l'époque, a le monopole du terrorisme islamiste. Le service de contre-espionnage français a l'habitude de traiter les filières afghanes et pakistanaises. Les « vendeurs de corans » toulousains ne l'intéressent pas vraiment. La fameuse « guerre des services » entre DST et SDAT bat son plein. Un ancien du renseignement se souvient : « Patrick Calvar, patron du contre-espionnage à l'époque, a dit : "Artigat, ce sont des fumeurs de chichon" – en clair, le dossier ne vaut rien. »

Qu'à cela ne tienne : les magistrats du parquet et les policiers s'accrochent à leur enquête et mettent en évidence une filière de départs vers l'Irak avec une nouvelle voie. Anne Kostomaroff explique : « La filière classique pour rejoindre l'Irak, c'était le passage par la Syrie. Or Damas commence à fermer ses frontières et à interpeller les candidats au djihad en 2006. Une nouvelle voie se met en place *via* l'Égypte. Les djihadistes s'installent là-bas, ils vont dans des écoles coraniques et partent du Caire pour rejoindre l'Irak. C'est ça, la filière Artigat. On finit par les interpeller et on les fait condamner en février 2007, les frères Clain et les autres, sauf Corel, celui qu'on appelle l'"émir blanc". »

Olivier Corel, *alias* Abou Qatada, 65 ans, est aussi appelé l'« émir blanc ». Expulsé de Syrie, son pays d'origine, il arrive en France dans les années 70. Il abandonne ses études de pharmacie et préside la section toulousaine de l'Association des étudiants islamiques de France, après avoir été responsable des Frères musulmans syriens. En 1987, le patriarche du salafisme midi-pyrénéen installe sa communauté religieuse à Artigat. À partir de 2003, elle acquiert une véritable renommée auprès des jeunes radicalisés. Les frères Clain y ont séjourné, mais également des membres du clan Merah – Mohammed, bien sûr, son frère Abdelkader et sa sœur Souad.

Thomas Barnouin, un jeune converti albigeois, a lui aussi rejoint l'émir blanc. Fils d'enseignants, il se fait appeler Abdelhakim depuis qu'il s'est converti à l'islam. En 2003, il décide de partir en Arabie saoudite pour étudier le Coran à l'université de Médine. Là-bas, Thomas-Abdelhakim rencontre des religieux qui le convainquent d'aller combattre les Américains en Irak : il va pouvoir réaliser son « djihad », ce à quoi il aspire depuis qu'il est devenu musulman. Un Saoudien lui explique comment traverser la frontière avec la Jordanie, puis la Syrie, afin de gagner l'Irak. À Médine, il est repéré par les services de sécurité saoudiens, qui surveillent de près toute personne étrangère installée sur leur territoire. Les écoutes téléphoniques permettront plus tard aux policiers français de lister tous les amis avec lesquels il est resté en contact depuis son départ de France, comme les frères Clain ou encore Sabri Essid. Ce jeune Toulousain fréquentait lui aussi la bande d'Artigat, et c'est leur mentor à tous, Olivier Corel, qui l'a convaincu de partir faire son djihad. Il lui a suggéré de rejoindre son ami Thomas en Syrie, en passant par la Bulgarie et la Turquie, précisant juste avant son départ : « Tu retrouveras ta copine au paradis, mais, avant, vends ta voiture et règle tes dettes[1]. »

Sabri Essid et Thomas Barnouin se font arrêter en décembre 2006, les armes à la main, alors qu'ils s'apprêtent à passer en Irak pour y « mener la guerre sainte ». Les Syriens les remettent aux services français à Damas. Aussitôt renvoyés en France, ils sont arrêtés et interrogés par les policiers de la Sous-direction antiterroriste, qui, quelques mois plus tard, en février, puis octobre 2007, mènent deux coups de filet dans les milieux islamistes de la région toulousaine. Huit personnes sont interpellées. L'instruction est menée par le juge Trévidic. Lors du procès au tribunal correctionnel de Paris, en juin 2009, Olivier Corel obtient un non-lieu. Les frères Clain, Essid et Barnouin écopent de peines de prison. « Il n'y a rien à reprocher au tribunal correctionnel, souligne Anne Kostomaroff. Ils purgent leurs peines, qui ne sont pas considérables. Clain, lui, fait cinq ans de prison. C'est à la mesure de ce qu'on a mis en évidence. Les Clain ne sont pas partis combattre en Irak ; ils organisent des départs. C'est de l'association de malfaiteurs

---

1. *Le Figaro*, 28 mars 2007.

terroriste de basse intensité. Comme pour la filière du XIXe, on ne peut pas requérir plus. On requiert sept années, et ils sont condamnés à cinq. »

Les enfants de Daesh

Mars 2015. Les élèves du collège Vauquelin, au Mirail, à Toulouse, sont sous le choc. Ils ont reconnu dans une vidéo qui circule en boucle sur Internet l'enfant soldat qui vient d'abattre un otage de Daesh. Il s'agit de Rayan, leur ancien copain de CM2, avec qui ils partageaient la cour de récré un an plus tôt à l'école primaire des Vergers. Dans l'effroyable mise en scène diffusée le 10 mars 2015 par l'État islamique, on voit apparaître Sabri Essid, le beau-père de Rayan. À côté de lui se tient Rayan, 10 ans, habillé en soldat de Daesh. Le regard fixe, il fait s'agenouiller l'otage, un homme vêtu d'une combinaison orange. C'est un prisonnier israélien. Sabri Essid, en français, évoque l'attaque de l'Hyper Cacher qui a eu lieu deux mois plus tôt et menace de s'en prendre aux Juifs et aux Israéliens : « Oh, vous les Juifs, Allah nous a permis de tuer vos frères sur le sol français, et ici sur la terre de l'État islamique. […] Les conquêtes islamiques viennent de commencer, les Juifs tremblent, car la promesse est proche. » L'enfant se place en face de l'otage et l'abat à bout portant d'une balle dans la tête.

Comment la France jugera-t-elle ces « enfants de Daesh » à leur retour des terres de djihad ? « Pour l'heure, rien n'est prévu », nous avoue benoîtement un juge. La justice a ouvert une enquête après la diffusion en mai 2016 d'une autre vidéo de propagande de l'État islamique. Intitulée *Sur les traces de mon père*, elle montre deux enfants parlant français qui s'entraînent au maniement de la kalachnikov et mettent en joue des otages syriens.

Ces enfants sont une bombe à retardement pour la justice. Patrick Calvar, le patron de la DGSI, prévient : « Nous recensons quelque quatre cents enfants mineurs dans la zone considérée. Deux tiers sont partis avec leurs parents, le tiers restant étant composé d'enfants nés sur place et qui ont donc moins de 4 ans. Je vous laisse imaginer les problèmes de légalité que posera leur retour avec leurs parents, s'ils reviennent, sans compter les réels problèmes de sécurité, car ces enfants sont entraînés, instrumentalisés par Daesh. […] Il va falloir, j'insiste, s'occuper de ces enfants quand ils reviendront. »

À lui seul, Sabri Essid représente l'abject. Originaire de Toulouse, il quitte le foyer familial à la sortie de l'adolescence et s'installe pendant quelques mois chez Fabien Clain, de six ans son aîné. Les Merah – Abdelkader, Souad et Mohammed – rejoignent le groupe. Toute la bande se retrouve régulièrement à Artigat, jusqu'au démantèlement de la filière en 2007 et à leur incarcération. En prison, Sabri Essid continue à correspondre avec Mohammed Merah. À leur sortie, Essid retourne vivre à Toulouse, tandis que Fabien Clain choisit d'abord Alençon, la ville de son enfance, avant de revenir dans la ville rose à son tour. La DGSI surveille tout ce petit monde, et la justice s'intéresse de près à Essid, qui, depuis 2010, s'est singulièrement rapproché de Mohammed Merah. Les deux copains d'enfance se présentent comme « demi-frères » depuis que le père de Sabri Essid a épousé en secondes noces la mère de Mohammed Merah. Après la mort du tueur au scooter, en 2012, c'est Essid qui organise ses funérailles. Malgré la surveillance dont il fait l'objet à ce moment-là, il parvient à partir en Syrie deux ans plus tard avec son épouse et leurs quatre enfants, dont Rayan.

Le cas de Sabri Essid est emblématique de notre aveuglement face à la montée en puissance de cette nouvelle génération de djihadistes. Que sont devenus les autres jeunes condamnés en 2009 avec l'ensemble de la bande d'Artigat ? Thomas Barnouin, qui se fait désormais appeler Hussein, se trouverait lui aussi en Syrie, avec d'autres qui ne sont jamais revenus. Sur les 171 Français morts au combat recensés en Syrie[1], on compte au moins cinq Toulousains. D'autres filières moins connues ont offert de nombreux « soldats » au califat, comme celles de Lunel, de Nice ou de Strasbourg. Ces individus, qui ne donnent plus de nouvelles à leur famille, passent ainsi à travers les radars des services de renseignement ou de la justice. Des bombes à retardement.

« Aujourd'hui, tous ceux d'Artigat ont rejoint les rangs de l'État islamique en Syrie, constate froidement Anne Kostomaroff. Le parallèle entre janvier et novembre se situe là. Ce sont des types qu'on a connus à vingt ans. Ils ont été interpellés, condamnés, ils ont purgé leur peine, et on les retrouve dix ans plus tard à une dimension bien supérieure. Le 13 novembre, c'est l'apparition sur notre territoire d'actions dirigées par l'EI et au sein de l'EI par des individus interpellés et condamnés en France, devenus des cadres de cette organisation. Les attentats de janvier ciblent parfaitement la France, avec des mecs qui ne sont ni syriens ni irakiens, mais qui sont à l'intérieur, en France ou en Belgique. Merah, c'est aussi le réservoir d'Artigat, mais, avec lui, on est sur la filière pakistano-afghane. En 2010, la section a connu une baisse drastique du nombre d'affaires à caractère terroriste, à tel point que le procureur de Paris nous a dispatchés dans d'autres services pour donner des coups de main à la criminalité organisée ou effectuer des permanences. Puis il a diminué les effectifs. C'est alors que sont arrivés Merah, puis *Charlie* et le Bataclan. Un phénomène nouveau et exponentiel. »

Pour Yves Trotignon, ancien analyste de la DGSE, l'ampleur de la tâche est inédite : « Il y a vingt ans, il y avait une petite mouvance qui était très active, une poignée d'individus en France ; en face, on avait de gros services de

---

1. Chiffre donné en juin 2016 par le Premier ministre, Manuel Valls.

renseignement, lourds et puissants. La puissance étatique arrivait à bouffer le petit réseau. Mais les petits réseaux se sont développés. La mouvance a grossi. »

À l'époque, Anne Kostomaroff travaillait déjà sur les réseaux en Belgique : « On a commencé à travailler avec les Belges au moment du commando qui a assassiné le commandant Massoud en Afghanistan en 2001. Ces Belges étaient connectés avec nos types d'Artigat. D'ailleurs, une enquête avait été ouverte dans le cadre de la filière dite "des randonneurs", où apparaissaient des complices des tueurs de Massoud. On y retrouvait notamment un des gars interpellés en Belgique en mars 2016, Abderahmane Ameuroud… »

Abderahmane Ameuroud a toujours été soupçonné dans l'assassinat du commandant Massoud. Surtout, il a des liens avec les commandos franco-belges qui ont frappé Paris et Bruxelles. Il a été condamné à sept ans de prison en 2007 dans une affaire de filière d'acheminement de combattants en zone afghano-pakistanaise, comme nous l'explique Anne Kostomaroff : « Le magistrat qui a assisté à l'audience dira que, de tous ceux qu'il a vus, Ameuroud était le type "le plus impressionnant et le plus effrayant" de par sa dureté, mais aussi son intelligence. »

Jean-François Ricard raconte : « Quand je le vois réapparaître en mars dernier, je me dis : là, on est encore montés d'un cran. Abderahmane Ameuroud, c'est un personnage extrêmement important. La preuve : après l'assassinat de Massoud, malgré son jeune âge, il avait bénéficié d'une exfiltration spéciale pour sortir d'Afghanistan. Il était sorti via l'Iran, et non le Pakistan. C'est une route réservée aux personnages importants. La femme de Beghal va elle aussi passer par là. Nous, on l'arrêtera à son retour en France. »

Yves Trotignon analyse : « La profondeur historique de la mouvance djihadiste fait que vous avez plein d'individus, de réseaux, connectés entre eux, historiquement notamment. Du Bataclan, on remonte au Caire en 2009. Le réseau belge du

Bataclan avait des liens avec Verviers, l'Angleterre, la Suède, les Pays-Bas, et évidemment des connexions très étroites avec la France et la Syrie. La cause transcende toutes les frontières. »

« Sans doute Olivier Corel avait-il des connexions avec la filière franco-belge, ajoute Anne Kostomaroff. D'ailleurs, il a été perquisitionné après le Bataclan[1]. La DCRI, à l'époque, n'a pas pris la mesure du réservoir que constituait Artigat. Ils sont restés focalisés sur d'anciens chefs de la zone pakistano-afghane, sur laquelle ils travaillaient depuis la fin des années 90. Or il y a eu un renouvellement de la population djihadiste avec la conquête de nouvelles terres de djihad – mais là, nos services n'étaient pas sur place. Il y a eu la Somalie, avec les filières liées à Al-Qaïda, et puis d'autres zones qui leur ont échappé. On a aujourd'hui des individus qu'on n'a pas pu ou su surveiller en dehors des enquêtes judiciaires. »

L'ex-parquetière fait notamment allusion à Fabien Clain. À sa sortie de prison en 2012, ce dernier est interdit de séjour dans vingt-deux départements français, ce qui ne l'empêche aucunement de circuler librement courant 2015, notamment à Toulouse. En janvier 2015, il y achète du matériel audio haut de gamme dans une enseigne spécialisée. Au moment de signer la facture de 3 557 euros, payée pour partie en espèces et pour partie par un crédit au nom de sa mère, il donne une adresse au Mirail. Au vendeur, il explique qu'il veut faire des chants religieux. C'est le matériel qui lui servira à enregistrer la revendication des attentats du 13 novembre.

Dans la foulée, Fabien Clain et son frère Jean-Michel rejoignent la Syrie et s'installent à Raqqa en famille. En très

---

1. Le 24 novembre 2015, Olivier Corel fait l'objet d'une perquisition administrative. Placé en garde à vue pour possession illégale d'une arme de chasse, il est condamné en comparution immédiate par le tribunal correctionnel de Foix à une peine de six mois de prison avec sursis.

peu de temps, les deux Toulousains gagnent leur poste de *media managers* au sein de l'organisation terroriste. Ils deviennent les voix de Daesh. Aujourd'hui, les enquêteurs considèrent Fabien Clain comme l'un des principaux responsables de l'EI.

« Les failles ? Quelles failles ? »

Les attentats du 13 novembre ont relancé les polémiques sur le suivi des djihadistes en France et à l'étranger, ainsi que sur le manque de coordination entre les services de lutte antiterroriste. Quelques jours après les attaques, cherchant à prévenir toute forme de critique, le ministre de l'Intérieur, Bernard Cazeneuve, déclare : « Il n'y a pas eu de faille dans le dispositif de sécurité[1]. » Sur son blog, Yves Trotignon ne peut s'empêcher de railler ces propos sur un ton acerbe : « Le ministre a cependant raison. Le terme de faille n'est pas approprié, et je lui préfère, tout comme quelques amis bien renseignés, celui de naufrage, voire [...] de naufrage historique[2]. »

Rappelant régulièrement que le « risque zéro » n'existe pas[3], Bernard Cazeneuve ajoute que l'attaque a été préparée en dehors du territoire national et a mobilisé des individus qui n'étaient pas connus de nos services. Le 23 mars 2016, devant la commission de la défense nationale et des forces armées, il affirme : « Aucun service européen ne nous les a signalés, et les services américains non plus. Quant aux services belges, ils signalent ces personnes au système d'information Schengen comme délinquants et non pas comme terroristes. Et, à la fin, tout cela se résume, dans un certain

---

1. *Le Figaro*, 17 novembre 2015.
2. « Les démons sont éternels », blog « Terrorismes, guérillas, stratégies et autres activités humaines », 21 novembre 2015.
3. France Info, 17 novembre 2015.

nombre de propos et d'articles, par "les failles du renseignement intérieur français"[1] ! »

Autrement dit, circulez, y a rien à voir, c'est pas notre faute ! Pourtant, Patrick Calvar, le patron de la sécurité intérieure, assume ce sentiment d'échec devant la même commission : « Je souhaite me faire le porte-parole des personnels que je dirige pour souligner que chaque fois que se produit un attentat sur notre territoire, ils le vivent comme un échec alors que leur mission est d'empêcher qu'il ne soit commis[2]. » Les services les connaissent, les surveillent, plus ou moins, mais ces nouveaux djihadistes leur échappent. Une fois qu'ils ont quitté le territoire national, c'est le trou noir.

Samy Amimour, l'un des kamikazes du Bataclan, était dans les radars des agents des services de renseignement depuis qu'ils l'avaient embarqué sans ménagement un matin d'octobre 2012. Les policiers le soupçonnent alors de vouloir partir pour le Yémen. Mis en examen pour association de malfaiteurs terroriste, il ressort de ses quatre jours de garde à vue sous contrôle judiciaire. Selon ses proches, c'est cette interpellation traumatisante, devant ses parents et sa jeune sœur, qui aurait motivé son départ en Syrie. « Quand ils l'ont ramené à la maison, il m'a dit : "Papa, j'ai rien fait." Il n'avait fait que regarder des sites islamistes. C'est pas interdit[3] », témoigne son père. Un an plus tard, Samy Amimour part définitivement en Syrie. Un mandat d'arrêt international est aussitôt délivré contre lui. Cela ne l'empêchera pas de revenir en France, certainement muni de faux papiers, pour tuer des gens.

Foued Mohamed-Aggad est un autre kamikaze du Bataclan. Le jeune Alsacien se serait radicalisé via les

---

1. Audition devant la commission de la défense nationale et des forces armées, 23 mars 2016.
2. Audition devant la commission de la défense nationale et des forces armées, 10 mai 2016.
3. *Paris Match*, 16 novembre 2015.

réseaux sociaux au contact d'un des principaux rabatteurs de djihadistes français sur Internet. Fin 2013, sous couvert d'un voyage humanitaire, il quitte la France pour la Syrie et entraîne avec lui son frère aîné, Karim, ainsi que huit autres jeunes, tous des amis du quartier de la Meinau, à Strasbourg. Deux d'entre eux sont tués dans les combats peu après leur arrivée. Des dissensions éclatent alors au sein du groupe. Sept jeunes rentrent progressivement en France, au printemps 2014, et sont interpellés dans les semaines qui suivent[1]. Foued Mohamed-Aggad, lui, reste en Syrie.

Me Cotta, l'avocate de la famille Mohamed-Aggad, explique : « Son frère a voulu rentrer, car il disait ne plus pouvoir supporter la situation là-bas. Foued disait en revanche à sa mère qu'il était très heureux. Il s'était marié et venait d'avoir un enfant. Pour lui, il n'était pas question de rentrer en France. Il disait vouloir mourir en kamikaze en Irak. La famille n'a plus eu de nouvelles depuis le mois d'août. » Visé par une fiche S pour radicalisation, Foued Mohamed-Aggad fait également l'objet d'une notice bleue d'Interpol[2]. Ce qui ne l'empêchera pas de passer entre les mailles du filet et de revenir en France, lui aussi, pour commettre la tuerie du Bataclan. Derrière les barreaux de sa prison de Fleury-Mérogis, deux mois avant les attaques du 13 novembre, Karim a envoyé à son frère Mohamed ce SMS : « Tu vas rejoindre Allah avant moi, mais je te suivrai. »

---

1. Le procès des sept jeunes de la filière dite de Strasbourg s'est tenu au printemps 2016 devant le tribunal correctionnel de Paris. Jugés pour association de malfaiteurs en lien avec une entreprise terroriste, ils ont été condamnés à des peines allant de 6 à 9 ans de prison ferme, assorties d'une période de sûreté des deux tiers.

2. Il s'agit d'une demande d'information sur la localisation, l'identité, l'origine ou les activités de personnes « pouvant présenter un intérêt pour une enquête ».

Et puis il y a tous ceux qui ont été empêchés de partir en Syrie. Sont-ils moins dangereux que leurs comparses qui ont combattu aux côtés de l'EI ? On pouvait le penser jusqu'à ce matin du 26 juillet 2016 où deux hommes ont fait irruption dans la petite église de Saint-Étienne-du-Rouvray, en Normandie. Le père Jacques Hamel, âgé de 86 ans, avait commencé son office en présence de quelques fidèles lorsqu'il s'est fait égorger par un des assaillants muni d'un couteau. Dans leur fuite, les terroristes, qui avaient filmé la scène, ont grièvement blessé un des fidèles et lancé : « Vous, les chrétiens, vous nous supprimez. » Ils ont été abattus par la BRI (brigade de recherche et d'investigation) de Rouen à leur sortie de l'église.

Adel Kermiche, 19 ans, fiché S, avait été libéré en mars 2016 après dix mois de détention provisoire pour avoir tenté de rejoindre la Syrie. Il était depuis lors assigné à résidence avec un bracelet électronique. Abdel Malik Petitjean, 19 ans lui aussi, était également fiché S depuis fin juin 2016 pour avoir tenté de rejoindre la Syrie. Trois jours avant l'attaque, l'UCLAT (unité de coordination de la lutte antiterroriste) avait été alertée par un service étranger qu'un homme à l'identité inconnue « serait prêt à participer à un attentat sur le territoire national », et avait reçu une photo ressemblant fortement à Petitjean. Sans identité, sans cible, sans date, les services antiterroristes n'ont pas pu orienter leurs recherches. Dans le cas de Kermiche, c'est la justice qui est pointée du doigt. La chambre d'instruction de la cour d'appel n'avait pas suivi le réquisitoire du parquet, qui avait fait appel de la décision de le libérer. Les trois magistrats réunis ont confirmé la décision de la juge antiterroriste, qui avait estimé que le jeune homme avait pris conscience de ses erreurs. Résultat : Kermiche est reparti vivre dans sa famille équipé de son bracelet. Il ne pouvait quitter son domicile qu'entre 8 h 30 et 12 h 30 en semaine. C'est le créneau qu'il a choisi pour commettre son crime.

6.

En amont : le renseignement

« Notre boulot est de détecter les individus radicalisés et de les suivre. [...] La tâche est énorme : on a l'Everest à grimper, on est au camp de base, on attaque la montée par la face nord... et en tongs ! »
Général Pierre Sauvegrain, patron du SDAO
(service de renseignement de la gendarmerie)

Comment détecter les individus radicalisés prêts à passer à l'acte ? Comment les arrêter avant que les bombes n'explosent ? Comment remonter les filières et frapper avant qu'ils ne frappent ? En amont, les hommes du renseignement luttent contre la radicalisation. Sur le territoire national et à l'international. Les services français, au nombre de six, renseignent l'État. Placée sous la responsabilité du ministre de l'Intérieur, la DGSI est en première ligne.

L'aveu de faiblesse

En ce mois de juin 2016, l'Euro de football vient de démarrer en France. Des mesures de sécurité exceptionnelles ont été prises dans la capitale et dans les grandes villes où se jouent des rencontres. Au total, pas moins de 90 000 personnes sont réparties sur tout le territoire pour veiller au bon déroulement de la compétition. Les fan zones ont été maintenues, malgré le risque que des bombes humaines ne transforment ces lieux de rassemblement festif en carnage daeshien. C'est toujours la même histoire : face à la barbarie, ne pas céder, tenter de continuer à vivre normalement.

C'est sans compter sur ces nouveaux ennemis en mutation. Parce que le propre des terroristes est d'avoir toujours un coup d'avance et de frapper là où on ne les attend pas. Le lundi 13 juin, un couple de policiers est assassiné à son domicile à Magnanville, dans les Yvelines. Jean-Baptiste Salvaing, 42 ans, meurt sur le trottoir, devant son pavillon, après avoir reçu neuf coups de couteau d'un assaillant qui l'attendait tapi dans le jardin. L'agresseur vient d'égorger sa compagne, Jessica Schneider, 36 ans, secrétaire au commissariat de Mantes-la-Jolie, qu'il avait suivie. Retranché dans la maison du couple, le terroriste revendique immédiatement son acte via Facebook Live, l'outil de diffusion en direct du réseau social. Se réclamant de l'État islamique, il explique avoir « répondu favorablement à Cheikh Adnadi », le porte-parole de l'EI, et menace la France : « Nous allons faire de l'Euro un cimetière. » Il a prêté allégeance à Al-Baghdadi, calife autoproclamé, seulement trois semaines plus tôt. Dans sa vidéo de revendication, postée à 20 h 52 et désactivée quelques heures plus tard, on peut notamment voir le bébé du couple assassiné. Après avoir tué ses parents, le terroriste, au summum du cynisme, s'interroge : « Je ne sais pas encore ce que je vais faire avec lui. »

Dans son message vidéo, le tueur égrène les noms de journalistes, d'imams, de chercheurs et de rappeurs qu'il appelle à tuer, enjoignant aussi de cibler les policiers et les gardiens de prison. « Tuez-les, tuez-les. » À minuit, après des négociations infructueuses, le RAID donne l'assaut. Le terroriste est abattu. L'enfant a pu être sauvé. On le retrouve à côté de sa mère, qui gît dans son sang, la gorge tranchée. Le couple vient allonger la liste des membres des forces de l'ordre victimes d'attaques terroristes depuis les assassinats de Merah, quatre ans auparavant. « Un cap dans l'horreur a été franchi, déclare le Premier ministre le lendemain lors de la séance de questions au gouvernement à l'Assemblée nationale. C'est le domicile, l'intimité même d'une famille, d'un couple de fonctionnaires de police qui ont été pris pour cible. »

Âgé de 25 ans, de nationalité française, Larossi Abballa avait déjà été condamné à trois ans de prison en 2013 pour son implication dans le recrutement et l'envoi au Pakistan de jeunes volontaires pour le djihad. L'ancien juge Marc Trévidic, qui l'avait mis en examen pour « association de malfaiteurs en vue de préparer des actes terroristes », dira de lui : « C'était un bonhomme comme il en pullule dans les dossiers islamistes, imprévisible, dissimulateur[1]. »

Face au jeu de la dissimulation, en effet, les services de renseignement sont battus à plate couture. « Ces mecs, à un moment donné, il va falloir sérieusement arrêter de les prendre pour des cons, tonne Kalène, l'ancien militaire devenu instructeur dans la sécurité privée. Ce ne sont pas des paysans sur des chameaux ou sur des ânes. Ils ont été formés par de vrais instructeurs. Résultat, ils travaillent

---

1. *Le Figaro*, 14 juin 2016.

comme des flics en planque. Ils savent espionner, surveiller. »

On apprend ainsi qu'Abballa avait suivi un entraînement à caractère militaire dans une forêt de la région parisienne, en 2011, avec un groupe de candidats au djihad. Ils s'entraînaient à égorger des lapins. Interrogé par les policiers à l'époque, l'un d'entre eux avait expliqué : « On nous avait dit qu'il fallait qu'on apprenne à égorger des animaux[1]. »
« Des mecs qui s'entraînent au combat ou aux méthodes de survie en mode *"undercover"* dans les forêts, c'est pas nouveau, remarque Kalène. J'avais eu vent d'un camp installé dans les Ardennes, près de la frontière entre la France et la Belgique. » Lors de perquisitions chez des personnes impliquées dans cette filière djihadiste, les enquêteurs avaient notamment trouvé un papier listant des comportements à adopter avant de partir faire le djihad – « dormir par terre », « faire à manger seul », « laver les vêtements à la main » –, mais aussi des notes sur le code pénal et des instructions comme « Pas de Facebook ».

Déjà, à l'époque, l'enquête révèle le profil inquiétant du jeune homme, connu jusque-là comme un petit délinquant. Dans son ordinateur, les policiers découvrent tout l'arsenal du parfait djihadiste : des vidéos de propagande, une clé USB contenant des cours de religion et des brochures sur Al-Qaïda, des notes manuscrites relatives à des articles de loi sur le terrorisme. Surtout, ce qui fait peur, c'est la discussion en ligne qu'Abballa a eue avec un des chefs de la filière. Nous sommes en 2011, cinq ans avant l'assassinat des policiers des Yvelines. Abballa se montre très impatient de partir faire le djihad et ne cache pas « sa soif de sang ». « Sois patient, ce sera bientôt ton tour », tempère l'« émir », son interlocuteur. « Faut commencer à faire le taf, rétorque Abballa. On va pas tous attendre

---

1. *Le Point*, 14 juin 2016.

d'être allés chez les frères et revenir chacun notre tour pour commencer... » L'« émir » lui enjoint de rester prudent et lui suggère « de s'en prendre à *Charlie Hebdo*, qui insulte le Prophète ».

Au procès, en 2013, le chef de la bande, un homme d'origine indienne, est condamné à huit ans de prison. Deux autres membres du groupe, d'origine pakistanaise, sont expulsés de France[1]. Abballa, lui, ressort libre. Il a déjà fait sa peine en préventive. Les services le mettent sous surveillance. Le terroriste réapparaît en avril 2015 dans une note de renseignement rédigée, cette fois, par des policiers des Yvelines, qui le mettent en lien avec les auteurs de l'attentat raté de Villejuif. La justice lui reproche d'être un des logisticiens de Sid Ahmed Ghlam, le terroriste qui voulait attaquer une église de Villejuif et qui a tué Aurélie Châtelain le 19 avril 2015 pour lui voler son véhicule. Dans cette note, Abballa est décrit comme un islamiste radical « prêt à passer à l'acte[2] ». L'histoire semble bégayer : à chaque attentat, on s'aperçoit que l'on savait déjà presque tout.

Quelques heures après l'attaque terroriste du 13 juin, les policiers ressortent leurs dossiers. Ils retrouvent les noms et procèdent à des interpellations. Au cours de son point presse, en début d'après-midi, le procureur François Molins confirme qu'Abballa était sur écoute depuis plusieurs mois, comme d'autres individus soupçonnés d'organiser des départs vers la Syrie. Mais « aucun élément dans ces interceptions téléphoniques ne permettait de déceler le passage à l'acte violent ». En vingt-quatre heures, on remonte la piste et des interpellations sont menées dans l'entourage d'Abballa.

Le renseignement opérationnel, c'est-à-dire le renseignement qui conduit à une décision opérationnelle, c'est

---

1. *Ibid.*
2. RTL, 17 juin 2016.

le cœur de la traque. Où se cache l'ennemi et comment s'apprête-t-il à nous attaquer ? En première ligne, sur le territoire national, on trouve les hommes de la DGSI, dont le quartier général est situé en banlieue parisienne, à Levallois-Perret. C'est un immense immeuble moderne où les journalistes ne sont plus guère conviés. Peur des fuites. Les policiers qui osent braver l'interdiction de nous parler nous donnent rendez-vous à l'extérieur, même si c'est pour nous raconter des choses extrêmement banales et officielles, et restent le plus évasifs possible au téléphone : « On se retrouve comme la dernière fois, à la même heure. »

Si les agents doivent rester discrets, c'est pour des raisons de sécurité évidentes, mais aussi pour garantir le secret des enquêtes et opérations en cours. Aux abords de l'immeuble, les portables ne passent plus. Les brouilleurs font office de bulle protectrice. Les gendarmes patrouillent en permanence dans le quartier. Les riverains sont habitués et, depuis les attentats, personne n'y trouve à redire, pas même au ballet de voitures toutes sirènes hurlantes lors d'opérations menées conjointement avec les policiers de la SDAT. Ce sont ces policiers, justement, qui étaient chargés de la surveillance du groupe auquel appartenait Abballa.

La période est particulièrement tendue. Tous les signaux ont viré à l'écarlate depuis que l'État islamique a donné de nouvelles consignes pour le ramadan par l'intermédiaire de son porte-parole. Ces appels sont entendus aussi du côté des déséquilibrés. Ainsi, moins de vingt-quatre heures après l'assassinat du couple de policiers à Magnanville, une jeune lycéenne est poignardée à Rennes par un homme de 32 ans. « Des voix lui ont dit qu'il fallait qu'il commette un sacrifice à l'occasion du ramadan », rapporte le procureur de la République, précisant que l'auteur des faits a des « antécédents psychiatriques lourds » et a déjà fait « plusieurs séjours en hôpital psychiatrique ».

Ce même mardi 14 juin 2016, on apprend l'assassinat d'un otage canadien par le groupe terroriste Abou Sayyaf, installé dans le sud des Philippines. Deux jours plus tôt, de l'autre côté du Pacifique, le jeune Américain d'origine afghane Omar Mateen avait tué 49 personnes et en avait blessé 50 autres à Orlando, aux États-Unis, en ouvrant le feu dans une discothèque gay.

En perte de vitesse en Syrie et en Irak, l'État islamique a annoncé dans ses messages radiophoniques qu'il allait, en réveillant ses cellules dormantes aux quatre coins du monde, intensifier ses frappes hors du califat. Cela n'a pas échappé à la communauté du renseignement français, qui mesure depuis bien longtemps l'ampleur du défi face à des djihadistes interconnectés partout sur la planète. « Ce sont des gens qui réfléchissent beaucoup. Le fait qu'il y ait quantité d'étrangers, des gens issus de nos sociétés, dans l'état-major de Daesh sur tout le volet propagande, idéologie, stratégie, cela nous rend la tâche singulièrement difficile. Ce n'était pas le cas avec Ben Laden. Ils étaient très loin, en Afghanistan. Cela n'avait pas cette dimension. Aujourd'hui, le djihad est intégral, global », nous confie un haut responsable du renseignement.

Toutefois, pour Alain Juillet, ancien directeur du renseignement à la DGSE, il faut arrêter de se chercher des excuses : « On peut l'habiller comme on veut, les réseaux terroristes nous ont complètement mis dans le vent, car on n'a rien vu venir. C'est toute la chaîne qui a dysfonctionné. Cela veut dire qu'on n'a pas d'informateurs là-bas, au niveau de Daesh, qu'on ne sait pas suivre les gens. Bref, nos services sont défaillants sur le plan de la recherche du renseignement : la collecte et l'analyse. D'un côté, on n'a pas les infos, et, de l'autre, on n'est pas fichus, avec les signaux qu'on reçoit, d'en tirer des informations. On est très bons en aval, pour remonter la piste après coup, mais la vraie question à se poser, c'est : comment améliorer notre capacité de renseignement en amont ? »

Le général Pierre Sauvegrain, à la tête du service de renseignement de la gendarmerie, participe à l'effort de guerre : « Notre boulot est de détecter les individus radicalisés et de les suivre. Nous devons guider les gendarmes dans leur travail de renseignement. Mais en aucun cas nous ne nous substituons à la DGSI. Nous n'avons pas cette prétention. On vient compléter le dispositif SCRT [Service central du renseignement territorial]. Et je peux vous dire une chose, y a du boulot ! La tâche est énorme. » Le général, qui a le sens de la formule, nous fait cette confidence : « On a l'Everest à grimper : on est au camp de base, on attaque la montée par la face nord... et en tongs ! »

Détecter les individus en voie de radicalisation est une première étape. Aujourd'hui, le problème n'est plus la compréhension et l'évaluation de la menace : elles sont acquises. La question est de savoir qui l'on traque.

Le terme « loup solitaire » n'est plus en usage au sein des services de renseignement, même si la guerre sémantique se poursuit chez les pseudo-experts en terrorisme qui courent les plateaux télé. Comme Merah ou d'autres, Larossi Abballa, le tueur des Yvelines, relève de la catégorie des « inspirés », du nom du premier magazine de propagande d'Al-Qaïda diffusé en anglais, *Inspire* – une publication qui a influencé par la suite *Dabiq*, le magazine de l'État islamique. Lancé en 2010 sur Internet, cet outil de propagande djihadiste s'adresse à des individus isolés capables de commettre des attentats seuls. Cette logique de recrutement a été initiée par Anwar al-Awlaki, surnommé « le Ben Laden d'Internet » et impliqué dans plusieurs affaires d'attentats en Occident. De conseils pour fabriquer des bombes, dans la rubrique « Open source djihad », à des considérations idéologiques et religieuses nécessaires à la justification des crimes, il s'agit de nourrir l'autoradicalisation de l'individu sur tous les plans.

Les « inspirés », ce sont ceux qui se réveillent un beau matin et décident de passer à l'acte – par opposition aux djihadistes « projetés », qui conçoivent et organisent un projet d'attentat. Les autorités n'ont aucun moyen de les en empêcher. « Pas un seul psychiatre ne peut déterminer le passage à l'acte, c'est impossible », constate un responsable de la lutte antiterroriste. « Le renseignement, ce n'est qu'une petite partie, note Bernard Squarcini, l'ancien patron de la DCRI. Comment voulez-vous sonder la conscience de M. X dans sa banlieue à 12 ans ? Pourquoi va-t-il passer à l'action et pas l'autre ? Faut m'expliquer… »

« Comment voulez-vous qu'on fasse ? renchérit un commissaire divisionnaire du 93. C'est notre job, dans les services de renseignement, d'anticiper la menace, mais là c'est mission impossible ! L'État doit prendre toutes les mesures et donner tous les moyens qu'il est permis de donner aux hommes du renseignement, cependant il ne faut pas s'attendre à des miracles. Les miracles, ça n'existe pas. »

Quant à Bernard Cazeneuve, il prévient : « Le rôle de l'État, c'est de faire en sorte que 100 % de précautions soient prises pour que cela n'advienne pas. Car zéro précaution face à un tel risque, c'est 100 % de risques, mais 100 % de précautions, ce n'est pas nécessairement le risque zéro[1]. » En clair : je sors le parapluie !

Place Beauvau

Au lendemain de l'élection de François Hollande à la présidence de la République en 2012, c'est Manuel Valls qui s'installe place Beauvau dans le gouvernement

---

1. France Info, 15 septembre 2014.

de Jean-Marc Ayrault. Début juin, en tant que nouveau ministre de l'Intérieur, il revient sur l'affaire Merah, qui a éclaté trois mois plus tôt, en pleine campagne présidentielle : « Dès lors qu'un homme, peut-être seul, a pu commettre de tels crimes, nous sommes face à un échec : l'État n'a pas su ou pas pu protéger des Français. Il s'agit maintenant d'en comprendre les raisons. J'ai chargé la Direction générale de la police nationale et la Direction centrale du renseignement intérieur de me fournir une étude très complète sur ce qui a dysfonctionné dans cette affaire[1]. »

À l'Intérieur, le dossier du tueur au scooter est vécu comme un traumatisme. Le candidat Hollande a lui aussi évoqué, lors d'un meeting de campagne, une « faille ». L'enquête montre que Mohammed Merah « avait fait deux voyages en Afghanistan et au Pakistan ». Hollande promet « un contrôle accru des déplacements de voyageurs dans les pays sensibles [...]. Nous tirerons toutes les leçons de cette tragédie », dit-il, avant d'ajouter : « Nous verrons de quoi il s'agit. Mais ce qui compte, au-delà des effets d'annonce, ce sont les moyens pour faire appliquer les lois. » Il faut « surtout mieux coordonner nos équipes. Des services qu'on appelle DCRI, DGSE, qui doivent travailler dans le même sens pour être efficaces[2] ».

La DGSE (Direction générale des services extérieurs) opère à l'étranger. Ses agents sont installés boulevard Mortier, dans le XXe arrondissement de Paris. Communément appelée « la Piscine », l'agence regroupe les « espions français », les analystes, les techniciens et les « légendes » – ses agents clandestins en mission à l'étranger sous de fausses identités. C'est Bernard Bajolet, diplomate, spécialiste du renseignement et ami du président

---

1. *Le Parisien*, 4 juin 2012.
2. *Le Monde*, 23 mars 2012.

Hollande depuis plus de trente ans, qui dirige la boîte depuis 2013.

De la DGSE, rien ne filtre. À moins d'y être invité pour une raison relevant de la sécurité d'État, personne ne franchit l'entrée du boulevard Mortier. Si la littérature française regorge de thrillers racontant les aventures d'anciens espions, bien malin celui qui peut dire quelle est la part de vrai et de fantasme dans ces récits. Plus qu'ailleurs, l'adage selon lequel « ceux qui savent ne parlent pas, et ceux qui parlent ne savent pas » prend ici tout son sens. Tout juste apprendra-t-on qu'un des agents porte depuis toujours des cravates aussi délirantes que celles aperçues dans la série télévisée diffusée par Canal+[1] : « C'est l'un de nos chefs de service. Ça fait vingt-cinq ans qu'il travaille ici, son expertise est redoutable. Quant aux choix des cravates qu'il porte, il en est resté aux années 80 », s'amuse un employé de la boîte dont on ne tirera rien d'autre. Au sujet de son patron, Bernard Bajolet, il se montre aussi discret que son homologue de la DGSI, Patrick Calvar.

En avril 2014, Bernard Cazeneuve succède à Manuel Valls place Beauvau, ce dernier devenant Premier ministre. Il lui revient de mettre en œuvre la réforme que son prédécesseur a lancée un an plus tôt en réponse à l'affaire Merah. Un rapport parlementaire rendu public en 2013 doit servir de base à la réorganisation du renseignement en France. Le rapporteur socialiste Jean-Jacques Urvoas, alors président de la commission des lois et aujourd'hui ministre de la Justice, y écrivait : « La création de la DCRI s'est faite dans la précipitation, sur une base conceptuelle tronquée et sans réelle conception stratégique, de telle sorte qu'au lieu d'organiser le renseignement intérieur, elle a introduit de forts éléments de perturbation sur

---

1. *Le Bureau des légendes*, série diffusée sur Canal+ depuis 2015.

lesquels il convient de revenir[1]. » Urvoas faisait notamment allusion au choc des cultures entre deux entités du renseignement : la rigueur de la DST (Direction de la surveillance du territoire) face à la réactivité des RG (Renseignements généraux).

Mai 2014 : *exit* la DCRI. Elle est remplacée par la DGSI (Direction générale de la sécurité intérieure), qui quitte au passage le giron de la direction de la police pour ne plus dépendre que du ministre de l'Intérieur. Elle sera dotée de son propre budget. Avec ce nouveau titre de « direction générale », le renseignement intérieur fait désormais jeu égal avec le renseignement extérieur, la DGSE dépendant, elle, du ministère de la Défense.

L'égalité des chefs du renseignement devant l'État a son importance. Elle vise au moins à préserver les susceptibilités des uns et des autres dans un monde où le secret exacerbe à la fois la paranoïa et les *ego*. Un monde où les personnels des différents services ont pour habitude de ne pas se parler. Un monde où la guerre des chefs fait rage.

Pour mieux comprendre, un petit retour en arrière s'impose.

2008 : la réforme

En 2008, fraîchement élu président de la République, Nicolas Sarkozy lance sa grande réforme des services, une institution qui remonte au début de la guerre froide. Fan de l'Amérique, de sa puissance et de sa modernité, marqué par son passage place Beauvau, qui l'a propulsé jusqu'à la fonction suprême, il veut créer un « FBI à la française »,

---

1. *Rapport parlementaire sur le fonctionnement des services de renseignement français dans le suivi et la surveillance des mouvements radicaux armés*, présidé par Christophe Cavard, mai 2013.

une seule et unique structure qui regrouperait tout le renseignement intérieur. C'est l'acte de naissance de la très controversée Direction centrale du renseignement intérieur (DCRI).

Pour diriger la centrale, Nicolas Sarkozy choisit un de ses fidèles : Bernard Squarcini. Cet ancien commissaire de police, qui a passé l'essentiel de sa carrière aux RG, s'est fait remarquer par celui qui était alors ministre de l'Intérieur grâce à sa connaissance des réseaux corses : il est le tombeur d'Yvan Colonna, l'assassin du préfet Érignac. Cette arrestation scelle définitivement la confiance entre les deux hommes. En 2007, Nicolas Sarkozy lui confie la direction de la DST. Bernard Squarcini sait qu'à terme il devra mettre en place un nouveau pôle du renseignement et de l'antiterrorisme ; la réforme est déjà dans les tuyaux. Le chantier de la fusion des services historiquement « rivaux » que sont les RG et la DST est ouvert : non seulement le président de la République entend les rendre plus efficaces, mais il espère aussi faire des économies au passage.

En 2007, le rapprochement des deux services dans un seul et même lieu, rue de Villiers, à Levallois-Perret, dans les Hauts-de-Seine, est de bon augure. La SDAT doit bientôt les y rejoindre. Bernard Squarcini aura la lourde tâche de concrétiser la fusion. Le 12 mai 2008, c'est chose faite avec la création de la DCRI. « J'ai récupéré deux mémères, j'en ai fait une belle blonde. Que beaucoup, dans le monde, voudraient avoir dans leur plumard[1] », déclare Squarcini avec sa gouaille caractéristique. « C'en est fini des RG », se réjouissent certains, qui accusent ces services de jouer le jeu des politiques.

Sauf que, sitôt formée, la nouvelle centrale attire les plus vives critiques. « La création de la DCRI et le

---

1. Cité dans Olivia Recasens, Didier Hassoux, Christophe Labbé, *L'Espion du président*, Robert Laffont, 2012.

démantèlement des RG nous ont laissés aveugles et sourds sur une grande partie du territoire, regrette l'eurodéputé de droite Arnaud Danjean, ancien membre de la DGSE. Aux RG, il y avait à boire et à manger, mais ils ont été trop longtemps caricaturés comme faisant du renseignement politique. C'est ce qui leur a valu leur déchéance. En réalité, le gros du renseignement des RG ciblait l'islamisme radical, avec d'excellents capteurs, d'excellents réseaux, un vrai travail de terrain. Un travail ingrat, compliqué, qui ne porte pas toujours ses fruits et ne débouche pas toujours sur de grosses affaires, mais où le maillage est extrêmement important. C'est ce que nous n'avons plus aujourd'hui. Ce maillage permettait de faire remonter des infos. Certes, elles n'étaient peut-être pas toujours bien traitées par la suite, mais cela créait un réseau d'alerte territorial assez fin. Prenez par exemple une région comme l'Ain, autour de villes comme Nantua ou Oyonnax. Il existe là-bas des foyers d'extrémisme et d'islam radical extrêmement puissants, avec une forte immigration turque. Pour mémoire, c'est là-bas que l'affaire du voile avait commencé. Des groupes liés aux Frères musulmans s'étaient mis à tester leurs discours dans des écoles, de façon délibérée. Les RG de l'Ain avaient travaillé là-dessus. Aujourd'hui, je ne suis pas certain que notre dispositif nous permette d'avoir des capteurs aussi fins pour nous alerter sur ce qui se passe dans toutes ces associations, toujours plus nombreuses. »

Un commissaire affecté au nouveau Service central du renseignement territorial fait la même analyse : « Non seulement on a perdu cette capacité de renseignement humain en supprimant les RG, mais en plus on a cherché à faire disparaître toute trace de leur passé, comme si cet organe était si honteux qu'il fallait purement et simplement l'effacer. Toutes les notes des RG ont été détruites. Il n'y a plus une seule archive. En 2000, les fichiers ont d'abord été mis sous scellés, puis passés au pilon. On est donc totalement repartis à zéro. Cela a créé beaucoup de rancune, et surtout une énorme déperdition d'information. »

Arrive l'affaire Merah. Le 11 mars 2012, l'adjudant Imad Ibn Ziaten est tué par balles à Toulouse. Deux autres parachutistes sont tués à Montauban quatre jours plus tard. L'enquête s'oriente d'abord vers les milieux d'extrême droite. Pourtant, les services de renseignement locaux penchent pour la piste salafiste. Le 19 mars, quatre personnes, dont trois enfants, sont tuées devant une école juive de Toulouse. L'assassin, un jeune homme de 23 ans, est abattu par la police dans son appartement après trente-deux heures de siège.

L'enquête pointe des « défaillances objectives » des services de renseignement. En effet, Mohammed Merah était fiché et surveillé depuis plusieurs années. « On voit bien qu'il y a du boulot effectué par les locaux, souligne Alain Marsaud. Ils le suivaient depuis un moment. Des mecs de la DCRI descendent en cravate à Toulouse, ils examinent le travail de leurs collègues et, visiblement, le trouvent peu satisfaisant. Ils remontent à Paris sans en tenir compte. Ça fait partie des échecs. Cette centralisation est une mauvaise centralisation. » La DCRI est accusée d'avoir raté le tueur au scooter. Pis, elle aurait même un temps envisagé de recruter Merah comme source, contre l'avis de l'antenne toulousaine.

Un organigramme complexe et opaque

En 2014, la DCRI est définitivement enterrée, mais, avant de quitter la place Beauvau, Manuel Valls tente de retrouver ce maillage perdu en créant un nouveau service, le Service central du renseignement territorial, autrement appelée « les RT ». Ces RG « *new look* » sont dirigés au niveau central par un policier secondé par un gendarme. Cependant, malgré la volonté politique, l'outil ne peut se recréer en un jour. Le retour sur investissement n'est pas immédiat.

« Un recrutement, c'est un an de préparation au concours, un an de formation et trois ans avant d'être opérationnel, analyse Vincent, le commissaire qui, au vu de l'urgence de la situation, a été empêché de prendre sa retraite à la date prévue. Entre l'école et l'efficacité sur le terrain, cinq années s'écoulent. On essaie de ranimer les réseaux, mais il faut des mois, des années, pour convaincre les gens de parler, pour trouver des informateurs. Il faut le temps de créer des liens de confiance, et puis il faut former les policiers, leur apprendre à faire de l'infiltration. Faire du renseignement humain, ça s'apprend, et l'analyser, ça s'apprend aussi. Il nous reste encore des années très difficiles à venir. » Alain Juillet ne s'en étonne pas : « Aujourd'hui, on revient à la genèse des RG, mais on a perdu quinze ans ! Le monde du renseignement s'est appauvri, alors que la situation est alarmante. »

« C'est du rafistolage, s'énerve Arnaud Danjean. Cette restructuration des services de renseignement n'est ni pensée ni organisée. » De son côté, Alain Marsaud s'interroge : « Face à l'urgence, va-t-on pouvoir retrouver ces fonctionnaires qui avaient roulé leur bosse, qui connaissaient absolument tout ? C'est peu vraisemblable. Ce renseignement territorial est composé de gens nouveaux, des volontaires. Des postes ont été créés et proposés aux policiers, à qui on a dit : "Limoges, ça te tente ?" Le gars qui a fait toute sa carrière à Paris répond : "Ben non, qu'est-ce que tu veux que j'aille foutre à Limoges ?" » Les services de renseignement ont donc du mal, du côté de la police, à trouver des volontaires pour mailler le terrain.

Le sénateur Philippe Dominati fait le même constat. Avec un peu plus de deux mille fonctionnaires, les RT représentent aujourd'hui « 60 % de ce qu'étaient les RG avant la réforme. Problème : ils en assurent 90 % des missions ». Selon lui, les RT demeurent le « parent pauvre[1] » du renseignement intérieur. Il plaide donc pour un renforcement des effectifs de ce service.

Mais la lutte antiterroriste ne se réduit pas à une question d'effectifs. L'affaire Merah a révélé un autre problème : celui de la coordination interne au renseignement. Imprégnés d'une culture du secret, les différents services ne se parlent pas entre eux. Bernard Cazeneuve va faire de la fluidification de la circulation de l'information son cheval de bataille.

De fait, c'est le deuxième écueil souligné par Philippe Dominati : le trop grand nombre de services de renseignement en France. On a tout d'abord la DGSI, vaisseau amiral du dispositif pour le renseignement intérieur, appuyée par le renseignement territorial, mais aussi par la Direction du renseignement de la préfecture de police de Paris (DRPP), chargée de la capitale et de la petite couronne. « À la fusion, il y a eu une coupure entre le terrain et les échelons centraux, regrette Alain Chouet, ancien chef du service de renseignement de sécurité de la DGSE. On a laissé subsister les renseignements généraux de la préfecture de police, qui ne sont compétents que sur Paris et ne veulent pas savoir ce qui se passe en banlieue. »

Les autres services de renseignement français sont : la Direction de la protection et de la sécurité de la défense (DPSD) et la DRM (Direction du renseignement militaire), qui dépendent, comme la DGSE, du ministère de la Défense. Enfin, deux autres services dépendent du

---

1. *Rapport sur les moyens consacrés au renseignement intérieur*, Philippe Dominati (LR), 7 octobre 2015.

ministère des Finances : la Direction nationale du renseignement et des enquêtes douanières (DNRED) et Tracfin, chargé du blanchiment d'argent.

« Cela ne fonctionne pas, constate Alain Chouet. L'architecture administrative reste trop complexe pour être durablement efficace, en dépit de la mise en place de multiples mécanismes de coordination. Il y a tellement de services qu'on a dû créer des bureaux de liaison pour faire en sorte que les gens communiquent. »

En effet, à chaque étage son « bureau de liaison ». Ainsi de l'UCLAT, une unité de coordination opérationnelle qui dépend de la police nationale. Sa mission est de produire une évaluation de la menace quasiment en temps réel. Créée en 1984 par Pierre Joxe, cette structure visait déjà à l'époque à « faire travailler les services ensemble ».

En juin 2015 est créé l'EMOPT : État-major opérationnel de prévention du terrorisme. C'est un nouvel organisme de coordination des services de renseignement, un peu le « bureau de liaison » dont parle Alain Chouet. Directement placé sous les ordres du ministre de l'Intérieur, l'EMOPT a surpris tout le monde. C'est le cabinet de Bernard Cazeneuve qui a souhaité se doter d'une nouvelle structure après la décapitation d'un patron d'entreprise par son employé dans l'Isère[1].

L'EMOPT doit mettre définitivement un terme à la guerre des polices : « Le pilotage opérationnel quotidien de la stratégie de lutte contre le terrorisme visant le territoire national est placé sous son autorité directe, avec le concours de l'ensemble de la communauté française du renseignement[2] », précise l'Élysée. Celui-ci possède aussi

---

1. Le 26 juin 2015, Hervé Cornara a été décapité, sa tête retrouvée accrochée au grillage à côté de l'usine Air Products de Saint-Quentin-Fallavier, qu'il dirigeait.
2. Communiqué de l'Élysée, 13 janvier 2016.

un bureau de liaison : le Conseil national du renseignement (CNR), créé en 2008, qui réunit également tous les responsables de tous les services de renseignement.

Et ce n'est pas fini ! D'autres aménagements sont en effet à prévoir, puisque les parlementaires planchent en ce moment sur une réorganisation des services français. Le rapport de la commission d'enquête parlementaire sur les attentats de 2015, présenté le 7 juillet 2016, préconise une refonte du renseignement intérieur sur la base de la création d'une Agence nationale de lutte contre le terrorisme, placée, cette fois, directement sous l'autorité du Premier ministre, un peu à l'image du modèle américain. Bref, la réforme de la réforme initiée par Nicolas Sarkozy en 2008 est poursuivie par François Hollande depuis 2013, mais, pour l'heure, hormis des fusions et des créations de bureaux de liaison, rien ne semble avancer. « La réforme profonde attendue n'aura pas lieu, s'exaspère un haut responsable du renseignement qui vient de prendre sa retraite. C'est juste du ripolinage. Qu'a fait Cazeneuve à l'Intérieur ? Il a créé une surcouche de pilotage à son niveau. Ce n'est pas à un ministre de faire du renseignement ! Aujourd'hui, il y a une multitude de cellules qui se coordonnent les unes avec les autres. Il faut une seule cellule, un seul chef, point barre. »

C'est suffisamment rare pour être souligné : la coopération fonctionne bien entre le renseignement intérieur et le renseignement extérieur. La bonne entente entre leurs patrons, Patrick Calvar et Bernard Bajolet, n'y est certainement pas étrangère. Selon les intéressés eux-mêmes, il n'y a pas « l'épaisseur d'une feuille de papier à cigarette[1] » entre leurs services. Les deux hommes se connaissent bien,

---

1. Audition commune de Patrick Calvar et Bernard Bajolet devant la commission des affaires étrangères et des forces armées du Sénat, 17 février 2016.

ils se sont suivis dans leurs carrières respectives et sont sur la même longueur d'ondes lorsqu'ils s'expriment en public. L'effort de synchronisation demandé par le gouvernement à chaque niveau de la lutte ne concerne donc pas ces deux services. Partout ailleurs, la concurrence entre services demeure, chacun ayant tendance à garder pour lui des informations qu'il recueille sans les transmettre aux autres. Ainsi, dans le (petit) milieu du renseignement, il est notoirement connu qu'entre la préfecture de police et la DGSI le courant ne passe pas.

En novembre 2015, dans son discours postattentats au Congrès de Versailles, François Hollande annonce une augmentation des effectifs : plus de cinq mille personnes vont être recrutées dans la police et la gendarmerie. « Dans ces circonstances, je considère que le pacte de sécurité l'emporte sur le pacte de stabilité », énonce le président de la République. Avec ces embauches, le monde du renseignement comptera quinze mille personnes réparties sur les six services pour un budget de près de un milliard d'euros par an.

La culture de l'ombre

Le problème du renseignement français est aussi un problème de culture. « La culture du résultat a tendance à prévaloir sur la vision d'ensemble », déplore Yves Trotignon, qui dénonce globalement un manque de vision de la part des responsables politiques.

Aujourd'hui, la DGSI cristallise les reproches. Son patron, Patrick Calvar, préfère rester dans l'ombre. Il ne fréquente pas les journalistes, n'accorde aucune interview. Tout juste sait-on qu'il est le fils d'un gendarme breton et a été élevé à Madagascar. De ces années dans les îles, il a gardé un tempérament calme qui lui vaut le surnom de « Zébu », par opposition au « Squale », son si controversé prédécesseur, Bernard Squarcini. À moins que cela ne soit à cause de son côté « *british* », hérité de son passage à Londres comme attaché de sécurité à l'ambassade de France à la fin des années 90 ? De cette expérience anglaise, qui l'a, dit-on, fasciné, il retiendra des méthodes de renseignement.

Jusqu'à sa nomination comme patron du renseignement intérieur en 2012, on ne connaissait même pas le visage de Patrick Calvar. En contact direct avec ses sources, l'homme se doit de rester discret. Passionné de foot, mais aussi d'échecs, il est habile et sait manœuvrer en eaux troubles. Une qualité importante dans cette profession, qu'il a embrassée il y a quarante ans. Calvar est apprécié pour « son intelligence et sa finesse d'esprit », nous confie un membre d'un service pourtant concurrent. Tous lui reconnaissent une expérience de terrain hors norme. Dans les années 80, il fait ses armes à la DST aux côtés de son modèle, le maître espion Raymond Nart. Il en gravira ensuite tous les échelons et en connaîtra tous les rouages. Après un passage chez les militaires, à la DGSE, Calvar rejoint en 2012 les policiers et prend la tête de la DCRI, puis de la DGSI. Personne ne s'aventure à critiquer celui qui, en pleine tempête djihadiste, tient la boutique, dirigeant ces milliers d'hommes et de femmes prêts à donner leur temps et, parfois, leur vie pour traquer les terroristes.

« Ce n'est pas un problème de personne, observe Alain Bauer. Calvar n'est pas le plus con ni le plus incompétent, loin de là. C'est un problème culturel. Le contre-espionnage, c'est la nature même du renseignement. C'est du temps long. Il faut remonter la filière à partir d'un petit téléphone, d'une petite cellule dormante, d'un petit point de rendez-vous… Surtout, il ne faut effrayer personne, donc on garde le secret le plus absolu et on protège ses sources, si on en a. L'antiterrorisme, c'est exactement l'inverse : le temps est court, le partage doit être absolu. Le bon antiterrorisme, ce n'est pas quand on arrête l'auteur d'un attentat, c'est quand on empêche l'attentat. Nous sommes dans cette problématique-là. Or, depuis 1989, le renseignement vit dans la nostalgie de l'espion soviétique, car ça, au moins, on savait faire. Quand le Mur est tombé, on s'est dit : l'espion rouge va être remplacé par un espion jaune, c'est à peu près pareil, la même idéologie. Mais ce n'est pas du tout ce qui s'est produit. Depuis, le renseignement en contre-espionnage est à la recherche d'une culture de l'antiterrorisme qu'il n'a pas. »

Le renseignement français aurait pris du retard sur les pays anglo-saxons, les champions de l'*intelligence*[1]. N'est pas James Bond qui veut, et, quand aux États-Unis on peut voir des casquettes à l'insigne du FBI ou des sweat-shirts siglés CIA, on imagine mal ici le logo DGSI ou DGSE imprimé sur des tee-shirts... Il est vrai que, chez nous, le monde du renseignement est très peu connu du grand public. Il est aussi entaché par des affaires de « barbouzes », comme celles liées à la Françafrique ou le naufrage du *Rainbow Warrior* en Nouvelle-Zélande dans les années 80. C'est une image dont les services de renseignement extérieur peinent, aujourd'hui encore, à se débarrasser.

Au-delà, d'aucuns déplorent le manque de culture « immédiate » de nos services. Nos méthodes de collecte en pâtissent, et notre analyse aussi. C'est bien là l'une des failles du renseignement français. Contrairement aux Anglo-Saxons, qui considèrent que le renseignement est une matière noble, nous le percevons encore trop souvent

---

[1]. En anglais, *intelligence* veut dire « renseignement », ce qui sous-entend, contrairement à l'équivalent français, la dimension noble de la matière.

comme « sale » et essentiellement policier. « Chez les Anglais, le renseignement, c'est culturel, souligne l'ancien juge Jean-Louis Bruguière. Ce qui est au cœur, ce qui est important, c'est la diplomatie et le renseignement. Les chefs du MI5 ou du MI6 sont des sir anoblis par la reine. En France, on se bouche le nez. »

Au lendemain du Bataclan, l'ancien patron du MI6, sir John Sawers, a publié dans le *Financial Times* un long édito expliquant que, maintenant que la France avait été attaquée, l'Allemagne et l'Angleterre étaient elles aussi visées par cette menace. Même s'il s'empressait de préciser qu'il était trop tôt pour parler d'éventuels échecs des services français, il rappelait que le fondement même de leur organisation posait une question : « La DGSI doit se détourner de ses méthodes encore très policières pour aller vers une approche davantage orientée vers le renseignement pour être à la pointe de la menace moderne[1]. »

« Ce n'est pas un problème de renseignement ou de collecte, ce n'est pas un problème d'action, c'est un problème d'analyse : le passage de l'information à l'analyse », martèle Alain Bauer. Ouvrir les portes du renseignement intérieur à d'autres profils que les seuls policiers pour affiner les grilles de lecture et mieux analyser : de nombreux spécialistes abondent dans ce sens. « C'est pour ça qu'on a été pris de court par les différentes mutations qu'ont connues les réseaux terroristes ces dernières années, constate Arnaud Danjean. D'où les ratés avec les frères Kouachi, notamment : les services du renseignement intérieur n'ont pas su décrypter à temps les signaux qui alertaient sur la dangerosité d'Al-Qaïda dans la péninsule arabique (AQPA). Les djihadistes, eux, exploitent toutes nos failles, tous nos manquements. Aujourd'hui, les terroristes ont un, deux,

---

1. John Sawers, « Intelligence failure or not, Germany and Britain are now at risk », *Financial Times*, 15 novembre 2015.

même cinq pas d'avance. Ils passent sous les radars. Ils se sont adaptés aux moyens du renseignement. Le renseignement intérieur, lui, ne s'est pas adapté au terrorisme. »

Un ancien haut responsable du renseignement extérieur analyse : « On a un problème avec le renseignement intérieur. Il n'est pas ouvert, les flics restent entre eux. Donc, quand vous essayez de faire venir des contractuels, cela ne peut pas marcher. Il n'y a pas de greffon. »

Un ex de la DGSE se montre tout aussi critique : « Ils viennent d'obtenir des postes supplémentaires. Ils embauchent des jeunes femmes, des universitaires, des masters en droit ou de jeunes chercheurs en sciences politiques, mais ces gens-là s'en vont au bout de six mois. Car le problème, c'est qu'ils tombent dans un univers de flics. Toute la hiérarchie est flic. Les syndicats se mêlent de tout. On ne va pas se mentir : la police est codirigée par les syndicats. Bref, c'est très fermé et très étriqué, comme esprit. »

Au début des années 2000, la DGSE, communément désignée par le grand public comme « les services secrets français », décide de poursuivre cette ouverture en recrutant toujours plus d'universitaires, mais également de nombreux jeunes sortis de l'ENA. Parmi les nouvelles recrues militaires, de plus en plus sont des officiers brevetés qui sortent de la prestigieuse École de guerre. Du coup, les perspectives d'évolution de carrière se sont nettement améliorées aussi. « On fait travailler des binômes et ça marche plutôt très bien, raconte un ancien recruteur à la Direction technique du renseignement extérieur. C'est extrêmement efficace. Ce sont des analystes-enquêteurs qui connaissent parfaitement leur zone, la religion musulmane et le contexte géopolitique. Ils ont des profils Sciences Po et autres. À côté, on a mis des gens qui ont du flair. Des femmes, notamment. Ce sont nos meilleures recrues. Elles tirent le fil, elles ne lâchent pas. » Et d'ajouter dans un sourire face aux deux représentantes de la gente féminine que nous sommes : « C'est ce qui vous caractérise : l'intuition féminine. »

Passé par la DGSE de 2009 à 2012 comme directeur du renseignement, l'actuel patron de la DGSI, Patrick Calvar, mesure bien les bénéfices de tels binômes et aimerait faire évoluer sa structure dans ce sens. Il a compris que l'analyse était cruciale, et l'ouverture au monde civil essentielle. Mais il se heurte à la puissante organisation syndicale policière, comme le relève Alain Bauer, spécialiste en sécurité et sûreté : « Patrick Calvar veut un changement, mais, dès qu'il est face à son univers, composé essentiellement de gardiens de la paix, il doit respecter des foutus quotas. Les policiers ne veulent pas d'un 50-50. [...] Les Anglo-Saxons trouvent aussi que les experts sont des chieurs, mais ils font avec. Les Français, eux, les laissent à l'extérieur. »

Un de nos interlocuteurs, homme du renseignement, ne dit pas autre chose : « On voit que c'est un appareil très policier par nature, ce qui est une hérésie dans le renseignement. [...] Je connais des gens très bien qui ne sont pas recrutés [à la DGSI] parce qu'ils n'ont pas la bonne formation. On se prive d'énormément de gens, d'accès à l'information, et donc d'une grille analytique que d'autres services ont. *"Connecting the dots"*, disent les Américains : relier les points. C'est clairement la capacité qui manque au renseignement français. A-t-on les bonnes personnes dans nos services ? On a des gens qui écoutent, mais une écoute, c'est plus que des mots. C'est tout un contexte derrière : politique, culturel. Un réfugié tchétchène du début des années 2000, ce n'est pas forcément un réfugié tchétchène de deuxième génération d'aujourd'hui. Un réfugié tchétchène d'avant qui vient en France, c'est avant tout un nationaliste tchétchène persécuté par les Russes ; celui d'aujourd'hui sera peut-être un individu converti à un islam beaucoup plus dur, pour lequel la revendication face aux Russes est secondaire par rapport au djihad global. En France, il y a un problème de formation initiale et continue. Nos services de renseignement sont des administrations. Par exemple, à la DGSE, on recrute sur concours administratif standard, car il y a eu un recours devant le Conseil d'État. Donc, on entre dans le renseignement extérieur comme on entre à la Sécurité sociale. »

Les « sources »

En termes de renseignement extérieur, notre ancien « fonctionnaire de la DGSE » oublie de dire qu'une des spécificités de la boîte du boulevard Mortier est de recruter des « sources humaines » en territoire étranger. Ce sont les fameux « capteurs » qui font parvenir des informations depuis telle ou telle zone, tel ou tel théâtre d'opérations, surtout les endroits où « l'on n'est pas censés être ».

Bernard Bajolet rappelle la nécessité du renseignement humain : « On dit que nos services s'appuient trop sur le renseignement technique. Il est vrai que nos moyens dans ce domaine ont été renforcés depuis 2008. Mais nous investissons aussi dans le renseignement humain. Il fait partie des priorités de mon service. Nous travaillons en lien avec les autres services étrangers amis pour le recrutement de certaines sources. C'est très compliqué et très long, mais nous progressons. Nos agents sont particulièrement exposés. La DGSE est présente partout où les diplomates et les militaires ne peuvent pas aller. Certains agents l'ont payé de leur vie. La prévention de la menace étrangère a un coût : ces risques sont assumés. » De fait, les agents de la DGSE « morts au combat » n'ont pas droit aux honneurs télévisés. Et pour cause : officiellement, ils n'existent pas.

EN AMONT : LE RENSEIGNEMENT

Les fameux agents « clandestins » parcourent le monde hostile. Ils recrutent des sources humaines qui relèvent notamment de deux catégories. D'abord, il y a les « traîtres », dans le jargon des services : les services secrets français vont par exemple aller « tamponner » tel ou tel militaire syrien pour obtenir du renseignement sur l'état des forces de Bachar el-Assad. Ensuite, il y a les « mercenaires », ceux qui, pour de l'argent, acceptent des missions de renseignement au profit des services étrangers – par exemple, un type se revendiquant de Daesh va être recruté moyennant rémunération pour prendre des photos et des vidéos à Raqqa ou rapporter de la documentation de l'organisation terroriste. Les services puisent plus globalement dans les MICE – acronyme anglais pour Money, Ideology, Compromission, Ego –, ceux qui ne demandent pas forcément d'argent, mais qui, pour des raisons idéologiques, religieuses ou politiques, vont trahir leur pays.

Toutes ces actions restent ultra-secrètes, de même que les informations qu'elles permettent d'obtenir. Du moins, en principe. Le récent « vrai-faux scoop » de la chaîne d'information britannique Sky News a démontré le contraire. Le 10 mars 2016, Sky News affirme avoir mis la main sur une liste contenant les noms de 22 000 djihadistes de l'État islamique. Selon elle, c'est un ancien membre de l'EI désabusé qui lui aurait remis une clé USB contenant ces fichiers, volés au chef de la police interne de l'organisation djihadiste. Les médias allemands ont eux aussi obtenu une liste, jugée « probablement authentique » par la police. Les documents en question sont des formulaires remplis par des ressortissants de cinquante-cinq pays ayant rejoint l'EI. Ils contiennent les noms, adresses ou numéros de téléphone des recrues, et même des informations sur des djihadistes jusqu'alors non identifiés qui se trouveraient en Europe occidentale, aux États-Unis, au Canada, au Maghreb et au Moyen-Orient. Selon Sky News, des djihadistes déjà identifiés figurent également sur cette liste. C'est le cas, par exemple, d'Abdel-Majed Abdel Bary, un ancien rappeur originaire de Londres qui s'est illustré en postant sur Twitter une photo de lui brandissant une tête tranchée.

Le scoop fait le tour de la planète. En France, les experts en djihadisme recoupent leurs données. « La liste contiendrait 500 noms de djihadistes français[1] », annonce RTL, avant de s'interroger, quelques heures plus tard, sur l'authenticité des documents : s'agit-il vraiment du « scoop de l'année » ? « Si la prise est décrite comme un "coup fantastique" par les spécialistes de l'antiterrorisme, de nombreux experts doutent de l'authenticité de ces documents et remarquent plusieurs incohérences. "Il faut être extrêmement prudent, surtout compte tenu de l'ampleur de ce fichier, car c'est du jamais-vu" », note au micro de RTL Jean-Charles Brisard, président du Centre d'analyse du terrorisme.

Yves Trotignon émet une hypothèse, basée sur sa lecture du dernier rapport du Combating Terrorism Center (CTC) de West Point, la prestigieuse académie militaire américaine[2] : « C'est une liste avec des données réelles, mais qui selon moi ne vient pas de l'EI. » Le CTC a passé au crible les formulaires remplis par plus de 4 600 candidats au djihad lors de leur arrivée en Syrie et a validé leur authenticité. Selon son directeur, Brian Dodwell, le chiffre est passé de 22 000 à 4 600, car il y avait « de nombreux doublons », mais, selon lui, « 98 % des documents ont pu être corroborés ».

---

1. RTL, 10 mars 2016.
2. Combating Terrorism Center at West Point, *The Caliphate's Global Workforce : An Inside Look at the Islamic State's Foreign Fighter Paper Trail*, 18 avril 2016.

Pour notre interlocuteur, la compilation des données réelles viendrait des pays occidentaux. Le scoop serait donc une manipulation : « Les services de renseignement britanniques, américains, allemands ou français, en étroite collaboration, auraient compilé leurs données pour exposer des mecs de chez Daesh. Je pense à une coopé entre les services. C'est une vacherie, qui fait plaisir. L'idée est de diffuser des infos véridiques, des noms avec des numéros de téléphone réels associés, pour griller les mecs. Ça ne marche que si votre adversaire est suffisamment important pour être sensible à ça. L'EI n'a pas réagi, mais on peut supposer qu'ils sont très contrariés, car cela met au grand jour tous les gens là-bas et leurs familles ici. »

Enfin, selon le rapport du CTC, la liste ne compterait que 49 Français, contre 500 annoncés au départ. Les documents ne représenteraient donc qu'une partie des recrues. Si l'on s'en tient à la tendance générale, on parle de 500 à 1 000 Français partis faire le djihad en Syrie et en Irak. Pour l'heure, il y aurait peu de candidats en Libye. Le pays est beaucoup moins attractif et le voyage plus compliqué, malgré la proximité géographique. Toujours est-il que les chiffres demeurent très élevés et, en termes de menace, ne disent rien qui vaille.

2015, l'année de la fiche « S »

C'est la découverte de l'année : l'existence de la fiche « S », pour « sûreté de l'État ». À chaque attentat, ou presque, la France découvre que les terroristes faisaient déjà l'objet d'une telle fiche.

La fiche « S » est l'une des fiches de signalement du Fichier judiciaire des personnes recherchées (FPR), créé en 1969 pour recenser les personnes recherchées ou surveillées de près ou de loin par les services de renseignement.

Être fiché « S » ne signifie pas être coupable. Cette catégorie, couverte par le secret-défense, indique l'existence de soupçons et est destinée à identifier des individus en divers points de contrôle, à les surveiller sans attirer l'attention. Par exemple, un douanier devra fouiller le véhicule d'un individu signalé « S », un agent de la police aux frontières dans un aéroport devra signaler au fichier émetteur avec qui la personne voyage, etc.

Aujourd'hui, on compterait 14 000 individus inscrits au FSPRT (Fichier des signalés pour la prévention et la radicalisation à caractère terroriste), le tout dernier fichier administratif. Parmi eux, combien sont fichés « S » ? C'est devenu la marotte des politiques. Éric Ciotti soutient qu'« il y a 10 500 personnes fichées "S", à caractère islamiste ». Sur ces 10 500 personnes, environ 2 000 individus sont suivis par la DGSI. C'est ce que l'on appelle le « haut du spectre ». Ciotti poursuit : « Ils représentent une dangerosité forte. Il doit y avoir un principe de précaution, on doit les placer dans une situation de rétention. Ils ne peuvent plus être en liberté, parce qu'ils constituent une menace[1]. »

Mais bien sûr, internons tous les fichés « S » ! Le premier à avoir proposé cela, c'est Laurent Wauquiez, le vice-président des Républicains, au lendemain des attentats du 13 novembre : « Dans la quasi-totalité des attaques terroristes que nous avons connues, il s'agissait d'individus qui étaient déjà surveillés. On ne peut plus attendre qu'ils passent à l'acte. Je demande que toutes les personnes fichées soient placées dans des centres d'internement antiterroristes spécifiquement dédiés. Nous sommes en guerre, et c'est eux ou nous[2]. »

Nos députés maîtrisent-ils vraiment la notion de fiche « S » ? Au-delà, connaissent-ils tous les fichiers utilisés par

---

1. iTélé, 14 juin 2016.
2. BFM TV, 14 novembre 2015.

les services de renseignement dans le domaine judiciaire et administratif ? Première précision : un individu peut être fiché « S » dès lors qu'un service de renseignement l'a, à un moment donné, soupçonné d'atteinte à la sûreté de l'État – à tort ou à raison, d'ailleurs. Il peut s'agir d'un ami d'un terroriste connu, d'un membre de sa famille, d'une connaissance, mais cela concerne aussi les gens qui se déplacent dans des zones de guerre, comme l'Irak ou la Syrie, pour des raisons professionnelles. À l'instar des journalistes. C'est ce qui est arrivé à un confrère, dont nous ne révélerons pas la véritable identité pour éviter que des responsables politiques ne réclament son internement.

Il s'appelle Paul, il est cameraman. En avril 2016, il décide de se rendre dans le sud de la Turquie pour les besoins d'un reportage sur l'afflux d'immigrés syriens en Europe. Il décolle de Roissy, direction Gaziantep, via Istanbul. Dans l'aéroport de la capitale turque, alors qu'il vient juste de franchir le contrôle policier, son passeport bipe. Le policier turc le rappelle. Il est arrêté. On ne lui en donne pas la raison. Avant d'être expulsé vers la France, Paul passe la nuit dans une pièce réservée aux « refoulés ». Le lendemain midi, il embarque sur un vol pour Paris. À Roissy, il est cueilli à la sortie de l'avion par des policiers, qui ne lui indiquent pas pour quel service ils travaillent. Ils vont l'interroger sur les motifs de son voyage, sa profession, etc. Eux-mêmes ne connaissent pas la raison exacte de son expulsion. Sur la fiche imprimée par la police turque apparaît seulement la mention « sûreté d'État ». Paul découvre alors qu'il est fiché « S » et qu'il vient d'être entendu par des policiers de la DGSI. Ils le relâchent après un peu plus d'une heure d'interrogatoire : ils n'ont rien à lui reprocher.

En réalité, n'importe qui peut être fiché « S ». C'est également ce qui est arrivé à notre confrère Pierre Torres, otage en Syrie de juin 2013 à avril 2014. Quelques mois après son retour, il découvre qu'il est fiché « S », parce que son frère, Charles, avait des liens supposés avec le groupe de Tarnac[1] : en 2008, il était colocataire de deux des dix mis en examen pour « association de malfaiteurs en relation avec une entreprise terroriste ». Pierre Torres, lui, n'a été impliqué ni dans l'affaire ni dans aucun acte ayant suscité l'intérêt des services de renseignement et de la police. Le ministère de l'Intérieur a reconnu que c'était une « négligence »…

Les fichiers sont l'outil incontournable du renseignement depuis toujours. À chaque service son fichier, dont l'existence et l'utilisation sont marquées du sceau du secret. La DGSI, par exemple, a son fameux fichier Cristina, pour Centralisation du renseignement intérieur pour la sécurité du territoire et les intérêts nationaux. C'était déjà le fichier de la DST. Il est top secret et regroupe le « haut du spectre », comme ils disent, c'est-à-dire les individus les plus dangereux.

Le général Pierre Sauvegrain est à la tête de la SDAO, la Sous-direction de l'anticipation opérationnelle, une entité de la gendarmerie créée en 2013 et installée à Issy-les-Moulineaux. Il détaille : « Chaque fichier a un administrateur qui le déclare à la CNIL [Commission nationale informatique et libertés]. Ensuite, la CNIL le déclare valide. Aucune passerelle n'est possible entre les

---

1. En 2008, la justice accuse Julien Coupat et un groupe de jeunes issus de l'extrême gauche et habitant Tarnac, un village corrézien, d'avoir saboté cinq voies de TGV. Neuf personnes sont mises en examen pour « destructions ou dégradations, et association de malfaiteurs en vue de préparer des actes de terrorisme ». Peu à peu, l'affaire « terroriste » s'est dégonflée. À l'heure où nous mettons sous presse, l'arrêt de la Cour de cassation est attendu.

fichiers. Ils ne peuvent pas être interconnectés. Sinon, ce serait Big Brother. Chaque fichier a son rôle. On ne va pas multiplier les fichiers pour s'amuser et faire suer les gens sur le terrain. »

Il n'empêche. Pour éviter les doublons ou les trous noirs, le rapport Fenech préconise de créer « une base de données commune à l'ensemble des acteurs de la lutte antiterroriste, consacrée exclusivement à l'antiterrorisme, mais exhaustive, avec des niveaux d'accès adaptés aux besoins des services[1] ».

« Prioriser » l'information

Le flux d'informations est quotidien. Il s'agit donc de « prioriser » l'information, comme l'explique un agent du renseignement : « En amont, on travaille sur les traces que laissent les individus que nous ciblons, comme le renseignement bancaire, médical ou de l'ordre de la vie quotidienne – les endroits où ils ont vécu, leurs style de vie, pratiques religieuses, sportives ou autres. Puis on travaille sur les liens qu'ils entretiennent avec l'extérieur, leurs amis, leur famille ou leur réseau. » Pour tout cela, le renseignement est prioritaire.

Avec la guerre du Golfe en 1991, la France décide d'investir dans le satellite. Un formidable outil de communication, mais surtout de surveillance, pour le renseignement militaire. En 2008, le Livre blanc de la défense et de la sécurité nationale pointe le retard de la France en la matière et l'incite à miser sur le tout-technologique. Comme si la machine pouvait supplanter l'homme.

---

1. *Rapport de la commission d'enquête de l'Assemblée nationale relative aux moyens mis en œuvre par l'État pour lutter contre le terrorisme depuis le 7 janvier 2015*, 5 juillet 2016.

« La DGSE a surinvesti dans la technique, notamment avec les interceptions, relève Alain Juillet. Ils sont très bons, mais l'expérience américaine du 11 septembre nous a montré que ce n'était pas suffisant. » Le service bénéficie désormais d'une abondance de renseignement technique – grâce aux machines qui interceptent les conversations téléphoniques, aux algorithmes qui calculent les faits et gestes de chacun, etc. –, mais les terroristes le savent, comme le rappelle Alain Chouet : « On a peut-être affaire à des sociopathes, mais pas à des cons. Ils ne sont pas stupides, ils savent se mettre en immersion, sous les radars, de sorte qu'on ne les entende plus. Le renseignement technique permet de reconstituer les réseaux, de savoir qui téléphone à qui, d'avoir des indices d'alerte. Par exemple, un téléphone qui normalement émet depuis la Seine-Saint-Denis et qui se met à émettre depuis Karachi, il faut peut-être dresser l'oreille ! Mais croire qu'on réussira à déceler la préparation d'attentats grâce à des interceptions et au renseignement technique, c'est une erreur. Ce n'est pas la panacée. »

La double tuerie de Magnanville en a tristement fait la démonstration. En effet, Larossi Abballa était sur écoute depuis le mois de février, et il le savait parfaitement, comme le raconte son ex-compagne : « Il m'avait dit qu'il était sur écoute par rapport à son ancienne condamnation et qu'il avait une fiche "S". Ça le faisait rire[1]. »

Le policier Christophe Rouget le déplore : « Avant, dans les services de renseignement, la technique était au service de nos collègues ; maintenant, ce sont nos collègues qui sont au service de la technique. La difficulté, c'est le flux. Quand il y a trop d'infos, il faut cibler les plus importantes, et il faut du monde pour analyser. Tout le temps passé à analyser, on ne le passe pas au contact sur le terrain. »

---

1. France Info, 15 juin 2016.

De fait, les sources humaines demeurent l'outil privilégié des services de renseignement extérieur. C'est grâce au « messager » de Ben Laden que la CIA a pu retrouver sa trace au Pakistan, avant de mener l'assaut pour le neutraliser. De même, au Sahel, par exemple, on voit des gamins, des hommes ou des femmes jouer un rôle de relais entre les djihadistes et le monde extérieur. Discrets, n'utilisant pas de téléphone, ils transmettent des messages par écrit ou par oral et ne sont repérables ni par satellite ni par GSM. Ces « messagers » sont nécessaires à la survie des djihadistes cachés dans des zones où l'approvisionnement en nourriture ou en médicaments est compliqué. Ils servent de mules. Ces sources potentielles sont précieuses pour les services de renseignement.

Enfin, les sources humaines sont souvent à l'origine des informations grâce auxquelles la police parvient à déjouer des attentats. Lorsque les enquêteurs remontent les filières, ils tombent toujours sur une « balance » potentielle qu'il faut « retourner » et convaincre de livrer des informations : une date, une heure, un lieu, tout indice majeur qui permettra d'empêcher une opération – ce qui est la mission essentielle des hommes du renseignement.

Déjouer des attentats

L'arrestation de Reda Kriket à Boulogne-Billancourt, le 24 mars 2016, deux jours après les attentats de Bruxelles, a permis de déjouer une nouvelle attaque en France. En enquêtant sur une filière djihadiste dont l'un des organisateurs a été mis en examen en 2015, la justice remonte peu à peu jusqu'à Kriket. Le Français de 34 ans passe six jours en garde à vue, une durée exceptionnelle, car, selon le procureur de Paris, le terroriste présumé projetait une action « imminente » et d'une « extrême violence » sur notre sol.

Pour preuve, l'incroyable arsenal « prêt à l'emploi » et « d'une ampleur inédite » découvert dans un appartement d'Argenteuil, dans le Val-d'Oise, que détaille François Molins, comme il en a le secret : « Trois bouteilles d'eau oxygénée, de l'acétone, deux bidons contenant de l'acide, un Tupperware contenant 105 grammes de TATP » – l'explosif « signature » des attentats de l'État islamique. Les policiers découvrent également dans un coffre-fort six fioles de glycérine, de l'acide et 1,3 kilo d'explosif industriel, ainsi qu'un livre intitulé *Le Laboratoire moderne*. L'« appartement conspiratif » abrite en outre plusieurs armes : cinq fusils d'assaut de type kalachnikov et leurs chargeurs, sept armes de poing et un pistolet-mitrailleur d'origine croate, vraisemblablement un Zagi M-91, ainsi que de « très nombreuses munitions ». Enfin, les enquêteurs mettent la main sur cinq passeports français volés, sept téléphones, « dont plusieurs neufs et encore dans leurs emballages », et deux ordinateurs portables contenant « de la documentation en lien avec des groupes djihadistes [et sur] la fabrication artisanale de produits explosifs ». « Si aucune cible précise projetée n'a pu être identifiée, tout laisse néanmoins à penser que la découverte de cette cache a permis d'éviter la commission d'une action d'une extrême violence par un réseau terroriste prêt à passer à l'acte », conclut le procureur.

Depuis août 2013, la DGSI a « bloqué quinze projets terroristes en France[1] », comme le rappelle Patrick Calvar. Il entend saluer les performances de son service, mais aussi faire taire les critiques postattentats. Après les Kouachi & Co, « des voix se sont élevées pour dénoncer doctement le manque de professionnalisme et de capacité d'analyse des services chargés de la lutte antiterroriste », note le

---

1. Audition devant la commission de la défense nationale et des forces armées, Assemblée nationale, 10 mai 2016.

commissaire divisionnaire Philippe Migaux, qui ajoute néanmoins : « Le simple respect du principe d'objectivité aurait dû leur faire rappeler en parallèle que ceux-ci avaient empêché depuis 1996 la perpétration de trente attentats djihadistes sur le territoire national, dont six liés au théâtre syro-irakien[1]. »

Cela voudrait donc dire qu'en vingt ans trente attentats ont été déjoués, dont la moitié au cours des trois dernières années. Doit-on s'en féliciter ou s'en alarmer ? Les deux, mon général ! Certes, cela montre que nos services sont efficaces, mais aussi que la menace a explosé.

Il est difficile d'obtenir des détails sur les attentats déjoués, puisque l'impératif est de protéger la « source » tout en l'incitant à continuer à « parler ». Même des années plus tard, les services qui parviennent à déjouer des attentats restent le plus discrets possible sur l'opération elle-même. Pour nous, le juge Ricard accepte toutefois de revenir sur la période de Noël 1999, où des terroristes s'apprêtent à commettre un attentat contre la cathédrale de Strasbourg :

« À l'automne 1999, les services de renseignement travaillent activement sur des individus jugés dangereux. Ils reçoivent alors un tuyau de services étrangers amis : ces mecs, qui se baladent partout en Europe, sont en train de préparer un coup. On ne sait pas exactement quoi. On a des bribes qu'on essaie de mettre bout à bout, des intuitions aussi, mais il nous manque le gros. Faut-il attendre ? Mais attendre quoi ? On décide d'aller en Allemagne faire des perquisitions "secrètes" – ce n'est pas interdit là-bas. On entre dans l'appartement, on prend des photos, on fouille, et là, dans un coin, on trouve tout le matos pour commettre un attentat, y compris les charges explosives.

---

1. David Bénichou, Farhad Khosrokhavar, Philippe Migaux, *Le Jihadisme. Le comprendre pour mieux le combattre, op. cit.*

Ils allaient faire un véritable carnage. Ça, c'est une certitude. On a même des conversations enregistrées. On a de quoi les serrer, et on les interpelle avant qu'ils ne passent à l'acte.

« Après coup, on a même mis la main sur une cassette vidéo extraordinaire où les mecs se filment en repérage. Ils sont en bagnole, écoutent de la musique afghane et filment tout leur parcours, commentaires à l'appui. C'est le rêve pour nous. On a tous les éléments de preuve : les charges explosives, les intentions, le repérage des lieux. Ce n'est qu'après les arrestations qu'on se rend compte qu'on a été aussi proches de l'attentat. Là, on respire. »

Le magistrat insiste sur la nécessaire « bonne entente » avec les hommes du renseignement. Ainsi, il se souvient que c'est un « détail » – la mise au jour de deux faux passeports rapportés par la DST – qui a permis de remonter la filière dite « des Tchétchènes » et de démanteler tout le réseau dans la foulée. La judiciarisation du renseignement est la clé du succès dans la lutte antiterroriste.

Entre le renseignement et la justice,
une « muraille de Chine »

Quand l'affaire Mohammed Merah éclate en France en 2012, c'est une onde de choc : c'est le premier attentat sur notre sol depuis 1995. La stupeur et l'effroi sont tels que le pays réclame une commission d'enquête. Très vite, on découvre que le jeune tueur toulousain était connu des services de renseignement. L'antenne locale de la DCRI le suit depuis 2006 pour ses liens avec la mouvance salafiste. Quatre ans plus tard, Merah devient même un objectif prioritaire des renseignements intérieurs en raison de son voyage en Afghanistan, qui leur fait craindre une radicalisation accrue. La direction de Levallois, comme on l'a dit plus haut, envisage son recrutement en tant que source, mais les policiers toulousains s'y opposent. Ils demandent au contraire officiellement à la direction parisienne de « judiciariser » le dossier et de l'interpeller. « La patate devient si chaude qu'il faut la passer au judiciaire et passer vraiment à un mode d'action coercitif », traduit en termes plus triviaux le juge antiterroriste David Bénichou. Cette demande restera sans réponse. Les services préfèrent garder Merah sous le coude et continuer à accumuler de l'information. Du point de vue du renseignement pur, cela a du sens : on maintient la surveillance en espérant que cela conduira à d'autres pistes, d'autres hommes, d'autres réseaux. « Seulement, poursuit le juge parisien, il ne faut pas oublier une chose : que fait-on du renseignement ? À quoi ça sert d'accumuler de l'information ? Tous les gens qui commettent des attentats étaient déjà connus des services. Le problème, c'est qu'il existe aujourd'hui une vraie muraille de Chine entre le renseignement et le judiciaire[1]. »

« L'efficacité, c'est d'avoir le juge au cœur du dispositif, affirme l'ancien juge terroriste Marc Trévidic. Sinon, vous accumulez les fiches, les signalements, les écoutes, pour quels résultats ? La frénésie du renseignement ne suffit pas pour lutter contre le terrorisme. Je le répète d'expérience : quand il n'y a pas de preuves pénales, il n'y en a pas. Combien faudra-t-il de renseignements perdus pour comprendre qu'il faut judiciariser la lutte antiterroriste ? [...] Ouvrons les yeux[2] ! »

Tous le reconnaissent : le juste équilibre renseignement-justice est difficile à trouver. Judiciariser trop tôt n'est pas utile. L'autorité judiciaire a besoin d'un filtre, c'est-à-dire d'un traitement en amont par les

---
1. *Dimanche, et après ?*, France Culture, 25 janvier 2015.
2. *Le Temps*, 16 février 2016.

services de renseignement. « Lorsqu'on arrête [quelqu'un] trop tôt avec trop peu d'éléments, les juges se trouvent ensuite contraints de mettre des gens en liberté sous contrôle judiciaire[1] », analyse Trévidic. Mais combien de temps attendre ? L'ancien juge antiterroriste résume ainsi le dilemme : « Tout le problème du traitement des groupes terroristes depuis 1986, c'est la théorie de l'œuf à la coque : 3 minutes, pas plus ! Trop tôt, il n'y aura pas suffisamment d'éléments, le projet ne peut pas être assez caractérisé pour passer devant un tribunal. Trop tard, l'explosion a eu lieu, vous n'avez pas été capables de réaliser votre mission[2]. »

Tout le débat se situe là : jusqu'où ne pas aller trop loin ?

Après les attentats de 2015, la loi sur le renseignement a donné plus de pouvoir aux services. Un pouvoir qui n'est pas contesté galerie Saint-Éloi. « On renforce les services de renseignement, on leur donne beaucoup de moyens, tout cela fait écho au rapport Urvoas, et c'est très bien, approuve David Bénichou. Les services ont besoin d'un cadre juridique pour travailler. » Seulement, ce renforcement pose aussi des problèmes concrets dont il faut avoir conscience : « Tout ce qui est produit par le renseignement est classifié, autrement dit inutilisable judiciairement. Il faut donc passer par ce que l'on appelle une déclassification. Par exemple, si vous interceptez une communication administrativement, ce qui est retranscrit ne l'est pas intégralement. L'enregistrement est détruit au bout de dix jours, après quoi il est perdu pour toujours pour la justice. Une preuve qui disparaît. Il faut donc repenser la

---

1. *Rapport parlementaire sur le fonctionnement des services de renseignement français dans le suivi et la surveillance des mouvements radicaux armés*, présidé par Christophe Cavard, mai 2013.

2. Marc Trévidic, conférence au CERA (Centre d'échanges et de réflexion pour l'avenir), 25 septembre 2014.

manière dont ce qui est produit par le renseignement peut être utilisé par le judiciaire. »

Dans le cas de l'affaire Merah, on l'a vu, la judiciarisation n'a jamais eu lieu. Fin 2011, le jeune homme est repéré par la NSA (National Security Agency) américaine au Pakistan. À son retour, deux agents parisiens de la DCRI le rencontrent lors d'un débriefing à Toulouse. Rien de particulier ne ressort de leur entretien. Deux mois plus tard, le jeune homme assassine sa première victime.

La difficulté est bien de concilier deux logiques : l'une, secrète, celle du renseignement ; l'autre, publique, contradictoire, celle de la justice. Voilà le système schizophrénique dans lequel nos services naviguent.

Car, en France, contrairement à d'autres pays, la DGSI a une double casquette : elle est à la fois un service de renseignement et un service de police judiciaire. En tant que service de renseignement, elle recueille des informations qui, par définition, restent secrètes. Ces informations n'étant pas destinées à être versées à un dossier judiciaire, aucun procès-verbal n'est établi. En revanche, les agents du renseignement rédigent des rapports qu'ils font remonter à leur hiérarchie. Ces documents sont classés « confidentiel-défense » ou « secret-défense », voire « très secret-défense ». Ils ne pourront être déclassifiés que sous certaines conditions, notamment à la demande d'un juge. Lorsqu'un renseignement est jugé suffisamment important, il passe dans le giron de l'autre service, celui de la police judiciaire. Cette fois, ce dernier rédige un PV transmis au parquet de Paris, qui ouvre une enquête sur cette base.

Au lendemain des attentats de *Charlie*, Christiane Taubira, alors ministre de la Justice, se rend au pôle antiterroriste. Entre autres doléances, ses membres réclament de pouvoir appliquer la loi de mars 2011, qui leur donne l'autorisation, tout comme aux services de renseignement, d'introduire à distance des programmes espions – le fameux cheval de Troie. C'est indispensable, expliquent les juges à la ministre, car les communications d'aujourd'hui ne passent plus par des appels vocaux ou des SMS, mais par des services cryptés comme Skype, Viber ou WhatsApp, qui sont très robustes. « Administrativement parlant, l'emploi de cet outil [la loi de mars 2011] par les juges est tellement compliqué que personne ne l'utilise, explique le juge antiterroriste David Bénichou. Même si on a tous les feux verts, ce sont les services de renseignement qui ont monopolisé la totalité des ressources techniques et humaines dans ce domaine, alors qu'eux n'ont pas de cadre juridique pour le faire. »

Vice-président chargé de l'instruction antiterroriste depuis plusieurs années, le juge Bénichou a fait de cette revendication son cheval de bataille. Quelques semaines après son rendez-vous avec la ministre, il enfonce le clou : « Un juge aujourd'hui ne peut toujours pas envoyer un cheval de Troie dans l'ordinateur ou le téléphone d'un terroriste, alors que le mari jaloux le fait contre son épouse, que l'employeur le fait contre son employé. Mais le juge, qui respecte la loi, doit demander l'autorisation à une commission administrative qui dépend du pouvoir exécutif[1]. »

Devant le Sénat, François Molins plaide aussi en ce sens : « Certains services de renseignement, sous le contrôle du juge administratif, peuvent être amenés à décliner des outils et instruments dont le parquet – sous le contrôle du juge judiciaire – ne dispose pas. Il y a là un problème de cohérence[2]. »

---

1. France Inter, 7 avril 2015.
2. Comité de suivi de l'état d'urgence, Sénat, 9 décembre 2015.

EN AMONT : LE RENSEIGNEMENT

Après une bataille de plusieurs mois, les juges ont obtenu en partie gain de cause. Depuis le 3 juin 2016, ils peuvent effectuer ces fameuses captations à distance et verser ces preuves à leur dossier.

7.

Ennemis d'État

> « Ces jeunes djihadistes ont tous un passé délinquant peu glorieux. Ils font partie des minables. »
> Vincent, commissaire aux RT

Malgré ses quarante années d'expérience dans l'antiterrorisme, Patrick Calvar, le patron de la DGSI, cherche toujours à comprendre qui sont ces nouveaux djihadistes : « Nous constatons chez la plupart de ceux que nous arrêtons un profond mal-être ; or la seule idéologie qui leur donne une raison d'exister en ce bas monde est l'extrémisme religieux. Je passe sur le désir d'aventure, de violence, de vivre dans un autre monde. Reste qu'ils détestent notre société. » Et de conclure : « Aussi, si l'on se limite à une réponse sécuritaire, on se trompe[1]. »

La France est dépassée. La vague d'attentats qui la frappe désoriente par le nombre de victimes, la diversité des cibles,

---

1. Audition devant la commission de la défense nationale et des forces armées, 10 mai 2016.

mais aussi par le profil des terroristes et la nouvelle stratégie de communication de l'organisation commanditaire, Daesh.

Djihadistes « made in France »

Beaucoup d'avocats de djihadistes sont jeunes. C'est souvent en commençant leur carrière qu'ils ont croisé par hasard la route de ces hommes partis faire le djihad. Thomas Klotz n'échappe pas à la règle. En 2013, alors qu'il vient de remporter, avec d'autres, le concours d'éloquence du barreau de Paris et se doit, à ce titre, d'assurer la défense pénale d'urgence des affaires les plus graves, il défend son premier client terroriste. Depuis, il en a fait sa spécialité. Cette expérience lui a appris qu'il n'existe pas de profil type. Les niveaux de radicalisation peuvent être très différents. En revanche, il repère un dénominateur commun : « Ce sont des gens totalement perdus, des "mutilés de la République", selon le terme d'un de mes confrères. Ces gens n'ont plus de repères, ils ont un ennui profond dans leur vie. Ils ont été, ou ils sont, appelés par l'idée de rentrer dans l'histoire, de faire quelque chose, de partir, d'avoir un rôle [...] pour la première fois de leur vie. Bien sûr, au final, c'est une grosse manipulation[1]. »

Ces « mutilés de la République » se sont construits malgré tout sur un modèle qui s'apparente désormais au « *Do It Yourself* » anglais. C'est aussi l'analyse de Kalène, l'expert en sécurité privée : « Aujourd'hui, concrètement, c'est simple : le modèle, le profil – appelez-le comme vous voulez –, il n'y en a pas. Un petit jeune du quartier va partir en Syrie pour faire son djihad. Là-bas, il va suivre une formation, militaire surtout. Il va apprendre à fabriquer des bombes, notamment. Puis il rentre en France. Si besoin, il va se servir

---

1. *7-9*, France Inter, 7 avril 2015.

de son réseau de potes – en général, ce sont des petits délinquants. Pour les armes, même chose. Ils fonctionnent exactement de la même façon que les mafieux ou les trafiquants de cité. Je veux des armes ? Je vais voir mon pote pour qu'il me vende des kalachs qu'il achète sur Internet. Ça revient moins cher et c'est moins risqué que de les rapporter de Syrie. En France, ça coûte entre 500 et 700 dollars avec un chargeur de trente munitions. Si t'es un pigeon, ou si c'est super urgent, c'est 2 000 dollars. »

C'est ça, le mode de fonctionnement de l'EI *made in France*. D'un côté, des combattants partis en Syrie puis renvoyés dans leur pays ou zone d'origine pour y commettre des tueries ; de l'autre, une logistique fournie sur place grâce à des contacts relais, des appuis locaux, des copains de quartier qui assurent les planques, les voitures, les armes, le tout à proximité des lieux d'attentat. François Molins a une formule percutante pour résumer la situation : « Certains avaient qualifié Merah de "loup solitaire". Je n'utilise plus ce terme. Nous sommes face à une forme de terrorisme *low cost*[1]. »

*« On m'a demandé de rendre service,
j'ai rendu service, monsieur »*

18 novembre 2015, 7 h 30, Saint-Denis. Alors que l'assaut du RAID se poursuit à quelques mètres de là, rue du Corbillon, devant les télévisions du monde entier, la France découvre de façon totalement impromptue Jawad Bendaoud. L'homme, à son insu, offre au pays la première occasion de sourire depuis cinq jours. Lunettes rectangulaires, sacoche en bandoulière, accent des banlieues et langue bien pendue, il semble passablement énervé. Répondant à une journaliste de l'AFP, il explique que c'est un ami qui lui a demandé

---

1. Comité de suivi de l'état d'urgence, Sénat, 9 décembre 2015.

de rendre service et « d'héberger deux de ses potes pour quelques jours. J'ai dit qu'il n'y avait pas de matelas, ils m'ont dit : c'est pas grave. Ils voulaient juste de l'eau et faire la prière. Ils venaient de Belgique ».

Quelques minutes plus tard, il poursuit son récit devant les caméras de BFM TV : « J'ai appris [...] que les individus sont retranchés chez moi et que, voilà. J'étais pas au courant que c'étaient des terroristes, moi. On m'a demandé de rendre service, j'ai rendu service, monsieur. On m'a dit d'héberger deux personnes pendant trois jours, j'ai rendu service. Normal. Je ne sais pas d'où ils viennent, on est au courant de rien, monsieur. Si je savais, vous croyez que je les aurais hébergés ? »

L'homme n'a pas le temps de finir sa phrase qu'un policier en train d'écouter discrètement la conversation le tire de côté et l'embarque. Son interpellation en direct et l'incongruité de son témoignage en font immédiatement la risée des réseaux sociaux. La vidéo de BFM TV, qui passe en boucle, est détournée à tout-va. Le collectif « Divertissons-nous » imagine un dialogue virtuel entre Louis de Funès, le commissaire Juve de Fantômas, et le prévenu Bendaoud, où le colérique policier tente d'extorquer des aveux au placide logeur : « J'étais pas au courant que c'étaient des terroristes, monsieur ! — Tu mens, tu mens, tu mens ! Il ment ! »

Après six jours de garde à vue, Jawad Bendaoud est mis en examen pour « association de malfaiteurs criminelle en relation avec une entreprise terroriste » et placé à l'isolement à la maison d'arrêt de Villepinte (Seine-Saint-Denis). De sa cellule, l'homme écrit régulièrement aux juges d'instruction pour clamer son innocence. Il se plaint d'être le « bouquet missaire » (*sic*) de cette affaire : « Depuis ma sortie de prison, je n'ai même pas préparé un repas et vous me parlez de préparer des attentats. Je n'ai rien à voir avec tout ça. »

L'ancien caïd de Saint-Denis peut prêter à sourire, toujours est-il qu'il est à l'image de ces nouvelles recrues : des petites frappes et des dealers de shit. Dans le quartier qui l'a vu grandir, tout le monde connaît Jawad et son passé de délinquant. « Il n'est pas méchant, juste un peu naïf », dit une voisine de la rue du Corbillon. Didier Paillard, le maire communiste de Saint-Denis, le décrit comme « un caïd embauché par des marchands de sommeil pour loger au black des "personnes de passage" dans les immeubles insalubres qui sont légion en ville ». De fait, c'est son nouveau *business* depuis sa sortie de prison en 2013. Il y a purgé une peine de huit ans après une condamnation par la cour d'assises de Saint-Denis dans une affaire de coups mortels.

« Jawad, ce n'est pas de la criminalité organisée, nous confie le juge antiterroriste en charge du dossier. C'est de la criminalité à la petite semaine. C'est de la débrouille. » En faisant appel à ce genre de personnage, Abdelhamid Abaaoud, le logisticien présumé des attentats de Paris, fait coup double. C'est un homme qui connaît bien le quartier, suffisamment *border line* pour ne tiquer devant aucune demande, et en même temps un peu benêt.

Mais comment les routes de ces deux hommes en sont-elles venues à se croiser ?

Le 13 novembre au soir, après avoir mitraillé des terrasses et tué près de quarante personnes, Abdelhamid Abaaoud et son complice Chakib Akrouh quittent la capitale en voiture et filent vers la banlieue est. Vers 22 heures, le portable d'Hasna Aït Boulahcen, 26 ans, cousine d'Abaaoud, reçoit les premiers appels de Belgique. Au bout du fil, Mohamed Belkaïd, cet Algérien de 35 ans inconnu des services antiterroristes français qui s'occupe du soutien logistique des commandos. S'il prend contact avec la jeune femme, c'est pour organiser le repli des deux fuyards. Hasna, très amoureuse d'Abaaoud, ne pourra rien lui refuser.

Deux jours plus tard, Mohamed Belkaïd l'appelle à nouveau en lui demandant de trouver une planque aux deux hommes. Lorsqu'elle reçoit ce coup de fil, Hasna se trouve avec son amie Sonia, qui racontera les faits quelques mois plus tard dans une interview accordée à RMC[1]. Sonia l'accompagne à une adresse située à Aubervilliers, en contrebas de l'autoroute. Là, elles voient Abaaoud sortir d'un buisson – le fameux « buisson conspiratif » des enquêteurs. « Pour moi, c'était un Roumain, se souviendra Sonia. Il avait un bob sur la tête, baskets orange, le Bombers… Il avait des cheveux légèrement ondulés qui arrivaient au niveau des oreilles. C'était le Roumain qui te demande de laver ta vitre ou qui fait la manche. Hasna le regarde, elle lui saute dans les bras, l'embrasse… Et lui, il rigole, il est heureux. Il lui dit : "Je t'ai appelée parce qu'il faut que tu nous trouves un hébergement pour deux ou trois jours, et que tu ailles nous acheter des costumes et des chaussures." » Il est vrai qu'avec ses baskets orange, Abaaoud n'est pas très discret. Le parcours du terroriste a pu être facilement reconstitué sur les caméras de surveillance grâce à ces chaussures de couleur vive. Elles seront également le premier élément qui permettra son identification après sa mort lors de l'assaut de Saint-Denis, trois jours plus tard.

Ce jour-là, Sonia apprend aussi qu'Abaaoud n'est pas venu seul : « La France c'est zéro… On est rentrés sans documents officiels. On est venus à plusieurs, il y a des Syriens, des Irakiens, des Français, des Allemands, des Anglais. On est rentrés à 90, on est un peu partout en Île-de-France. »

Hasna remue ciel et terre pour trouver une solution de repli, malgré les protestations de Sonia, qui tente de la dissuader : « Hasna, je t'en supplie ! Arrête d'appeler tout le monde, parce que tu vas mettre des gens en danger. Ton cousin est un terroriste qui a tué des gens dans le Xe ! Personne ne va t'aider. La meilleure chose à faire, c'est d'appeler la police. — Non, non, il ne faut pas appeler la police.

---

1. Document exclusif RMC, 4 février 2016.

C'est mon cousin, il faut comprendre… Il va terminer son travail, puis il va partir. » La jeune femme énamourée ne veut rien entendre. Elle est prête à tout pour son « cousin du bled ».

« S'il te plaît, ma sœur, trois jours max », écrit-elle à une copine. « Tu connais personne ma sœur ? *Wallah*, il dort dans les buissons, j'ai même pas d'argent, je pleure », insiste-t-elle. « Mais pourquoi tu fais pas le 15 ? » lui suggère une amie. Hasna ne prend aucune précaution : « Non, c'est celui de la Syrie, wesh, celui qui est passé à la télé. » Et elle précise que, pour déjouer les contrôles, il est entré en France « avec les réfugiés ».

« Elle avait très peu de temps pour lui trouver un logement, résume un avocat. Elle a appelé la terre entière. Elle a même appelé un de ses ex qu'elle n'avait pas vu depuis longtemps. Elle était prête à tout en contrepartie du logement. Lui a refusé. Elle a vraiment tout essayé. Elle était amoureuse. »

La jeune femme finit par tomber sur Jawad Bendaoud. C'est un ami commun qui les présente. Ils se parlent au téléphone dans l'après-midi du 17 et tombent d'accord : moyennant finance, Jawad laisse son appartement aux deux hommes en cavale et n'exige aucun reçu en échange. Hasna se précipite au bureau de poste – elle arrive *in extremis* avant la fermeture – pour récupérer un virement de 750 euros de la Western Union de Bruxelles. C'est Mohamed Belkaïd qui l'a effectué. Avec cet argent, le logisticien lui demande, outre de payer Jawad, d'acheter un nouveau téléphone à Abaaoud.

À 22 heures, Hasna va récupérer son cousin et son complice Chakib Akrouh à Aubervilliers pour les conduire à la planque. Le trio est accueilli par Jawad en personne, ce qui fera dire au procureur Molins que celui-ci « ne pouvait douter, au vu des échanges avec Hasna, au vu des modalités de la mise à disposition de cet appartement, au vu du comportement des individus hébergés, au vu enfin du contexte d'attentats venant d'être commis sur le territoire national, qu'il prenait part en connaissance de cause à une organisation terroriste ». La justice va devoir décider de son degré d'implication dans cette affaire.

De la « petite frappe » au criminel

Les amis de Jawad confirment qu'il n'est pas radicalisé : « Il danse, il a rien à voir avec ça. C'est un mec sexe, drogue, alcool. Il sait même pas où c'est la mosquée[1] », assure son copain Sami. En revanche, c'est un « frère ». Et cette solidarité « fraternelle » est ce qui permet aux terroristes d'avoir des relais, compliquant drastiquement la tâche de ceux qui les traquent, comme l'a parfaitement illustré la fuite de Salah Abdeslam en Belgique.

Le juge que nous avons rencontré galerie Saint-Éloi ne cache pas son inquiétude quant au réseau de soutien autour des présumés terroristes : « Un terroriste en cavale ne bénéficiera pas de l'aide d'un gros réseau criminel. Il va aller chez les frères. Le gros problème, c'est qu'on a des tas de gens qui ne sont pas des terroristes, en ce sens qu'ils ne vont pas aller déposer une bombe ou commettre un attentat, mais qui vont, au nom de la fraternité musulmane, rendre service à des gens sans trop poser de questions. Quelqu'un qui revient de Syrie, par exemple, personne ne va le signaler aux policiers. Vous devez ouvrir la porte à un frère, vous devez héberger un frère, cela fait partie des principes de la religion. On ne peut pas du tout exclure que des gens comme, mettons, les frères Clain reviennent avec des faux papiers – et ils en ont – en prenant la précaution de ne pas prévenir leur entourage. Ils peuvent facilement séjourner en France sans qu'on le sache pendant un bout de temps. »

---

1. *La Voix du Nord*, 24 novembre 2015.

« Ces jeunes djihadistes ont tous un passé délinquant peu glorieux. Ils font partie des minables », constate Vincent, commissaire aux RT. Alain Chouet, ancien chef du service de renseignement de sécurité de la DGSE, confirme : « Ce sont souvent, en effet, des délinquants ratés, que ce soit les frères Kouachi, Coulibaly ou Salah Abdeslam. C'est là-dessus que jouent un certain nombre de recruteurs au Moyen-Orient. Ces types-là ne trouvant même pas leur mode d'expression dans la délinquance, on va réorienter leur violence vers autre chose. »

Un tel mélange des genres remonte aux années 90. Le premier de ces « hybrides », mi-criminels, mi-délinquants, est Khaled Kelkal. Avant de poser des bombes en 1995, Kelkal était un petit délinquant de droit commun ayant suivi un stage à l'UOIF (Union des organisations islamiques de France) à Saint-Étienne.

Le juge antiterroriste, qui voit défiler tous ces djihadistes dans son bureau, constate également : « On a une proportion relativement importante d'anciens braqueurs, d'anciens voyous qui se sont radicalisés en prison, et ceux-là, pour nous, c'est une population assez problématique, car ils sont très rompus aux techniques d'enquête. Ceux qui ont fait de la prison à plusieurs reprises, qui sont tombés pour trafic de stupéfiants ou braquage, connaissent très bien nos méthodes. Ils savent parfaitement quoi faire pour se dissimuler et passer inaperçus. » Si les réseaux criminels peuvent être utiles aux islamistes, l'inverse n'est pas forcément vrai : « Ça gêne le *business*, ajoute-t-il, c'est pas leur came. Ce sont des mecs qui passent leur temps à fêter ça au champagne avec des filles, ce n'est pas du tout la même mentalité. »

La porosité entre banditisme et terrorisme s'explique en grande partie par les besoins de financement. L'argent, c'est le nerf de la guerre. Même si le terrorisme « *low cost* » ne nécessite pas d'énormes moyens, les sources de financement sont multiples, à base de petites escroqueries, d'arnaques à la CAF ou au crédit bancaire, de trafics locaux de stupéfiants ou de braquages. Les organisations terroristes se servent de leurs connexions avec les réseaux de criminalité, notamment pour se procurer des armes. « Les islamistes, les kalachnikovs, ils ne les pondent pas, ils les achètent à des réseaux criminels, rappelle le juge du pôle antiterroriste. Par exemple, Kouachi et Coulibaly, leurs armes provenaient d'un réseau qui faisait l'objet d'un dossier à la JIRS [juridiction interrégionale spécialisée, responsable de la lutte contre la criminalité organisée] de Lille pour trafic d'armes. L'argent n'a pas d'odeur ! »

Les armes transitent souvent par la Belgique, dont la législation en la matière est très laxiste : « En Europe, vous ne pouvez pas vendre un camembert s'il n'est pas ceci-cela, mais par contre les conditions de démilitarisation des armes varient d'un pays à l'autre, poursuit le juge. En France, une arme est démilitarisée si le canon est percé en trois endroits, si le percuteur est retiré, etc. Autrement dit, une arme démilitarisée en France ne peut pas être remilitarisée, même par un armurier génial. En Belgique, en revanche, une arme est démilitarisée si elle a un vague petit trou dans le canon. Autant dire qu'en dix minutes un armurier parvient à la réparer. Du coup, le grand sport consiste à acheter en toute légalité des armes démilitarisées, puis à les remilitariser dans un petit atelier afin de les revendre facilement. »

Les armes proviennent majoritairement des pays de l'Est et circulent même en bus, comme a pu le constater Kalène : « On surveille la terre, la mer, les airs, mais personne ne surveille les bus. Le chauffeur de bus, tu peux lui mettre cinq sacs sans étiquette avec des kalachs dedans, ils s'en foutent, chez Eurolines. Une kalach pliée en deux, sans le chargeur, c'est pas gros, ça tient tranquille dans un sac... Moi, je le prends souvent, le bus, et personne ne me contrôle. La carte d'identité, il n'y connaît rien, le chauffeur. Il ne sait pas lire le cyrillique, par exemple. Le sac, ce n'est pas son job de le vérifier ou de le fouiller. Il suffit de ne mettre aucune étiquette sur ton bagage. Si jamais il y a un contrôle de police et qu'ils font descendre tout le monde du bus, tu laisses les sacs pleins de kalachs, et c'est bon. Les bus, c'est le premier réseau de trafic d'armes », conclut-il sur un ton pragmatique.

Règle numéro un du parfait djihadiste :
« passer sous les radars »

Avant, un apprenti djihadiste partait se former au pays. Il y passait au minimum deux ans : un an pour apprendre le Coran, un an pour devenir un vrai combattant, c'est-à-dire apprendre à manier des armes, des explosifs, acquérir les techniques de dissimulation... Ainsi, Saïd Kouachi, par exemple, est passé par l'Égypte, puis par le Yémen.

Bernard Squarcini souligne le changement d'époque : « Un Mohammed Merah, il va se former en quinze jours, contre deux ans auparavant. Lui, son apprentissage est furtif. Il passe du côté délit de droit commun, petite économie de banlieue toulousaine, pour ensuite se convertir et aller sur place. Il déjoue tous les pièges, roulant tout le monde dans la farine, y compris les Américains. »

Aujourd'hui, plus besoin de voyager. Pas le temps, non plus. Certains se forment lors de stages commando en France, comme Larossi Abballa, qui a appris à « égorger des lapins » dans une forêt du Val-d'Oise. D'autres apprennent le maniement des explosifs directement sur Internet, comme le raconte Yves Trotignon : « Les explosifs, ce n'est pas si simple à apprendre, mais il y a de bons tutoriels sur Youtube. En plus, maintenant, les cours ne sont pas toujours en arabe. Les vidéos sont très bien faites. Avec une GoPro ou une webcam, le type filme son labo et détaille les étapes avec un chrono. Par exemple, au bout de dix minutes, votre matière doit avoir telle consistance. Si ce n'est pas le cas, c'est qu'il y a un problème. Etc. »

Pour les faux papiers, les islamistes ont leurs propres réseaux de fabrication. En effet, l'organisation État islamique a pris le contrôle des administrations publiques en Syrie, en Irak et en Libye. Au passage, elle a subtilisé des milliers de passeports vierges et les machines nécessaires à la production de ces papiers d'identité. « On estime à environ 200 000 le nombre de vrais-faux passeports syriens qui circulent, assure Yves Trotignon. Une fois qu'ils ont le passeport, ce n'est pas difficile : ils n'ont plus qu'à choisir leur filière de retour. » Ainsi, les trois terroristes du Stade de France avaient de faux papiers fabriqués par des faussaires islamistes. On se souvient aussi d'Abaaoud se vantant de la facilité avec laquelle il avait pu se balader en Europe sans être inquiété.

« Pour les filières de retour, plusieurs possibilités s'offrent à eux, poursuit l'ancien agent de la DGSE. Soit ils passent avec un passeport, de manière visible, et ils se font ramasser. Il y en a qui préfèrent cela. Ils ont intégré la case prison dans le parcours. Une prison française, ce n'est pas très glamour, mais ça va. Ils considèrent que cela fait partie des étapes. En plus, derrière les barreaux, ils pourront faire du prosélytisme pour la cause. Soit ils choisissent les filières clandestines. Là, ils passent par des zones connues : la Belgique, le sud de l'Italie ou les pays de l'Est. Une fois qu'ils sont dans Schengen, ils vont où ils veulent. C'est la richesse de l'Union européenne : chacun circule librement, les civils comme les criminels clandestins. La seule chose à faire, c'est d'être discret, de ne pas téléphoner avec un téléphone connu, et surtout pas à des gens que l'on connaît. Mais ça, ils le savent. Pour le 13 novembre, ils ont fait exactement ce qu'on leur a appris : ils sont passés sous les radars. »

L'Europe est ainsi faite, et cela complique singulièrement la tâche des services de renseignement. « On a affaire à un terrorisme transnational qui se moque des frontières, note un général à l'État-major des armées. Il utilise toutes les facilités qu'offre notre siècle : la mobilité touristique, financière, professionnelle, et la liberté de mouvement. »

Un haut responsable du renseignement intérieur ajoute : « C'est tout notre problème : on est aveugles à l'intérieur de Schengen, car il n'y a plus de frontières, et on est relativement démunis à l'extérieur, car la surveillance des frontières est tout sauf parfaite. C'est un vrai casse-tête. On peut toujours dire : c'est une faille des services ! La réalité, c'est qu'on a conçu l'Europe comme un grand espace de liberté de circulation et qu'on n'en a pas tiré les conséquences au niveau des frontières extérieures. »

C'est sur ces questions que se cristallise le débat autour du PNR, pour Passenger Name Record. « Il est plus que jamais nécessaire que l'Europe adopte le texte sur le PNR, martèle Manuel Valls à l'Assemblée nationale cinq jours après les attentats de novembre. […] C'est une condition de notre sécurité collective. » De son côté, François Hollande vient d'exiger un vote « sans délai » sur ce texte. Mais, à Bruxelles, le sujet est un vieux serpent de mer.

Alain Juillet, aujourd'hui président de l'Académie de l'intelligence économique, détaille : « Le PNR est un fichier qui permet de savoir qui se balade et où, mais il n'empêche pas les gens de se balader. S'il était en place, cela nous permettrait de repérer certains djihadistes – pas tous – parmi ceux qui font des allers-retours, car ils passent par la Grèce, la Tunisie, la Jordanie ou la Mauritanie. C'est le seul moyen de les tracer. »

Après le choc du 11 septembre, les États-Unis ont instauré une surveillance accrue de tous les passagers entrant sur leur territoire. En 2012, après de longs débats, ils ont contraint l'Europe à voter le « PNR euro-américain » : les pays de l'UE communiquent les données des passagers des vols transatlantiques aux Américains, ce qui permet à ces derniers de les intégrer dans leur propre base de données.

Pourquoi ce qui a pu être fait en direction des États-Unis ne peut-il pas l'être au sein même de l'Europe ? « Les Européens ne sont pas d'accord entre eux, analyse Alain Juillet. Nous, on a une exigence sécuritaire très forte, car aujourd'hui les Français ont peur. Ils sont prêts pour cela à abandonner une partie de leur liberté personnelle. Les Italiens, les Espagnols sont un peu sur la même ligne. Les pays du Nord, eux, ils s'en foutent : ils pensent que cela ne concerne que les Français, parce qu'on fait la guerre. Nous sommes dans une Europe à deux vitesses. Peut-on arriver à une convergence d'opinions pour instaurer une politique commune ? Sans elle, comment assurer la sécurité ? Aujourd'hui, on voit bien que les réseaux sont internationaux : l'ordre vient de Syrie, l'attentat se prépare en Belgique et il est exécuté en France. Au milieu de tout cela, les hommes transitent. On paie très cher notre différend intra-européen. »

Finalement, le 14 avril 2016, après cinq années de débats houleux et au milieu de l'onde de choc internationale créée par les attentats de Paris et de Bruxelles, le PNR a été voté au Parlement européen à Strasbourg.

« L'évolution des technologies pose problème, note la juge antiterroriste Laurence Le Vert. Pour les djihadistes, c'est une arme de guerre[1]. » Bernard Squarcini souligne le même décalage : « Aujourd'hui, il y a une différence de *modus operandi*. Ce n'est pas nous qui choisissons nos adversaires. Nous, on essaie d'anticiper la menace, sa forme et sa profondeur. »

Dans sa nouvelle stratégie de communication, en effet, l'État islamique se détourne des médias traditionnels et

---

1. Comité de suivi de l'état d'urgence, Sénat, 9 décembre 2015.

multiplie les revendications immédiates via la Toile. Ainsi, après avoir assassiné le couple de policiers dans les Yvelines, Larossi Abballa se filme durant treize minutes via Facebook Live. La vidéo est publiée par l'agence Al-A'Maq, liée au groupe djihadiste. Elle circulera pendant plusieurs heures avant de disparaître – on peut d'ailleurs se demander pourquoi elle n'a pas été désactivée plus tôt.

Tous s'accordent à reconnaître l'importance majeure des médias dans le fonctionnement d'une organisation terroriste, en particulier Daesh, comme le rappelle le juge David Bénichou : « Daesh ne vit que par son impact médiatique. On fait d'une poignée de meurtriers un phénomène avec une caisse de résonance médiatique mondiale. On leur donne une importance énorme. Et on légitime à leurs yeux l'intérêt de leurs actions. Ce n'est pas nouveau, bien sûr[1]. »

Margaret Thatcher ne disait-elle pas : « Les médias sont l'oxygène du terrorisme » ?

---

1. *7-9*, France Inter, 7 avril 2015.

8.

L'assaut

> « L'assaut de l'Hyper Cacher, on nous le présente comme un mélange de Fort Alamo, de Kolwezi et d'Omaha Beach, mais c'est nul ! [...] Il y a ce pauvre type tout seul qui avance, et, derrière, quarante gars qui font le ballet russe. »
>
> Yves Trotignon, ancien membre
du Service Action à la DGSE

Acte 1 : 13 novembre

Un vendredi soir à Paris. En ce début de week-end, les Parisiens profitent en terrasse de températures très douces pour la saison. À Saint-Denis, la France rencontre l'Allemagne, championne du monde en titre, en match amical de football. Le président François Hollande est présent au Stade de France.

À 21 h 20, une première explosion retentit à l'extérieur du stade. Refoulé à la hauteur de la porte D parce qu'il n'a pas de ticket, un premier kamikaze s'est fait sauter.

À l'intérieur de l'enceinte, la déflagration passe quasiment inaperçue. Des spectateurs diront par la suite avoir pensé à un « pétard » ou à une « bombe agricole ». Dix minutes plus tard, deuxième explosion, au niveau de la porte H cette fois. Le défenseur des Bleus Patrice Evra marque un temps d'arrêt, surpris par le bruit, avant de faire une passe en retrait. Puis une troisième explosion se fait entendre.

À cette heure-là, Christophe Molmy, patron de la BRI, dîne chez lui en famille. Son chef de groupe l'appelle : « Un policier de la sécurité publique vient de m'informer que ça a pété au Stade de France. Il y aurait des morts. » La police judiciaire confirme les attaques kamikazes. Quelques minutes plus tard, Christophe Molmy reçoit un SMS d'un ami : « Il y a des tirs dans un bar rue de Charonne. » Le signe d'une attaque coordonnée. Le patron de la BRI mobilise tout le service et lui donne rendez-vous au 36, quai des Orfèvres : « Vous montez, vous prenez du lourd, des boucliers, un peu d'explosifs, des grenades, on se retrouve en bas. »

Il est 21 h 53. Au Stade de France, le match se poursuit sans encombre. La France l'emportera devant son public 2 à 0.

Au Bataclan, c'est le groupe de rock californien Eagles of Death Metal qui se produit ce soir-là devant mille cinq cents personnes. La salle est pleine, l'ambiance bon enfant. Dehors, trois hommes sortent d'une voiture noire garée devant le 50, boulevard Voltaire. À 21 h 42, juste avant de pénétrer dans la salle, l'un des membres du commando envoie le fameux SMS « On est parti. On commence » puis jette le téléphone dans une poubelle. Il sera retrouvé quelques heures plus tard par les policiers. Les trois hommes se dirigent vers le bar et ouvrent le feu. Sur scène, le groupe est en plein milieu de sa chanson *Kiss the devil*.

« Planquez-vous ! » : après vingt secondes de tirs d'armes automatiques, ce sont les premiers mots captés par l'enregistreur qu'a abandonné un spectateur au balcon. L'appareil va mémoriser chaque tir, chaque bruit, chaque mot prononcé ce soir-là, jusqu'à l'assaut des forces de l'ordre, plus de deux heures après le début de l'attaque.

Les rockeurs américains quittent précipitamment la scène, les lumières se rallument. Dans la fosse, des spectateurs se couchent, feignant d'être morts. Les terroristes tirent au coup par coup, pas en rafale. « Celui qui bouge, je le tue, tu vas voir, toi ! » lance un terroriste. « J'avais dit de ne pas bouger ! » Les assaillants se montrent cyniques et détachés. « Allez-y, levez-vous, ceux qui veulent partir, partez ! » crie l'un d'eux, avant de tirer sur tous ceux qui se sont relevés.

Les tireurs font une pause. « Il est où, le chanteur ? Ils sont où, les Ricains ? C'est un groupe américain, avec les Américains vous bombardez, donc on s'en prend aux Américains et à vous. » Tandis que les terroristes rechargent leurs armes, des spectateurs en profitent pour fuir par la sortie de secours la plus proche, à gauche de la scène. Un vigile leur ouvre la porte, mais un troisième homme les attend dehors et les mitraille.

De sa fenêtre, Daniel Psenny, journaliste au *Monde*, filme avec son téléphone portable. Pensant d'abord à une bagarre qui aurait mal tourné, il capte des images surréalistes de gens paniqués, courant, criant, tirant des corps de personnes blessées. Une femme enceinte accrochée à une fenêtre est suspendue dans le vide ; un homme vient l'aider. Scènes de chaos passage Saint-Pierre-Amelot.

En même temps que les explosions au Stade de France et quelques minutes avant le début de l'attaque contre le Bataclan, un troisième commando a commencé à répandre la mort et la terreur dans les rues de Paris, visant des terrasses dans les Xe et XIe arrondissements. Le Carillon, le Petit Cambodge, la Bonne Bière, Casa Nostra, la Belle Équipe : ils vident les chargeurs de leurs kalachnikovs, tirant à l'aveugle. Quand Sophie, major de police dans le XXᵉ arrondissement, arrive à la Belle Équipe avec ses coéquipiers, croyant se trouver face à une classique bagarre de rue ou à un règlement de comptes, elle découvre un spectacle inimaginable : « Ce sont des scènes de guerre. Des scènes qu'aucun policier n'avait pu voir avant. La première vue que j'ai, c'est une femme qui a encore un verre à la main et qui est morte. Il y a aussi ce jeune homme contre la vitre, très beau, décédé aussi. Là, je me dis : j'arrête de regarder les visages, car je vais reconnaître quelqu'un que je connais. Je regarde mon collègue et je lui demande s'il y a des blessés. Il me dit : "Arrête, ils sont tous morts." On se secoue les uns les autres et je demande des renforts[1]. »

En une demi-heure, le commando des terrasses vient de laisser près de quarante morts derrière lui et plus de cinquante blessés. Le Plan blanc – le plan urgence extrême des hôpitaux de Paris – est activé. Sur les cent équipes disponibles (un médecin, un infirmier, un ambulancier), soixante sont déployées. Les secours ont du mal à accéder aux lieux des attentats, ne sachant pas toujours où se diriger. Aux commandes du dispatch, le professeur Pierre Carli, médecin-chef du Samu : « Le problème des secours, c'est que les attaques sont toujours en cours. La police nous dit de faire attention, car ce n'est pas sécurisé, que l'on ne peut pas y aller[2]. »

Il n'est pas encore 22 heures. À l'intérieur du Bataclan, des centaines de personnes sont prises au piège, à la merci de trois hommes armés de kalachnikovs et ceinturés de gilets explosifs. D'autres sont parvenues à se cacher çà et là, dans une loge, un bureau ou dans les combles. Elles appellent les secours à voix basse pour qu'on leur vienne en aide. Faute d'avoir un contact direct avec la police, le réseau étant saturé, les otages se rabattent sur leur famille ou leurs amis.

---

1. *Zone interdite*, M6, 24 avril 2016.
2. *Ibid.*

Caroline Langlade est de ceux-là : « Il a fallu que j'appelle ma maman à Nancy pour qu'elle appelle la police et leur communique les informations. » Un peu plus tard, elle entre finalement en contact avec la police, mais la conversation tourne court : « La personne m'a demandé de parler plus fort. Je lui ai expliqué que j'étais otage et que le terroriste était toujours derrière la porte. La policière m'a répondu : d'accord, mais vous êtes en train de bloquer la ligne pour une réelle urgence[1]. » L'ex-otage est encore sidérée par cette réponse lorsqu'elle en fait le récit, quelques mois plus tard, devant les députés de la commission parlementaire.

À 22 h 08, un commissaire de la BAC (bridage anticriminalité) et son conducteur, en maraude dans le quartier, se détournent vers le Bataclan. Près d'une porte de secours de la salle de spectacle, ils croisent une patrouille Sentinelle[2]. Le commissaire interpelle le gradé : « Allez ! On y va ! » L'autre répond : « Non, j'ai pas d'ordres pour bouger. » Le commissaire insiste : « Alors, passe-moi ton Famas ! » Ce sera non, là encore. Un militaire ne se défait pas de son arme et ne reçoit d'ordres que de sa hiérarchie, même un soir d'attentat. Il risque son job.

Équipés chacun d'un gilet pare-balles léger et d'une arme de service, les deux policiers de la BAC décident de pénétrer dans la salle de concert : « De l'extérieur, on entendait des rafales d'arme automatique. Les portes battantes de la salle se sont ouvertes d'un coup et une foule s'est mise à courir vers nous en hurlant. Les tirs retentissaient toujours. Ce

---

1. *Rapport de la commission d'enquête de l'Assemblée nationale relative aux moyens mis en œuvre par l'État pour lutter contre le terrorisme depuis le 7 janvier 2015*, op. cit.
2. L'opération Sentinelle a été déployée par l'armée française au lendemain des attentats de janvier 2015 pour sécuriser des « points sensibles ».

qui nous surprend immédiatement, c'est la lumière extrêmement forte, qui nous aveugle. Et puis des centaines de corps, les uns sur les autres. »

Le commissaire aperçoit l'un des trois terroristes, kalachnikov pointée sur un spectateur. « Kalach devant ! » lance-t-il à son équipier. Le terroriste, fixé sur son otage, ne les voit pas. Le commissaire s'entraîne régulièrement, en dehors de ses heures imposées, dans un club de tir sportif. Il pense qu'il va se faire tuer : le type a une arme d'assaut, lui n'a qu'un pistolet automatique. Mais il vise le terroriste et l'atteint de plusieurs balles. Ce dernier est « neutralisé », comme on dit dans le jargon des forces de l'ordre.

Ils tirent « jusqu'à ce qu'il tombe », se faisant exploser au passage. L'otage a pu fuir et se mettre à l'abri. Sans attendre la BRI, ils repartent à l'intérieur de la salle : « Nous n'avons pas hésité une seconde. On ne peut pas laisser ces pauvres gens se faire massacrer à l'intérieur et rester comme ça dehors sans rien faire[1] ! »

À partir de cette intervention, plus un seul coup de feu ne sera tiré jusqu'à ce que l'assaut soit donné, deux heures plus tard. « Ce sont eux qui ont permis d'arrêter le massacre, reconnaît le chef de la BRI, Christophe Molmy. Cela a permis de figer la situation[2]. »

Pendant ce temps-là, le directeur de la police judiciaire, Christian Sainte, appelle le patron de la BRI pour dérouter la brigade vers le Bataclan. Dans son fourgon, la deuxième équipe charge le « Ramsès », le plus gros bouclier blindé de la brigade. Les hommes ont sur eux leur équipement le plus lourd : 35 kilos de gilet et casque à visière. Le RAID est également déployé. Il est 22 h 15 lorsque les deux unités s'accordent pour intervenir. Georges Salinas, chef adjoint

---

1. *Ouest-France*, 2 avril 2016.
2. iTélé, 19 novembre 2015.

de la BRI, explique : « Notre mission, c'est de détecter s'il y a encore des terroristes et les neutraliser. Ça, c'est notre première mission. Après, bien évidemment, c'est de sauver le plus de monde possible[1]. » Généralement, ces hommes ont affaire à des malfrats appartenant au grand banditisme, lourdement armés et dangereux, certes, mais n'ayant pas pour vocation de mourir en martyrs en actionnant une ceinture ventrale bourrée d'explosifs et d'écrous.

« La BRI n'a rien à foutre là, elle ne fait pas dans le terrorisme urbain, tempête Yves Trotignon. Quant au RAID, ils ne sont pas formés pour, ils n'ont pas la doctrine, ils n'ont pas le "retex", le retour d'expérience. Eux, leur doctrine, c'est de rentrer dans un bâtiment une fois qu'il est sécurisé. » Selon cet expert, les seuls réellement formés à ce genre de situation, et qui auraient dû intervenir ce soir-là, ce sont ceux du GIGN, le Groupe d'intervention de la gendarmerie nationale. Seulement, ils n'ont pas compétence à intervenir en ville.

« Les gars du GIGN ont des défauts, mais ils ont une approche très militaire, de planification, et donc de compréhension, relève un autre spécialiste de la sécurité. Cela fait des années qu'ils travaillent sur ces sujets-là. Ils ont étudié les attentats au Pakistan, au Kenya. Leur doctrine d'emploi est la plus adaptée à ce mode opératoire, qu'ils décortiquent depuis des années. Donc, sur ce genre de prise d'otages, on rentre. Ça flingue encore, on rentre. On prend des coups, on rentre quand même. Pour le Bataclan, l'affaire est trop lente, car la BRI et le RAID se pignolent pendant une heure et demie pour savoir qui va y aller. Ils n'ont pas le plan, alors que c'est un lieu sensible. Bref, ils ne veulent pas y aller tant qu'il n'y a pas de sécurisation interne. En gros, vous y allez quand il n'y a plus aucun risque. C'est un scandale. »

---

1. *Zone interdite*, M6, 24 avril 2016.

À l'intérieur du Bataclan, l'attente s'éternise. Les otages donnent des infos, comme ils peuvent, au compte-gouttes, mais elles sont mal relayées. Dehors, les secours, les pompiers, la Croix-Rouge s'organisent. Rue Oberkampf, trois postes médicaux avancés sont installés pour accueillir les blessés.

« La coordination entre les services ne se fait pas, déplore Yves Trotignon. Les gens envoient des SMS de l'intérieur pour dire qu'il y a tant de blessés ou de morts, mais tout le monde ne récupère pas l'information, car il n'y a pas d'état-major. On dimensionne donc mal la réponse. La BRI, le RAID, la SDAT, la PJ, les pompiers, la Croix-Rouge... Qui pilote les opérations ? On ne le sait pas. »

Hasard du calendrier, un exercice grandeur nature de simulation d'attentats a eu lieu le matin même du 13 novembre. Nom de l'opération : fusillade sur sites multiples. Trois équipes de terroristes agissant simultanément sur différents sites et faisant au total 50 morts et 150 blessés. L'exercice sollicitait au total huit équipes du SAMU et les pompiers de Paris. Quelques heures plus tard, la réalité dépasse la fiction. À balles réelles. « Les pompiers de Paris travaillaient sur le schéma de cinq attaques conjointes, note un policier de terrain en Seine-Saint-Denis. On pensait savoir faire. Mais on n'avait pas imaginé cinq attaques plus trois cents blessés. C'était ça le problème. Des grosses blessures de guerre. Maintenant, on travaille sur dix attentats et mille morts pour la coordination des secours et intervention. »

Combien de personnes auraient-elles pu être sauvées ce soir-là si les secours étaient intervenus plus tôt ? Depuis des mois, cette question taraude le député LR Pierre Lellouche. Lors des travaux de la commission d'enquête sur le 13 novembre, il a eu l'occasion de la poser aux responsables des secours en France : Pierre Carli pour le SAMU et le général Philippe Boutinaud, commandant de la BSPP (brigade des sapeurs-pompiers de Paris). Quelques éléments de réponse lui ont été fournis.

Pour le chef des pompiers, le problème n'est pas dans le délai d'intervention : « Les pompiers sont arrivés sur place entre 3 et 12 minutes après les premiers appels. On aurait difficilement pu faire mieux. » Il réside plutôt dans la nature des blessures. Selon les statistiques militaires, un blessé par arme de guerre sur deux meurt dans les cinq minutes. Ensuite, les trois quarts des décès surviennent dans les trente premières minutes. Le 13 novembre, la plupart des personnes décédées avaient reçu plusieurs balles.

« Il y a un concept fort en médecine militaire qui est celui de mort évitable, explique aux députés le professeur Jean-Pierre Tourtier, de la BSPP. En arrêtant les hémorragies, 90 % des morts sont évitables. » Ce chiffre montre que la formation des citoyens aux premiers secours, et notamment à la technique du garrot, est primordiale.

Devant le Bataclan, une patrouille Sentinelle est venue de sa propre initiative et s'est occupée des premiers soins. « Les policiers ne savent pas faire de garrots, rappelle Yves Trotignon. Ce soir-là, ce sont les militaires qui les ont faits, car ils viennent de zones de guerre et connaissent les gestes qui sauvent. » Une intervention saluée devant la commission parlementaire par le général Boutinaud : « Nous avons eu la chance de disposer de plusieurs soldats du dispositif Sentinelle, notamment sur le site de Charonne et sur celui du Bataclan, des soldats qui se sont révélés assez utiles. »

Ces militaires ont été appréciés pour leur réactivité et leur savoir-faire en matière de « scènes de guerre », mais ce soir-là, malgré toutes leurs compétences, ils sont tout de même restés en retrait, car personne ne les a laissés intervenir, sauf pour faire des garrots. La préfecture de police et l'Intérieur souhaitaient-ils se réserver l'exclusivité de l'opération ? L'armée n'était pas la bienvenue. « Et pendant ce temps, le GIGN est à 500 mètres, à la caserne des Célestins. [...] C'est un scandale ! » tempête un ancien du renseignement reconverti dans la sécurité privée.

Il est 22 h 30 lorsque les premiers hommes de la BRI pénètrent à l'intérieur du Bataclan, progressant très lentement. Christophe Molmy se justifie : « On a quand même du mal à encaisser, car on passe par-dessus quatre-vingt-dix corps. Il faut imaginer le sang, l'odeur. C'est une scène de crime épouvantable[1]. »

Alain Marsaud, membre de la commission d'enquête, précise : « Les services d'intervention de type BRI et RAID font leur travail, mais ils choisissent une priorité, qui est de sortir les blessés, alors que ce n'est pas leur job. Les pompiers refusaient d'entrer. Finalement, ce sont les services d'intervention, avec leur casque, leur équipement et leur pistolet-mitrailleur, qui, au fur et à mesure, sortent les blessés pour permettre la progression, d'une part, mais surtout pour qu'ils puissent être soignés. Donc, ils perdent beaucoup de temps. Et ils ne savent pas s'il y a un ou plusieurs terroristes, ou s'ils ne sont pas dissimulés parmi les blessés ou dans les étages parmi ceux qui se cachent. Ça explique la lenteur de la progression. Ils pensent aussi que le bâtiment peut être miné. Ils savent qu'en Syrie les djihadistes ont l'habitude de piéger les corps. »

« Peur que ce soit piégé ? On s'en fout ! rétorque Yves Trotignon, ancien membre du Service Action à la DGSE. Politiquement, il vaut mieux la mort d'un homme en uniforme que d'un civil comme vous ou moi. S'ils ont la trouille, c'est qu'ils ne sont pas à leur place. Ils ont en face d'eux des kamikazes qui tirent. Effectivement, pour le Bataclan ou Saint-Denis, les types ont peur, car ils sont face à un cas non conforme. »

---

1. *Ibid.*

L'ASSAUT

23 h 27. À l'étage, la BRI a sécurisé tout le balcon et atteint la porte derrière laquelle sont retranchés les deux derniers terroristes vivants avec une cinquantaine d'otages. Un otage a été désigné comme porte-parole. Il crie : « Arrêtez, n'avancez plus. Ils sont deux, ils ont des ceintures explosives, ils menacent de nous tuer, de nous couper la tête. » Il fait passer un numéro de téléphone. Pascal, le négociateur en chef de la BRI, entame les discussions. C'est lui déjà qui avait mené les négociations avec Amedy Coulibaly lors de la prise d'otages de l'Hyper Cacher. « Ces nouveaux profils les amènent à revoir considérablement leurs méthodes d'intervention, remarque un magistrat. Ils n'ont plus en face d'eux une personnalité susceptible d'être sensible aux arguments de négociation. » Pour ce militaire de haut rang, « les djihadistes sont tous très jeunes, avec une caractéristique commune : ils n'ont pas le souci de leur survie. Cela nous pose des questions sur l'action de riposte. »

Au Bataclan, cinq brefs échanges téléphoniques amènent à une conclusion évidente : il n'y a pas de négociation possible. Face à ce constat, Christophe Molmy descend au PC et demande au préfet de police, Michel Cadot, et à Christian Sainte, le patron de la PJ, l'autorisation de donner l'assaut. Le feu vert est donné. À minuit, le numéro deux de la BRI, Georges Salinas, récupère enfin les plans du bâtiment, fournis par les propriétaires des lieux.

À 0 h 18, l'assaut est lancé. Nom de code : « Top caméra ». Deux colonnes de policiers enfoncent la porte derrière laquelle se retranchent les assaillants. Avec les béliers, ils font sortir un à un tous les otages. Les deux terroristes sont tués. Il faudra encore une heure pour évacuer tout le monde. On retrouve même des spectateurs sur les toits. Une heure plus tard, il ne reste plus que le silence des morts, interrompu par les sonneries de leurs téléphones qui retentissent désespérément dans le vide. C'est au tour des équipes de la police technique et scientifique d'entrer dans les lieux.

Cette nuit d'horreur aura fait 130 morts et plus de 400 blessés, et laissé en suspens beaucoup de questions qui feront toutes l'objet d'une investigation. Le député LR Georges Fenech est le président de la commission d'enquête parlementaire. En ouverture de séance, le 16 février 2016, il déclare : « Nous ne sommes ni des procureurs ni des juges ; nous n'accusons ni ne jugeons ; nous sommes des commissaires d'enquête, dont l'objectif est d'établir la vérité et d'en tirer des propositions pour que le gouvernement prenne les dispositions qui s'imposent [...]. »

Premier manquement pointé par les familles de victimes et les parlementaires : le défaut de vigilance de la part des autorités. Le Bataclan est un lieu dit sensible, dans la ligne de mire des djihadistes depuis longtemps. Pourtant, aucune surveillance policière particulière n'a été mise en place. Ni les anciens propriétaires ni les nouveaux n'ont été prévenus du risque.

On sait en effet depuis 2009 que la salle de spectacle était visée. 2009, c'est l'année où apparaît pour la première fois le nom de Farouk Ben Abbes, un copain de Fabien Clain. Les deux hommes se sont rencontrés en Belgique, puis sont devenus amis en Égypte. Ben Abbes est lié à l'attentat du Caire, le 22 février 2009, contre un groupe de lycéens de Levallois-Perret. L'attaque fera un mort et vingt-quatre blessés. Entendu plusieurs fois par le juge Christophe Teissier, Ben Abbes a réponse à tout. Teissier ne parvient pas à constituer l'infraction. Un non-lieu est donc prononcé en 2012.

« Pour Farouk Ben Abbes, la procédure ne tient pas, note Samia Maktouf, avocate de familles de victimes du 13 novembre. OK, il n'y a rien dans le dossier, le juge Teissier clôture, c'est normal. Mais le travail des services, c'est d'essayer de savoir si tout cela est vrai ou pas. Pourquoi ne prennent-ils pas le relais ? Ont-ils vérifié s'il y a une présomption d'attaque contre le Bataclan parce que les propriétaires sont juifs ? Ont-ils remonté la piste en Égypte ? »

Deuxième manquement : l'évaluation de la menace. Elle fait régulièrement l'objet de rapports écrits : que deviennent-ils ? Pour Yves Trotignon : « Malheureusement, il y a une déconnexion complète entre ces analyses-là, les mesures qui sont prises et la formation des unités sur le terrain – les civils, les militaires, les secours et la police. Toutes les notes sorties après novembre avaient en fait été écrites l'été précédent. Des notes sur la conduite à tenir en cas de rafales, de prise d'otages. Le problème, c'est l'entraînement des policiers en centre de tir : ils ne s'entraînent qu'à hauteur de 90 coups par an. Ce n'est pas suffisant. Ils ne sont pas préparés aux situations de grand stress. On nous dit qu'on est en guerre. Alors, il faut soit des unités de gendarmerie en uniforme, soit des unités formées. »

Il en rajoute une louche : « L'assaut de l'Hyper Cacher, on nous le présente comme un mélange de Fort Alamo, de Kolwezi et d'Omaha Beach, mais c'est nul ! Vous avez vu les images ? Il y a ce pauvre type tout seul qui avance, et, derrière, quarante gars qui font le ballet russe. Vous allez rentrer ou non ?!! Les mecs du RAID et de la BRI sont entraînés à gérer des forcenés, pas des terroristes qui ont combattu en Syrie. Pour le Bataclan, ce qui nous "sauve", si j'ose dire, c'est que les terroristes ne sont pas aguerris. Mais vous allez voir ceux qui arrivent ! Ce ne sont pas des rigolos. Selon des renseignements insistants qui circulent dans les services, ils seraient quelques dizaines de combattants à être déjà là. Quelques dizaines… »

Dans les jours qui suivent les attentats du 13 novembre, un grand débriefing est organisé. Tous les problèmes sont soulevés : la logistique des secours, l'amélioration de l'évacuation des blessés, une intervention plus rapide des forces de l'ordre à l'intérieur du Bataclan, une meilleure coordination entre elles.

Bernard Cazeneuve entend les différentes parties et, cinq mois plus tard, à Reims, présente devant les forces d'élite du pays un nouveau schéma d'intervention pour coordonner l'action de la police et de la gendarmerie en cas d'attentats.

« L'heure n'est pas à la concurrence des forces, mais à l'unité, explique le ministre. Face à des ennemis déterminés à nous frapper en provoquant le plus de dommages possible, sans volonté de négocier et dont la propre mort fait partie de la philosophie, de la stratégie, nous avons besoin de forces performantes qui travaillent les unes avec les autres et qui poursuivent les mêmes objectifs. » En clair, le sujet est bien trop grave pour le laisser miner par une quelconque « guerre des polices ». Le ministre de l'Intérieur insiste pour que « les cloisons tombent et les chapelles se parlent », avant de rendre une nouvelle fois hommage à ses hommes tout en les prévenant : « Vous devez être exemplaires. On ne vous pardonnera rien[1]. »

Les leçons du Bataclan ont été tirées. Un pas a été fait. Dorénavant, en cas d'attaque terroriste, il n'y aura pas de zone de compétence spécifique entre la police et la gendarmerie. Autre point hautement sensible à l'étude au ministère de la Défense : un changement de doctrine qui permettrait aux militaires de recevoir des ordres de policiers. Mais les chances de voir bouger les lignes sur ce sujet restent très minces. Enfin, les policiers, qui réclamaient le droit de porter leur arme en permanence, ont obtenu gain de cause. Cette mesure, qui devait s'appliquer uniquement pendant l'état d'urgence, a été prolongée au-delà après l'assassinat d'un policier et de sa compagne à leur domicile de Magnanville, dans les Yvelines, en juin 2016. Les agents pourront conserver leur arme en dehors de leur temps de service sur la base du volontariat. Le 13 juin, le policier Salvaing avait laissé son arme au commissariat.

---

1. Bernard Cazeneuve à Reims, 1er avril 2016.

Les attentats en France soulèvent des questions majeures en termes de protection de la population. L'État doit revoir ses modes d'intervention, mais il ne peut pas répondre à toutes les questions. Au lendemain de l'attaque de Magnanville, lors de laquelle le terroriste, sur Facebook Live, énumère une liste de personnalités à tuer (parmi lesquelles des journalistes, des chercheurs ou des gens du monde du spectacle), le ministre de l'Intérieur les réunit afin de leur proposer une protection rapprochée. Au-delà du principe de précaution, Bernard Cazeneuve n'a d'autre choix que de déployer ses policiers du SDLP (Service de la protection). Se pose alors le problème de la répercussion médiatique de la menace et de son évaluation. Faut-il protéger toutes les personnes s'exprimant publiquement sur le sujet du terrorisme islamiste, et pour combien de temps ?

Acte 2 : 18 novembre

Cinq jours après les attaques de Paris, les services de police et de renseignement sont sur les dents. Ils travaillent sans relâche, nuit et jour, la rage au cœur, pour traquer ceux qui les ont perpétrées.

Mercredi 18 novembre, aux environs de 4 heures du matin, Saint-Denis dort encore quand le RAID et la BRI donnent l'assaut dans un appartement de la rue du Corbillon, au troisième étage. L'opération conjointe a été décidée dans la nuit. Objectif : neutraliser et, si possible, arrêter Abdelhamid Abaaoud, le coordinateur présumé des attentats. Avec Salah Abdeslam, en fuite, et Chakib Akrouh, il serait le troisième survivant des commandos.

Comme on l'a vu, l'information selon laquelle Abaaoud se trouverait dans cet appartement provient de Sonia, l'amie d'Hasna Aït Boulahcen.

Après vingt-quatre heures de filature, menée par des équipes de la SDAT, les forces d'intervention se préparent. L'appartement abriterait trois personnes au moins, munies de gilets explosifs, d'armes, peut-être de kalachnikovs. Le dispositif mis en place est à la hauteur de l'enjeu : cent dix hommes au total, RAID et BRI mélangés, comme quelques jours auparavant au Bataclan, mais cette fois c'est le RAID qui prend la main. Le quartier est entièrement bouclé.

Le niveau de tension est extrême. Il y a sans doute beaucoup de fébrilité aussi de la part des forces de police, qui ont encore à l'esprit l'image de ces corps inertes entassés les uns sur les autres dans la fosse du Bataclan. Envie d'en découdre, de reprendre l'offensive, de ne plus être à la merci de ces terroristes qui choisissent le moment et le lieu de leurs attaques. La pression est d'autant plus forte que, selon les informations fournies par Sonia, un autre attentat serait en préparation. Il viserait le centre commercial, le commissariat et une crèche à la Défense, et serait prévu pour le lendemain. Il faut donc intervenir vite. Pas le droit de se rater.

À 4 h 20, les hommes du RAID s'avancent en colonne à l'assaut de l'immeuble, épaulés par la BRI. À l'extérieur du périmètre de sécurité se trouvent des forces de police locales qui se chargent de sécuriser les lieux, de fermer les écoles, de bloquer les transports en commun. Saint-Denis retient son souffle. Les caméras de télévision filment en direct. Les hommes du RAID, armés de fusils d'assaut, s'engagent dans l'immeuble et grimpent les trois étages qui conduisent à l'appartement. L'artificier déclenche ses explosifs, mais la porte refuse de céder. L'effet de surprise ayant été anéanti, il faut imaginer à la hâte un plan B. Les forces de l'ordre déclenchent alors des tirs de barrage. Un déluge de feu s'abat sur l'appartement, réveillant au passage toute la ville de Saint-Denis. « C'est une technique d'assaut que de saturer », expliquera dans la journée, sur le plateau de BFM TV,

Charles Pellegrini, ancien chef de l'Office central pour la répression du banditisme, tentant de justifier l'incroyable débauche de munitions utilisées par les forces de l'ordre lors de l'opération.

Quelques heures plus tard, devant une forêt de micros, les autorités raconteront cette étrange « scène de guerre ». François Molins, le procureur de Paris, évoquera des « tirs très nourris et quasi ininterrompus ». Bernard Cazeneuve rendra hommage à « ses troupes, qui ont essuyé le feu pendant de nombreuses heures ». Dans *Le Figaro*, le lendemain, Jean-Michel Fauvergue, le patron du RAID, parlera d'une opération difficile, avec « des centaines de coups de feu échangés » : « Les terroristes ont lancé des grenades offensives. Puis les tirs deviennent plus sporadiques, entrecoupés de périodes de feu plus intenses. [...] Un terroriste est touché mais continue de riposter à la kalachnikov. Les échanges de tirs continuent assez longtemps. [...] Puis la femme présente à l'intérieur envoie une longue rafale de tirs et s'ensuit une grande explosion. Les fenêtres, côté rue, volent en éclats. Un bout de corps, un morceau de colonne vertébrale, tombe sur une de nos voitures. »

L'assaut, d'une violence inouïe, va durer plus de quatre heures. Il se déroule dans une très grande confusion, selon des témoins. Installé à l'état-major de Bobigny, qui s'occupe de gérer tous les à-côtés de l'intervention, Philippe Galli, le préfet de Seine-Saint-Denis, prend connaissance des événements via les fréquences radio : « Les informations que l'on reçoit au fil de l'opération sont extrêmement confuses. On a du mal à savoir exactement où ils interviennent. Dans quelle cage d'escalier sont-ils ? Qui est placé où ? Sont-ils en contact avec les terroristes ? Qui recherchent-ils exactement ? On tente d'avoir des infos sur le bilan des blessés pour pouvoir les évacuer, mais rien n'est clair. »

Dans la précipitation, on voit des hommes de la police en civil courir dans les rues avoisinantes. Une scène étonnante filmée par un vidéaste amateur est diffusée sur France 2 dans le journal de 13 heures. On y voit un policier mettre en joue un homme qui tente de sortir de sa voiture. L'échange verbal est brutal. Le monsieur, qui ne semble pas comprendre ce qui se passe, se renferme dans son véhicule sans demander son reste.

À l'intérieur de l'immeuble de la rue du Corbillon, les hommes du RAID utilisent tant et tant de munitions qu'ils se retrouvent rapidement à court. « On a dû demander au commissariat local un renfort en munitions, ce qui est tout de même assez cocasse », rapporte un témoin à l'intérieur du PC. Au total, le RAID aura tiré 1 200 cartouches, bien loin des 5 000 évoquées par François Molins lors de la conférence de presse d'après assaut, mais le chiffre reste affolant, d'autant que, selon les constatations opérées par les équipes de la SDPJ 93 (Sous-direction de la police judiciaire), les terroristes, eux, n'auraient tiré que onze fois.

Mais alors, s'interroge, perplexe, un témoin de la scène, « où sont les armes lourdes, les kalachnikovs ? La fille, Hasna, est morte par étouffement. Elle s'est fait aplatir par le plafond. Nous, ce qui nous fait tiquer, c'est que l'un des patrons de la PJ, une fois l'opération terminée, me dit : on est embêtés, pour l'instant on n'a retrouvé qu'un pistolet 9 mm... » Quant à Chakib Akrouh et Abdelhamid Abaaoud, ils sont morts des suites de l'effet de blast provoqué par l'explosion de la ceinture. Aucun des trois occupants de l'appartement n'a donc été touché par l'une des 1 200 balles tirées par la police. Si les terroristes sont morts rapidement à cause de l'explosion, sur qui les hommes du RAID ont-ils continué à tirer ? Car les échanges de coups de feu continuent pendant des heures.

Lorsque l'opération se termine enfin, on dénombre cinq policiers du RAID blessés. Sur le papier, l'intervention est une réussite. Tous les terroristes sont morts et un attentat a été déjoué. Le RAID, qui fête ses trente ans d'existence, peut se réjouir de son succès. L'heure est à l'autosatisfaction.

Les chaînes d'info en continu sont en édition spéciale depuis le matin. C'est l'heureux épilogue d'une parenthèse tragique qui s'est ouverte cinq jours plus tôt. Pour la magistrate Béatrice Brugère, qui s'exprime sur BFM TV, « c'est une superbe opération de prévention d'un futur acte de terrorisme ». On ne tarit pas d'éloges sur l'efficacité du binôme RAID-BRI. On se félicite de l'utilisation du renseignement et de la traque dans la lutte antiterroriste.

Sur les plateaux télé, on rend même hommage à Diesel, chien d'attaque du RAID, un berger malinois mort dans l'assaut – « tué à la Brenneke », selon Jean-Michel Fauvergue. « C'est un des nôtres qui est parti », affirme un policier du RAID sous couvert d'anonymat. Le hashtag #JeSuisChien se répand sur les réseaux sociaux. Diesel sera médaillé à titre posthume par une association britannique, puis remplacé par un autre chiot offert par les Russes.

Pourtant, plus les semaines passent, plus ce vernis se craquelle. On s'aperçoit que tout cela cache une belle opération de communication et une grosse série de ratages côté police. Après expertise de la balistique et reconstitution des événements, il semble bien que les cinq policiers blessés – « aux bras, aux jambes, aux mains, dans le bas du dos » – l'aient été par leurs propres collègues. Un gradé témoigne sous couvert d'anonymat dans Mediapart : « Les gars à l'arrière des colonnes d'assaut et les *snipers* ont tiré devant eux ; ils ont touché les boucliers [les policiers situés à l'avant][1]. » Diesel aussi a été victime d'un tir du RAID. « Ces cons, ils ont tué le chien ! » se désole un ancien des services qui pointe les failles de l'opération.

« Et encore, cela aurait pu être vraiment pire, confie Philippe Galli dans un soupir. Cela fait des semaines que j'explique que, si on ne prend pas des précautions préalables, un jour on va finir par se tirer dessus. En zone urbaine, on

---

1. Mediapart, 3 février 2016.

utilise des moyens trop lourds, on manque de coordination. On va avoir un problème de tir ami, sujet bien connu des militaires. Eux sont organisés, nous on est embryonnaires, voire défaillants. »

Le préfet poursuit son analyse critique : « En plus, dans la police parisienne, il y a tout de suite un effet de masse : il y a des gens qui ne servent à rien, mais qui sont là quand même, car chaque service envoie quelqu'un. On doit travailler pour avoir moins de monde sur le terrain, mais des personnes plus compétentes, et aussi pour éviter les informations erronées. Qu'il y ait de la confusion dans une opération compliquée, c'est normal. Là où cela devient problématique, c'est quand on balance vers le grand public des informations qui ne sont ni vérifiées ni étayées. » À bon entendeur !

Au total, pour venir à bout de trois individus seulement, l'opération aura mobilisé près de mille hommes et nécessité plus de sept heures de combat, dans une véritable atmosphère de guérilla urbaine. L'immeuble n'a pas été évacué préalablement. Hormis les terroristes présumés, il abritait des immigrés ne parlant quasiment pas le français pour la plupart. Philippe Galli raconte : « Les tireurs d'élite leur donnaient l'ordre de sortir les mains en l'air, mais ils ne comprenaient rien. Ils se sont donc pris des balles. Certains ont été sérieusement blessés, et ils ont attendu pendant des heures avant qu'on les sorte de là. » C'est le cas notamment de Mohamed, un travailleur égyptien de 26 ans atteint par les balles du RAID pendant l'assaut. Après plusieurs opérations, il n'a toujours pas recouvré l'usage de son bras.

Jean-Michel Fauvergue, le patron du RAID, se justifiera encore devant les caméras d'iTélé quelques mois plus tard : « Les cloisons qui nous séparaient des terroristes, c'était des cloisons creuses, ce n'étaient pas des murs porteurs. Donc il suffit de se coller au mur et on se fait exploser, et j'ai une colonne au tapis. Il était hors de question d'avoir ça. On est face à des gens qui ont massacré plus d'une centaine de personnes, qui ont fait sept attentats au gilet piégé dans Paris, qui ont mis la France à feu et à sang, qui en plus étaient partis pour faire un autre attentat sanglant et qui sont armés. Eh bien, il faut aller les chercher, et ceux qui sont allés les chercher, c'est le RAID[1]. »

Philippe Galli reste dubitatif : « J'imagine bien qu'intervenir en pleine nuit dans un milieu que vous ne connaissez pas, dont vous n'avez pas les plans et ne savez pas qui il renferme, c'est une opération peu banale, même pour le RAID. Mais c'est leur job. Ils sont certes intervenus dans un milieu difficile, mais c'est clairement une opération qui pose de nombreuses questions. »

Face à ces questions, Jean-Michel Fauvergue se voit contraint de rédiger un rapport qu'il remet au ministre de l'Intérieur deux jours plus tard. Aucune des interventions récentes, que ce soit le Bataclan, l'Hyper Cacher ou l'imprimerie de Dammartin-en-Goële, n'a exigé la production d'un tel document. C'est bien l'aveu d'un dysfonctionnement. Il semble que ces équipes d'intervention ultra-équipées, formées à négocier, à intervenir et à neutraliser, n'aient pas eu les bons réflexes face à ces nouveaux ennemis à qui leur propre vie importe si peu. La peur l'a certainement emporté.

---

1. iTélé, 6 janvier 2016.

9.

Les racines du mal

> « On ne pouvait pas parler des cités-ghettos, car c'était les stigmatiser, ni de la dérive de certains jeunes dans ces quartiers, alors qu'ils se tournaient vers une économie souterraine. On a créé en France un terreau favorable à tous les extrémismes, quels qu'ils soient. »
> Alain Juillet,
> ancien patron du renseignement à la DGSE

Molenbeek

Nous aussi, nous avons voulu voir Molenbeek, ce quartier de la capitale belge désormais tristement célèbre dans le monde entier. Direction Bruxelles, à une heure et vingt-deux minutes de Paris. Sur la place centrale du quartier, où se dresse la maison communale, un imposant bâtiment de style Art déco, c'est le marché du jeudi matin. Mais le cœur économique de Molenbeek se trouve dans les rues commerçantes adjacentes. Ici, plus de la moitié de la population est d'origine marocaine, des familles venues de la région du Rif lors de la première vague d'immigration en Europe.

Depuis les attentats de Paris, des Belges se sont improvisés guides pour faire visiter le quartier, nouvelle attraction touristique : « Et voici la rue Delaunoy, investie par les forces spéciales en novembre 2015. Ici, la rue des Quatre-Vents, où a été arrêté Salah Abdeslam. » Quelques centaines de mètres plus loin : « Et c'est là que vit toujours la famille des deux frères terroristes. » L'appartement désigné est situé dans un petit immeuble à la façade typiquement bruxelloise donnant sur une place pavée.

La liste est longue des habitants de Molenbeek ou de ceux qui y ont séjourné impliqués dans des actions terroristes internationales depuis une vingtaine d'années : on y trouve l'un des assassins du commandant Massoud en 2001, Abdessatar Dahmane ; Hassan el-Haski, l'un des responsables des attentats de Madrid en 2004 ; Mehdi Nemmouche, le principal suspect de la tuerie du Musée juif de Bruxelles en mai 2014 ; Ayoub el-Khazzani, l'auteur de l'attaque manquée du Thalys en août 2015... sans oublier les commandos du 13 novembre. Dans ce quartier frappé par la crise industrielle, un jeune sur deux est à la recherche d'un emploi.

Françoise Schepmans, bourgmestre depuis quatre ans, refuse le terme de « ville-ghetto » que les médias accolent à Molenbeek. Depuis que la commune où elle est née est montrée du doigt comme un bastion djihadiste, l'élue a pris son bâton de pèlerin pour la défendre et réaffirmer que, même si elle connaît de graves difficultés, elle n'est en rien une zone de non-droit : « La difficulté de Molenbeek, c'est qu'il y a eu un réseau qui a pris racine ici, parce qu'il y a eu des conditions qui ont favorisé le terreau du radicalisme. Depuis trente ans, il y avait des difficultés de plus en plus marquées qu'on n'osait pas aborder. On n'osait pas dire qu'il y avait un souci d'intégration, un repli communautaire. On était soit dans le non-dit, soit dans une certaine indifférence. »

Philippe Moureaux, son prédécesseur, a les oreilles qui sifflent depuis les opérations d'interpellation de djihadistes :

« La population immigrée s'est installée en centre-ville, ce qu'on voit plus rarement en France. En vérité, j'ai toujours considéré la population maghrébine et musulmane comme elle devait l'être : avec respect. Quand je suis arrivé, ces gens devaient se cacher pour prier. Mais notre faute a été de ne pas mesurer le danger représenté par les jeunes qui partaient en Syrie et revenaient ensuite la tête pleine d'idées noires. Le phénomène nous a sans doute échappé. Nous étions tellement obnubilés par la nécessité de faire tomber Bachar el-Assad[1]. »

Pour Alain Juillet, l'ancien maire n'a pas d'excuses : « Philippe Moureaux savait très bien que cela faisait quinze ou vingt ans que Molenbeek dérivait. Les gens qui ont tué Massoud en 2001 sont partis de là. Le maire n'a pas réagi à l'époque, car il savait que, s'il le faisait, il ne serait pas réélu. Alors il a fermé les yeux. C'est la même chose chez nous. »

Comme la France et d'autres pays d'Europe, la Belgique a connu une vague migratoire dans les années 60 avec sa politique de grands travaux, notamment celui de la construction du métro. Dix ans plus tard, la politique de regroupement familial a encore accru le nombre d'habitants au mètre carré. Françoise Schepmans, élue de droite qui se sent « plus réformatrice que libérale », analyse : « Cette deuxième vague d'immigration a engendré des difficultés. On a eu des grandes familles regroupées dans des petits logements, avec des parents dépassés. Cela a créé les conditions d'une non-intégration ou d'une participation insuffisante. À cela s'ajoute la crise économique, avec son lot de chômeurs et de précaires, provoquant un repli communautaire. La spécificité de Molenbeek, c'est qu'il y a une seule nationalité étrangère : les Marocains. Quand une minorité devient majoritaire, nécessairement elle se met à vivre entre soi, suivant ses propres codes, et fait moins d'efforts à l'égard des autres. C'est le fond du problème à Molenbeek. »

---

1. *La Voix du Nord*, 20 novembre 2015.

Molenbeek-Saint-Jean est l'une des dix-neuf communes de Bruxelles, l'une des plus pauvres aussi. Physiquement, le canal la sépare du centre historique de la capitale, avec ses rues pavées, ses tavernes et ses bars branchés. Passé le pont, à la porte de Flandre, la Grand-Place – « la plus belle du monde », selon Victor Hugo – et le célèbre Manneken-Pis ne sont qu'à quinze minutes à pied. Ici, à 5 kilomètres seulement du siège de la Commission européenne, le prosélytisme religieux et le repli identitaire se sont répandus. De nombreuses femmes et jeunes filles arborent le hijab (le voile islamique qui couvre les cheveux), et il n'est pas rare d'en croiser portant le niqab (le voile intégral). Des « barbus » font la promotion du salafisme, une version rigoriste de l'islam, auprès de jeunes générations en déshérence.

Pour Rachid Madrane, ministre bruxellois proche de Philippe Moureaux, « le péché originel, en Belgique, a été de confier les clés de l'islam à l'Arabie saoudite en 1973 ». Tout commence le 12 mai 1967, lorsqu'un gigantesque incendie ravage en pleine journée le magasin L'Innovation, dans le centre de Bruxelles. C'est le plus meurtrier qu'ait jamais connu le pays, et son bilan est dramatique : 325 morts, plus de 150 blessés. Un deuil national est décrété. L'émotion est immense, en Belgique, mais pas seulement. Ainsi, le roi Fayçal d'Arabie saoudite, en visite officielle dans le pays à ce moment-là, se montre très touché et sort son chéquier pour indemniser les victimes. Pour le remercier, la Belgique lui offre l'ancien pavillon oriental de l'Exposition universelle de 1897, dans le parc du Cinquantenaire, où il est décidé d'établir le Centre islamique et culturel de Belgique (CICB). Ainsi s'installe l'influence du salafisme saoudien en Belgique, avant même les crises pétrolières des années 70.

Alain Chouet, ancien chef du service de renseignement de sécurité de la DGSE, raconte : « Le roi Baudouin a passé un accord avec l'Arabie saoudite pour lui confier l'encadrement de l'islam de Belgique. Les mosquées ont donc été investies par des imams saoudiens. Les financements ont afflué. La Belgique est un pays compliqué, composé de six parlements et de cinq gouvernements. Le vrai pouvoir est entre les mains des bourgmestres. Les bourgmestres belges, attirés par l'odeur de l'argent saoudien, y sont allés. Or qui paie commande. Molenbeek, Schaerbeek, Anderlecht : toutes ces communes ont joué la carte du financement saoudien. Cela leur a coûté, en échange, de devoir faire une place particulière au communautarisme et au salafisme, avec le résultat qu'on voit aujourd'hui. »

« Cet islam très conservateur est relayé en premier lieu via les mosquées, explique Françoise Schepmans. En Belgique, la reconnaissance des mosquées n'existe que depuis 2009. Elle se fait sur la base du volontariat : c'est la mosquée qui décide de demander sa reconnaissance ou non. Cela implique de donner accès à ses comptes. En échange, elle reçoit des subsides pour réparer la toiture, payer le chauffage, et qui dit mosquée reconnue dit imam payé par l'État. À Molenbeek, on a cinq mosquées reconnues sur vingt-quatre au total, plus quarante et un lieux de prière. Quand l'affaire de Verviers a éclaté, j'ai demandé à rencontrer les imams d'ici. Ils avaient pour unique réponse : "Ce sont des jeunes qui ont mal tourné. Envoyez-les-nous et on s'occupera d'eux." On voit bien le changement dans les tenues vestimentaires des hommes et femmes que je croise à la maison communale ou ailleurs dans le quartier. Je constate cela aussi chez les enfants. Il y a des filles de 8 ans qui portent le foulard, alors que cela ne répond à aucun critère culturel et religieux. » La bourgmestre semble impuissante, et aussi dépassée par l'afflux de sollicitations de médias du monde entier avides de montrer « la terre de djihad belge ».

Le bourgmestre d'Anvers et président de la N-VA (les nationalistes flamands) Bart De Wever, mais aussi le recteur de l'université catholique de Louvain et ancien sénateur Rik Torfs, ont fustigé le « laxisme » dont a fait preuve Philippe Moureaux lorsqu'il était bourgmestre de Molenbeek-Saint-Jean. « Un État multiculturel exige un cadre : un état de droit démocratique avec des droits de l'homme, a déclaré M. Torfs. C'est la faute de Moureaux d'avoir laissé cela aller à vau-l'eau[1]. » Les vingt années de gestion de Philippe Moureaux ont laissé des traces, mais lui considère n'avoir « aucune responsabilité par rapport au terrorisme », raconte-t-il dans son livre, *La Vérité sur Molenbeek*[2]. Accusé de toute part, il y défend son bilan point par point, récusant toute accusation de laxisme. Il explique « avoir été le premier à interdire le port du voile intégral ou à créer dans les services de police une cellule radicalisme ». « Mais c'est vrai aussi qu'à la fin de mon mandat j'ai commencé à sentir la montée d'un certain radicalisme », reconnaît-il au micro de BFM TV.

Françoise Schepmans, qui lui a succédé en 2012, se souvient : « Moureaux considérait Molenbeek comme son laboratoire socio-multiculturel. Il me disait toujours : "Moi, je suis tolérant." En pleine campagne, il répétait : "Chacun doit pouvoir s'exprimer librement, son comportement ne doit pas être jugé." Moureaux a été parachuté ici en 1982 par la gauche pour y faire campagne. Son père, un notaire très connu à Bruxelles, a été ministre ; sa mère est issue d'une grande famille d'industriels. Il a évolué dans un milieu très bourgeois. Il ne s'est pas retrouvé dans la population molenbeekoise, qui est une population ouvrière, de petite classe moyenne et populaire. Et la population ne s'est pas retrouvée en lui non plus. Il a perdu ce premier scrutin et en a éprouvé une profonde amertume. Il s'est alors

---

1. *La Libre.be*, 18 novembre 2015.
2. Philippe Moureaux, *La Vérité sur Molenbeek*, La Boîte à Pandore, 2016.

concentré sur la population d'origine étrangère, instaurant une approche paternaliste qui l'arrangeait sur le plan politique et à titre personnel, car il se sentait "aimé et reconnu". Du coup, il laissait faire. Moi, je ne qualifierais pas cela de laxisme, plutôt de déni. Il disait : "Tout s'arrangera. Il faut du temps. La religion musulmane a plusieurs siècles de retard par rapport à la religion chrétienne. Ils vont se rattraper." En période électorale, il descendait les rues de Molenbeek avec un orchestre de musique gnaoua. Il défilait au milieu des musiciens, les gens dansaient autour de lui. On arrêtait la circulation pour la parade. Je me souviens aussi que, en 1994, les mosquées ont demandé à pouvoir donner des cours de religion dans les écoles communales le mercredi après-midi et le week-end. Cela créait quand même une grosse confusion des genres entre le religieux et l'école publique. Mais lui, ça ne lui a pas posé de problème. Il a fait passer l'autorisation en plein milieu du mois d'août, juste avant la rentrée des classes et les élections communales d'octobre. C'est très difficile ensuite de revenir en arrière. »

En France, le député Alain Marsaud n'y va pas avec le dos de la cuiller : « J'ai dit, et je le maintiens, qu'il existait un véritable accord de non-agression tacite entre les autorités de l'État fédéral belge, les autorités locales et les djihadistes : on vous fout la paix, foutez-nous la paix, pas d'histoires chez nous. D'ailleurs, fin janvier 2016, le gouvernement français est allé tirer les oreilles des autorités belges en leur disant : "Maintenant, ça commence à bien faire. Il faut que vous réagissiez à l'égard de vos djihadistes, car les conséquences ont lieu chez nous." Du coup, le gouvernement belge a voulu resserrer un peu la vis, et dans la foulée ils se sont pris deux attentats. Toute cette histoire était inscrite dans la naïveté initiale des Belges. »

À la nuit tombée, la place centrale de Molenbeek se vide. Nous dînons dans une échoppe de restauration rapide

« thaïe » tenue par des hommes vêtus à la mode afghane et portant la barbe. Nous sommes les seules femmes.

Une centaine de Molenbeek en France ?

Y a-t-il vraiment, comme l'a affirmé Patrick Kanner, le ministre français de la Ville, « une centaine de quartiers en France qui présentent des similitudes avec Molenbeek » ? « Molenbeek, c'est quoi ? poursuit le ministre. C'est une concentration énorme de pauvreté et de chômage, c'est un système ultra-communautariste, c'est un système mafieux avec une économie souterraine, c'est un système où les services publics ont disparu ou quasiment disparu, c'est un système où les élus ont baissé les bras[1]. »

Cette déclaration met le feu aux poudres. Stéphane Gatignon, maire écologiste de Sevran, d'où sont partis une quinzaine de jeunes djihadistes pour la Syrie, monte au créneau, refusant la stigmatisation. « On ne peut pas rejeter la faute de la radicalisation sur une seule commune, écrit-il dans une tribune publiée par *Le Monde*. [...] On cherche un bouc émissaire. On divise la société, on accuse. "C'est le maire de Sevran ! C'est la Seine-Saint-Denis, trop de boucheries halal, trop de lieux de culte musulmans." C'est la spirale infernale. [...] Depuis des années, les politiques ont perdu la confiance des parents, des jeunes. La défiance s'est installée, durable et profonde, et avec elle les vendeurs d'illusions, dont le salafisme est la partie la plus visible[2]. »

Philosophe et féministe engagée, Élisabeth Badinter ne cesse depuis des années d'alerter sur la montée de ce phénomène : « C'est une évidence : [...] depuis cinq ou six ans,

---

1. *Le Grand Rendez-vous Europe 1-iTélé-Le Monde*, 27 mars 2016.
2. *Le Monde*, 26 mars 2016.

la majorité des femmes, dans certaines banlieues – pas dans toutes –, sont voilées. Pas avec un foulard. Elles sont voilées de la façon bien précise prônée par des religieux qu'on peut qualifier de radicaux. Donc, il y a une montée en puissance très forte, et c'est toujours la même chose : ce sont les plus extrémistes qui pèsent de tout leur poids sur les autres[1]. » Sur France Inter, elle insiste : « Il faut s'accrocher et il ne faut pas avoir peur de se faire traiter d'islamophobe, qui a été pendant pas mal d'années le stop absolu, l'interdiction de parler et presque la suspicion sur la laïcité[2]. »

Si les projecteurs sont braqués sur la Belgique, en France aussi des politiques se sont acheté une paix sociale. Alain Juillet fait cette analyse : « Pour des raisons idéologiques ou de laïcité mal comprise, on a laissé se dégrader depuis des années – je dirais au moins quinze ans – les grands principes "Liberté, égalité, fraternité". On a aussi laissé se développer un communautarisme qui est contraire à tous les principes de la République. Et cela vient de très loin : de l'époque où les Renault et Peugeot faisaient venir des travailleurs nord-africains pour les payer moins cher. Quand, plus tard [en 1976], Valéry Giscard d'Estaing a légalisé le regroupement familial, on les a mis dans des cités-ghettos autour de Paris. »

Alain Chouet se souvient d'une réunion au ministère de l'Intérieur, au début des années 2000, avec Daniel Vaillant, la DST, les RG, les gendarmes, et lui pour représenter la DGSE. Dominique Roulière, commissaire aux RG à l'époque, sort des photos prises par ses services dans la cave d'un immeuble, à Toulouse, montrant des kalachnikovs et des lance-roquettes. Le ministre demande : « Vous n'allez pas sortir tout ça ? » Réponse de Roulière : « Ben si, quand même, il y a du matos. — Non, non, surtout pas ! s'écrie

---

1. « Paris est une cible », diffusé sur Arte le 5 janvier 2016.
2. France Inter, 7 janvier 2016.

Vaillant. Ça va stigmatiser le quartier et on va dire du mal des Arabes. »

« On en est restés là, raconte Chouet. Il s'est passé la même chose à Verviers dans les années 2000. À ce moment-là, j'étais en poste à Bruxelles. Les flics de Verviers avaient identifié une cave dans une tour avec à l'intérieur de quoi faire sauter la moitié de la Belgique. Le bourgmestre de Verviers et le procureur de Belgique ont tous les deux dit : "Non, non, n'y allez pas, ça va foutre le bordel !" »

« À partir de ce moment-là, la mécanique s'est mise en marche, déplore Alain Juillet. On ne pouvait pas parler des cités-ghettos, car c'était les stigmatiser, ni de la dérive de certains jeunes dans ces quartiers, alors qu'ils se tournaient vers une économie souterraine. On a créé en France un terreau favorable à tous les extrémismes, quels qu'ils soient. »

2003 : la volonté de réformer l'islam de France

La réforme de l'islam de France en 2003 est l'aboutissement de longues années de concertation, commencées sous la houlette de Pierre Joxe, ministre de l'Intérieur de François Mitterrand. Jusqu'aux années 2000, l'islam de France était encadré par les pays d'origine, comme l'Algérie, le Maroc ou la Tunisie.

À cette époque, l'Internationale djihadiste est en marche. Partout dans le monde, des organisations émanant d'Arabie saoudite progressent dans leur lutte d'influence face à l'Iran. En France, l'offensive intellectuelle est lancée par les Frères musulmans et incarnée notamment par le prédicateur et islamologue d'origine égyptienne Tariq Ramadan. Sans vraiment les comprendre, les autorités françaises leur déroulent le tapis rouge.

Alain Chouet rappelle les débuts du Conseil français du culte musulman (CFCM) : « Quand il a été créé en 2003 sous l'impulsion de Nicolas Sarkozy [alors ministre de l'Intérieur], ses sièges étaient répartis au prorata des mètres carrés dans les lieux de culte[1]. Ce sont donc les plus riches qui l'ont emporté, c'est-à-dire l'UOIF [Union des organisations islamiques de France], une émanation des Frères musulmans. À ce moment-là, on a vu débarquer tout un tas d'imams ne parlant pas un mot de français, formés en Arabie saoudite et d'inspiration wahhabite. On en paie la facture aujourd'hui. Pas directement, car la plupart des jeunes dont on parle ne vont pas à la mosquée et ne parlent pas l'arabe. Mais cela crée un climat où, si l'on veut être musulman, il faut être salafiste, avec tout ce que cela implique en termes d'habitudes vestimentaires et oratoires. »

En 2004, une loi est votée interdisant le port de signes religieux ostentatoires dans les écoles, notamment le foulard. Six ans plus tard, une autre loi est promulguée qui interdit la dissimulation de son visage dans l'espace public. Chaque fois, le débat fait rage entre les défenseurs de la laïcité et ceux qui veulent pouvoir vivre leur religion pleinement.

De l'aveu même des policiers, cette loi est peu appliquée. « Depuis le début, nous avons dit que ce serait difficile à appliquer, fait valoir Nicolas Comte, porte-parole du syndicat Unité SGP Police FO. Mes collègues y réfléchissent à deux fois avant de se mettre dans des situations compliquées dans certains quartiers. Et puis les services sont débordés, donc la question se pose de les mobiliser sur une infraction

---

1. Le nombre de délégués élus aux conseils régionaux du culte musulman se calculait en effet en fonction de la surface des lieux de culte : une salle de prière de cent mètres carrés donnait droit à un délégué, une mosquée de plus de huit cents mètres carrés donnait le droit à en avoir quinze.

pas si grave. » En somme, « le jeu n'en vaut pas la chandelle[1] ».

« Est-ce que vous croyez que toutes les lois sont appliquées dans tous les domaines ? rétorque Christophe Rouget, du Syndicat des cadres de la sécurité intérieure. Est-ce que vous croyez que tous les gens respectent la limitation de vitesse ? Si le politique dit : "C'est une priorité nationale, on met tous les effectifs de police dessus", alors cela se fera. »

Lentement, insidieusement, les glissements se sont multipliés, avec cette idée de ne se fâcher avec personne, de ne pas créer de conflits inutiles. Le monde de l'entreprise n'échappe pas à la règle, et, là aussi, les réponses divergent. Certaines sociétés se montrent accommodantes, préférant fermer les yeux sur le « fait religieux ».

À la RATP, la question se pose depuis longtemps, et elle est revenue sur le devant de la scène quand on a découvert que Samy Amimour, l'un des kamikazes du Bataclan, y avait été salarié pendant quinze mois en tant que conducteur de bus, avant de démissionner en 2012. En 1995, la Régie autonome des transports parisiens, l'un des premiers employeurs d'Île-de-France, met en place une politique d'embauche autour des « grands frères ». Objectif : recruter des chauffeurs issus des quartiers difficiles pour limiter les agressions dans les bus qui les traversent. L'idée semble bonne, mais ce n'est pas si simple…

« Pour éviter le caillassage des bus dans certains quartiers, la RATP a embauché des grands frères au profil peu recommandable. Depuis, elle fait le ménage », confie une source du journal *Le Parisien* en novembre 2015, au lendemain des attentats. En réalité, une multiplication des incidents liés à l'islam a été signalée ces derniers temps, en particulier parmi les dix-sept mille chauffeurs de bus.

---

1. *Le Monde*, 10 novembre 2015.

De nombreux témoignages anonymes sont relayés par la presse : « On a laissé s'installer un système où certains agents refusent de saluer une femme, arrivent en retard pour faire leur prière, ou même prient sur place. » Une salariée d'origine musulmane raconte : « Cela a commencé il y a cinq à six ans. Quelques-uns à qui je faisais la bise ont refusé de m'embrasser, puis de me saluer. Et pourtant, je suis musulmane. D'autres refusaient de conduire un bus qui avait été précédemment conduit par une femme[1]. » Christophe Salmon, responsable CFDT à la RATP, parle, lui, de « comportements banalisés ». Élisabeth Borne, la P-DG du groupe, appelle à « éviter les amalgames » et assure qu'une charte de la laïcité a été éditée en 2013 à l'adresse de tous les salariés, leur rappelant les principes de l'entreprise.

Pour Alain Juillet, le cas de la RATP est l'exemple même du laisser-faire en entreprise : « Ce gars qui ne veut pas toucher un volant parce qu'une femme l'a touché avant... Mais on est en France ! L'égalité, ça veut dire quoi ? Tu ne veux pas toucher le volant ? Mise à pied. C'est simple. Là, non seulement ils l'ont laissé faire, mais en plus, pour ne pas avoir d'ennuis, ils ont fait des rames de métro rien qu'avec des hommes. Cela fait des années que nous abdiquons comme ça. Il faut faire appliquer la loi. Elle dit : dans toutes les entreprises françaises, si les salariés le souhaitent, une salle de prière doit être prévue pour l'exercice de toutes les religions et de toutes les croyances. En revanche, on n'a pas le droit de quitter son poste pendant ses heures de travail sans autorisation de son supérieur. Donc, on ne peut pas quitter son poste cinq fois par jour pour aller faire sa prière. C'est interdit par la loi. Si quelqu'un le fait, il doit être mis à pied, et, s'il recommence, on le fout dehors.

---

1. *Le Parisien*, 17 novembre 2015.

« Pour moi, c'est exactement le même problème que les filles qui se font violer dans le RER devant des gens qui ne réagissent pas. Les Français doivent apprendre à penser collectif et s'intéresser à ce qui se passe autour d'eux. Il faut que nos intellectuels jouent enfin leur rôle, qu'ils se mobilisent et expliquent ce qui se passe. Il faut que tout le monde ait le courage de s'exprimer et de dire : OK, on a un problème, résolvons-le. En face, ils ont des certitudes et il leur semble que nous, nous doutons de tout. Quand nous aurons nous aussi des certitudes inébranlables, ils commenceront à se poser des questions. Malheureusement, nos politiques sont d'une lâcheté absolue... »

Le phénomène touche d'autres domaines, notamment le sport. Un rapport du renseignement territorial publié en octobre 2015 et classé confidentiel dénombre ainsi des dizaines de signalements de « prières sauvages » organisées sur les pelouses ou dans les vestiaires lors de matchs de foot. Ces informations alarmantes nous ont été confirmées par David Douillet, l'ancien champion olympique devenu député LR, qui s'inquiète de cette dérive : « Quand j'ai arrêté ma carrière, au début des années 2000, je commençais à voir des gens qui gardaient leur slip sous la douche. C'est un signe ! Toute ma carrière, on s'est toujours tous douchés à poil. Dans le monde du sport, c'est comme ça que ça se passe. Il n'y a pas de sujet. Dans mon club de judo, à Poissy, il y a eu une altercation dans les vestiaires entre des jeunes qui pratiquent des sports de combat et les judokas, parce que les premiers ne supportaient pas que les seconds se baladent torse nu. Torse nu ! Et ce n'étaient pas que des Français d'origine maghrébine avec des profils très marqués en matière de radicalisme. Les judokas se sont écrasés et ont dit : si ça vous choque, on fera attention. C'est la faillite du système. Quand on accepte ça, on baisse son froc. Les mecs, ils font leur loi. Moi, j'étais en équipe de France avec des Larbi Benboudaoud, des Djamel Bouras... Jamais il n'y a eu un souci. Maintenant, ça touche toutes les strates de la société dès le plus jeune âge. »

Les « territoires perdus de la République »

On a beaucoup reparlé des « territoires perdus de la République » après les attaques de janvier 2015. La notion est apparue en 2002 dans un ouvrage collectif auquel a collaboré notamment l'historien Georges Bensoussan[1]. À l'époque, celui-ci constate une offensive islamiste dans les écoles et des difficultés pour les professeurs à aborder certains sujets, liés notamment à la Seconde Guerre mondiale et à la Shoah. Les auteurs, des personnalités politiquement engagées à gauche, se sentent abandonnés dans leur combat. Lors de sa sortie, le livre, jugé raciste, suscite la polémique. Treize ans plus tard, il est réédité. Pour Georges Bensoussan, « la situation s'est considérablement dégradée précisément faute d'avoir fait le diagnostic à l'époque ». Il poursuit : « Nous n'en étions pas alors au banditisme organisé, nous n'en étions qu'au début de la radicalisation islamiste. Les professeurs témoignaient dans le livre avoir vu des éducateurs scolaires, musulmans pratiquants, sinon même radicaux, qui montaient la tête à certains gamins des collèges, tels des endoctrineurs islamistes. Si les tragédies récentes commencent à libérer la parole des professeurs et des politiques, elles sont aussi l'occasion renouvelée de libérer plus encore la parole des élèves. De nombreux incidents au moment de l'affaire Merah n'ont pas été relayés. On a fait comme d'habitude dans ce pays, on a refusé de voir et de nommer, on a mis la poussière sous le tapis. Nous

---

1. Emmanuel Brenner (dir.), *Les Territoires perdus de la République*, Mille et Une Nuits, 2002 ; rééd. Fayard, coll. « Pluriel », 2015.

n'avons fait que repousser l'explosion. On l'a vu avec l'affaire Nemmouche également, certes survenue en Belgique mais où l'assassin était bien français, né à Roubaix. Quand nous préparions *Les Territoires perdus de la République*, Nemmouche et Merah étaient des gamins alors scolarisés au collège. [...] On compose donc avec la nourriture halal par exemple (le porc à la cantine), les horaires de piscine, les tenues pour l'éducation physique, etc. Mais plus l'on compose, plus la laïcité recule et plus l'on donne l'impression d'une République molle. L'offensive islamiste se nourrit de notre faiblesse, c'est-à-dire de cette lâcheté[1] [...]. »

Tous ces petits renoncements, ces petits arrangements, nous aveuglent. L'enjeu ne se situe pas dans l'opposition entre le tout-sécuritaire et le multiculturalisme. La peur de la caricature a sans doute crispé les positions et plombé le débat. Pendant ce temps, le terreau de la radicalisation a prospéré, et les ennemis de la République n'ont plus eu qu'à se pencher pour ramasser ces dizaines de jeunes perdus, sans repères et en colère. Des proies idéales pour des projets macabres.

« Pourquoi une fille de 15 ans quitte-t-elle notre territoire pour la Syrie alors que rien ne la promet à ce destin macabre ? s'interroge le patron du renseignement intérieur, Patrick Calvar. Pourquoi un garçon du même âge issu d'un milieu kurde non islamisé tente-t-il d'assassiner un enseignant juif à Marseille ? C'est une question pour notre société. Nous avons arrêté plus de trois cents personnes, et que nous disent ces jeunes ? Qu'ils n'ont aucun espoir, qu'ils n'ont pas d'existence en tant qu'individus, qu'ils ne sont "personne". Une fois qu'ils sont passés dans le monde de la barbarie, cela change, mais, au départ, ce que nous entendons, c'est bien un cri de désespoir[2]. »

---

1. *Marianne*, 26 janvier 2015.
2. Audition devant la commission de la défense et des forces armées, Sénat, 17 février 2016.

Dans son rapport *Génération radicale*, qui décrypte les ressorts du radicalisme, Malek Boutih, ancien président de SOS Racisme et député socialiste de l'Essonne, écrit : « Il ne s'agit pas seulement de prévenir la dérive de quelques individus marginalisés. Il faut plutôt s'interroger sur le fait qu'une grande partie de la jeunesse se détourne de notre modèle de société[1]. » Ces jeunes se disent « en quête de sens ». Ils pensent trouver une issue à leur malaise dans un islam dévoyé. Leur engagement peut dès lors traduire, d'une façon extrême, l'ambition de participer à un changement radical du monde dans lequel ils vivent et qui ne les satisfait pas. Certains d'entre eux développent ainsi une conception fantasmée de la « révolution islamiste », nourrie par la propagande habile diffusée par Daesh.

« Daesh, c'est "guinguette au village" par rapport à la culture très militaire d'Al-Qaïda, ironise Kalène. Donc, les jeunes qui choisissent de rejoindre l'EI, ce ne sont pas forcément les plus rigoristes. Au contraire, ils savent qu'ils ont le droit de fumer, de boire et de se faire des nanas. C'est moins contraignant qu'Al-Qaïda, où ça ne rigole pas du tout pour le coup ! »

C'est chez Daesh que l'on retrouve la plupart des convertis de fraîche date. Leur culture religieuse est, la plupart du temps, sommaire, voire inexistante. Les filières djihadistes les recherchent tout particulièrement, parce qu'ils connaissent la culture occidentale de l'intérieur et permettent de nourrir leur propagande.

Le 16 novembre 2015, Malek Boutih est l'invité de la matinale de France Inter. Plus déterminé que jamais, il appelle à « couper le robinet de haine » : « Vous ne pouvez pas simplement vous occuper de quelqu'un une fois qu'il est déterminé à mourir. En fait, il y a un enjeu maintenant en amont. Il faut aujourd'hui trouver un moyen de couper

---

1. Malek Boutih, *Génération radicale*, juillet 2015.

net l'ensemble des musulmans, mais aussi d'autres jeunes Français dans les zones rurales, qui sont attirés par cette radicalité avant qu'elle ne les emporte. Et donc, pour cela, il faut un encadrement humain beaucoup plus fort, et surtout, surtout, [...] ces gens-là ne doivent pas avoir de territoires dans lesquels on ne peut pas les contrôler. Ce qui se passe aujourd'hui dans un certain nombre de cités en fait des bases arrière. Il faut aller au cœur. La guerre contre les islamistes, c'est une guerre militaire, de renseignement, de sécurité, mais c'est aussi une guerre politique et idéologique. Il faut donc, au sein des musulmans, que nous formions une colonne républicaine pour les affronter. »

10.

Contre-terrorisme

« Il n'y a pas de liste hollywoodienne d'ennemis à abattre. François Hollande n'a pas sa *kill list*. Mais on ne va pas se mentir : si on peut neutraliser nos ennemis sur le terrain en les ciblant de façon très précise, oui, on le fait. »
Un conseiller de François Hollande à l'Élysée

Forces spéciales : la Ferrari

En 2003, la France est en délicatesse avec les États-Unis après avoir refusé de s'engager en Irak à leurs côtés. Jacques Chirac a besoin de renouer les liens avec Washington. Il décide d'envoyer deux cents membres des forces spéciales en Afghanistan, en appui des forces américaines, et annonce à George W. Bush : « Je vous prête ma Ferrari. »

En 2012, le général Christophe Gomart, alors commandant du COS (Commandement des opérations spéciales), ne dit pas autre chose quand il déclare : « Nos forces spéciales sont un rempart contre le terrorisme. […] Les trois mille membres des forces spéciales se connaissent, s'entraînent ensemble, répétant jour après jour ce vers quoi nous tendons : le geste parfait. [...] Ce que je constate actuellement, c'est une coopération accrue entre le COS et les forces spéciales étrangères dans des actions visant à combattre les réseaux terroristes dans la profondeur, là où ils sont vulnérables, je pense notamment aux zones refuges ou aux lignes de communication[1]. »

Créé en 1992, au lendemain de la guerre du Golfe, le COS réalise des actions militaires stratégiques au moyen de techniques opérationnelles et de modes d'action inhabituels, que ce soit dans le renseignement, l'attaque de cibles ou le contre-terrorisme. Ce sont des troupes d'élite qui, depuis le début des années 2000, portent le combat hors du territoire national avec le 1er régiment parachutiste d'infanterie de marine (RPIMa), le 13e régiment de dragons parachutistes (RDP), le commando parachutiste de l'air n° 10 ou encore les commandos marine.

« Quand le chef d'État-major des armées nous assigne un objectif, nous devons être en mesure de l'atteindre vite, fort et bien, précise le général Gomart. [...] Pour encore améliorer ce dispositif, nous avons mis l'accent sur le renseignement. Sans renseignement, pas d'opérations spéciales[2]. » À ce titre, ce n'est pas un hasard s'il a été nommé patron de la DRM (Direction du renseignement militaire) en 2013, après avoir quitté la tête du COS. Sa volonté a toujours été de mutualiser le renseignement d'origine militaire (DRM ou DGSE) et celui d'origine civile (DGSI) afin, selon lui, de mieux reconstituer le « puzzle » – celui dont nous parlait aussi Yves Trotignon au début de ce livre.

Ce n'est plus un secret pour personne : les forces spéciales françaises agissent partout où nos intérêts sont

---

1. *Le Figaro*, 8 décembre 2012.
2. *Ibid.*

menacés par des terroristes. Par exemple, au Niger, depuis que cinq employés français d'un sous-traitant d'Areva ont été enlevés à Arlit par un commando d'AQMI en 2010 – les derniers otages ont été libérés en octobre 2013 –, le groupe français leader dans l'énergie nucléaire bénéficie de la protection des hommes du COS. La présence des forces spéciales françaises en Libye pendant la guerre a été révélée par Bernard-Henri Lévy, qui a expliqué que Nicolas Sarkozy les avait envoyées « pour guider les frappes et entraîner les commandos d'élite libyens »... Alors que la France n'a jamais reconnu l'envoi de forces spéciales au sol, il y avait là une trentaine d'hommes assurant des missions de liaison avec les insurgés. Toutefois, aucune mission de combat ne leur était alors attribuée. Si ces missions sont en général tenues secrètes, elles n'ont rien de clandestin.

En revanche, un article du *Monde* paru en février 2016 fait grincer des dents en haut lieu. Le journal, sous la plume de Nathalie Guibert, y révèle que les forces spéciales ont été repérées « dans l'est de la Libye depuis mi-février par des blogueurs spécialisés. Ce n'est pas tout. Plusieurs sources ont indiqué au *Monde* que la lutte contre les terroristes pouvait couvrir des opérations clandestines menées par le Service Action de la Direction générale de la sécurité extérieure (DGSE). [...] Ces moyens, dits d'"ouverture de théâtre", ne préjugent toutefois pas d'une future opération en bonne et due forme. [...] En Libye, l'objectif n'est pas de gagner une guerre, mais de frapper l'encadrement de l'EI, dans l'idée de freiner sa montée en puissance. Une action menée de concert par Washington, Londres et Paris. Comme l'a de nouveau illustré le raid américain mené le 19 février contre un cadre de l'EI ».

Ce raid a fait plus de quarante morts. Il visait Noureddine Chouchane, soupçonné par Washington d'être le cerveau de deux attentats perpétrés en Tunisie l'année précédente, contre le musée national du Bardo en mars et sur la plage de Sousse en juin, faisant au total soixante morts. Dans cet article, *Le Monde* évoque également une précédente élimination, celle d'un homme « considéré comme le plus haut responsable de l'EI en Libye, l'Irakien Abou Nabil ». Il été tué en novembre 2015 lors d'un bombardement à Derna. Et, « selon les informations du *Monde*, cette frappe a été initiée par Paris[1] ». En révélant ces informations classées « secret-défense », *Le Monde* frôle l'incident diplomatique avec l'Élysée. La sanction tombe le jour même : le ministre de la Défense, Jean-Yves Le Drian, lance une « enquête pour compromission » du secret-défense.

Reste que les informations mises au jour par le quotidien sont corroborées par un haut gradé à l'État-major des armées. Il a accepté de nous rencontrer, mais ne souhaite pas être nommé, comme on pouvait s'y attendre. Ce général nous confirme l'emploi des forces spéciales en Libye et leur participation au « traitement » de cibles à travers le renseignement : « En Libye, on fait principalement du renseignement. On aide nos camarades locaux à s'installer pour qu'il y ait une autorité légale. On effectue des vols de reconnaissance dans le but d'obtenir du renseignement. On doit savoir tout ce qui se passe sur le terrain, et, en termes de moyens, on a tout ce qu'il faut. L'Irakien Abou Nabil a été ciblé en partie grâce au renseignement français. On traque partout à l'extérieur du territoire national. On donne en permanence des infos aux Américains, qui nous en filent aussi. L'échange est constant. »

Mais la France ne se contente pas de faire du renseignement. Elle pratique également ce qu'on appelle les « exécutions extra-judiciaires ». Et l'assume pleinement. « Il n'y a pas de liste hollywoodienne d'ennemis à abattre. François

---

1. « La France mène des opérations secrètes en Libye », *Le Monde*, 24 février 2016.

Hollande n'a pas sa *kill list*. Mais on ne va pas se mentir : si on peut neutraliser nos ennemis sur le terrain en les ciblant de façon très précise, oui, on le fait », concède un conseiller de François Hollande à l'Élysée.

Permis de tuer

En ce 12 octobre 2015, la rumeur veut que des frappes françaises aient ciblé un camp d'entraînement de combattants français à proximité de la ville de Raqqa, dans le nord de la Syrie. Ce jour-là, Manuel Valls rend visite aux troupes françaises sur une base aérienne en Jordanie. Pour la photo, il passe aux commandes d'un Mirage 2000, réputé pour la précision de ses tirs au guidage laser. Il répond sans ambiguïté aux journalistes qui l'interrogent sur les raids ciblés : « La France a décidé de frapper des cibles où se préparent des attentats contre la France. [...] On frappe Daesh en Syrie, et tous ceux, quelles que soient leurs origines et leurs nationalités, qui ont décidé de frapper la France, et donc de frapper leur propre pays. [...] Au nom de la légitime défense, c'est une obligation de frapper Daesh, et nous continuerons. » Et de conclure : « Les terroristes n'ont pas de passeport[1]. »

La France cible ses propres ressortissants, et cela ne suscite aucun débat. Ni sur la doctrine ni sur les moyens employés. La France est en guerre. Il n'y a plus de place pour le discours « droit-de-l'hommiste » quand notre démocratie est frappée en son cœur. La question est plutôt de savoir si nous devons améliorer nos capacités pour mener à bien nos objectifs militaires « extra-judiciaires ». Contrairement à certains de ses camarades de haut rang, le général qui nous parle ne

---

1. Visite au Moyen-Orient avec le ministre de la Défense, Jean-Yves Le Drian, 12 octobre 2015.

semble pas frustré que la France ne se soit toujours pas dotée de drones d'attaque : « On n'en a pas besoin. On traque avec nos drones de surveillance, et on tape avec les missiles. Cela nous suffit largement. On peut tirer à 400 kilomètres de distance. Nos missiles peuvent emporter une charge explosive de 50 à 100 kilos. La précision du tir est redoutable, ils passent par l'ouverture d'une fenêtre ! »

Nous évoquons devant lui la rumeur selon laquelle la France aurait cherché à atteindre Abdelhamid Abaaoud en Syrie, le ratant à deux reprises, dans son camp d'entraînement et dans un immeuble à Raqqa. « Si la cible est en ville, on n'y va pas, nous explique le général. Trop de risques en termes de dommages collatéraux. On mesure en permanence le bénéfice-risque. Ce n'est pas la politique de la France de jouer à ce jeu-là. Donc, on suit la personne avec le drone jusqu'à ce qu'elle sorte de la zone d'habitation, et, une fois les conditions réunies, on frappe. On a des satellites ultra-performants aussi. Lorsqu'on nous donne une info, nous avons les moyens, l'indépendance, pour la vérifier. Ce n'est pas le cas des Anglais, par exemple. » Avant de conclure l'entretien, notre interlocuteur insiste : « Notez bien : une décision de frapper se fait essentiellement sur la base d'une somme de renseignements ! » Il est vrai que, dans ce domaine, les forces spéciales françaises excellent.

C'est le cas également dans les opérations extérieures. Avec pour devise « Faire la guerre autrement », ces unités d'élite ont des capacités extraordinaires. Leur déploiement repose sur un point essentiel de stratégie militaire : un minimum de moyens pour un maximum de résultats. Ce sont des forces discrètes, furtives et autonomes, idéalement adaptées à un contexte de guerre « asymétrique » tel que celui d'aujourd'hui. C'est le général Henri Poncet qui en parle le mieux : « La guerre autrement, c'est mettre l'imagination au pouvoir. Et qui peut le faire ? Des emmerdeurs, des iconoclastes, des trublions qu'on doit laisser cogiter pourvu qu'en dernier ressort un chef, en l'occurrence le chef d'État-major des armées, dise : "Oui on fait – Non on ne fait pas." Ces agitateurs d'idées sont une denrée rare, et ce n'est pas Saint-Cyr qui va former des gens non conventionnels[1] ! »

« Un rêve de gosse » : c'est le slogan de l'armée pour recruter au sein des forces spéciales. La campagne est lancée fin 2015 sur le site du ministère de la Défense, sur différents forums spécialisés et même à la télé. L'objectif est de recruter mille commandos d'ici à 2019. La crème de la crème des forces armées compte actuellement trois mille hommes – nageurs de combat, pilotes d'hélicoptère, tireurs d'élite –, des commandos surentraînés pour agir sur terre, dans les airs ou en mer. Avant d'accéder au saint des saints, les candidats passent une série d'entretiens psychologiques et de tests physiques. « Rien de très compliqué, assure l'adjudant-chef Jérôme, de la cellule recrutement du 13ᵉ RDP. Avoir un bon niveau sportif n'est pas le facteur déterminant. Il faut avant tout un moral sans faille pour tenir dans la durée, et, intellectuellement, être capable de retenir beaucoup d'informations. Un commando, c'est la tête et les jambes plus une grosse dose de motivation. »

Les chuteurs opérationnels du 1ᵉʳ RPIMa, les « Aquila », basés à Bayonne, peuvent sauter jusqu'à une altitude de 8 500 mètres. Au-delà de 6 000 mètres, ils sautent sous oxygène et peuvent embarquer jusqu'à 110 kilos de matériel avec eux, ce qui leur permet une dérive jusqu'à 40 kilomètres sous voile. Les amateurs de parachute, de parapente ou de vol libre comprendront aisément que, pour cela, la motivation ne suffit pas. Il faut

---

[1]. Cité par Jean-Dominique Merchet, *Une histoire des forces spéciales*, Jacob-Duvernet, 2010.

une sacrée résistance physique. Mais, pour ces gars, c'est presque la récré. Il faut dire que les hommes du « 13 », comme ils disent dans leur jargon, passent des jours et des nuits à se terrer dans des trous de 4 mètres carrés qu'ils creusent eux-mêmes, sans se faire repérer, bien entendu. Ils doivent tenir en totale autonomie, bien souvent infiltrés derrière les lignes ennemies, soit pour repérer des cibles, soit en sortie de mission en attendant de se faire récupérer par des camarades. Ils sont entraînés à survivre en milieu hostile, leur barda de 60 kilos minimum sur le dos – le « menhir », comme ils disent.

Les commandos Hubert, Jaubert et d'autres, basés à Lorient, sont devenus une légende. Leur formation, qui exige l'excellence, s'oriente vers les techniques de combat, de sabotage ou d'héliportage. Quand ils ne partent pas en mission, ils s'entraînent tous les jours. Autant dire que, pour qui veut les intégrer, on est bien au-delà du « rêve de gosse ». On peut ajouter à la liste des dispositions nécessaires l'acceptation d'une forme d'abnégation, d'autant plus que ces « *warriors* » des temps modernes ne peuvent même pas se faire mousser auprès des autres, puisque toutes leurs actions sont tenues secrètes.

La confusion règne souvent sur l'usage des forces militaires. La frontière est ténue entre les militaires du COS, placés sous les ordres du chef d'État-major des armées, qui agissent discrètement mais toujours sous uniforme, et ceux du Service Action de la DGSE, qui sont invisibles et opèrent en toute clandestinité. Quant aux soldats des forces spéciales, même s'ils sont désormais contraints à l'anonymat pour des raisons de sécurité évidentes, leurs opérations, bien que secrètes, ne sont pas clandestines, dans le sens où le gouvernement français doit pouvoir toujours les revendiquer. Lors de certaines opérations, les agents du SA peuvent venir appuyer les commandos des forces spéciales, et inversement. Mais pas question de « mixer » les équipes sur un plan organisationnel. Chacun reste chez soi, répondant strictement aux ordres de sa hiérarchie.

La doctrine va-t-elle changer ? Au vu de la tempête provoquée par les révélations du *Monde*, cela paraît peu probable à brève échéance. Pourtant, le monde évolue, et la façon de faire la guerre aussi. À la suite des attentats du 11 septembre, les pays occidentaux, et pas seulement eux, ont dû reconsidérer leur doctrine en matière de protection de leur territoire et de leur population. L'un des changements majeurs a consisté à accroître le rôle des unités d'élite afin qu'elles puissent être déployées rapidement pour lancer des opérations spéciales contre des cibles terroristes, renforcer les capacités de certaines armées dans leur combat contre les mouvements terroristes, acquérir du renseignement ou libérer des otages dans des zones de guerre.

Au Sahel pour longtemps

Ce devait être une intervention rapide, mais il n'est nul besoin de faire appel à Madame Irma pour savoir que nous sommes encore pour un bon moment au Sahel, où la mouvance djihadiste monte en puissance. Au printemps 2016, Patrick Calvar signale que, depuis les attaques de novembre, la menace est très forte « également hors du pays, ainsi que nous avons pu le constater avec les attentats de Bamako, de Ouagadougou et, plus récemment, de Bassam, en Côte d'Ivoire ». Du fait de la compétence judiciaire de la DGSI, son service est systématiquement saisi de toutes les actions terroristes commises à l'étranger dès lors qu'un ressortissant français en est victime. La traque des djihadistes s'opère désormais jusqu'en Afrique.

Au Mali, la France s'est largement appuyée sur les forces spéciales pour mener sa première opération, lancée « vite et bien » début 2013 : l'opération Serval[1]. Au bout de un an de présence, un rapport du Sénat saluait déjà « les résultats très significatifs de la Task Force Sabre dans la lutte antiterroriste au Sahel : sept chefs terroristes importants et près de soixante-dix combattants ont été neutralisés ou faits prisonniers. Cinq otages du CICR ont été libérés. Ces actions déstabilisent les groupes armés terroristes du Nord-Mali ». Depuis quelque temps, des commandos français agissaient « discrètement » dans la zone pour repérer les terroristes. « On y est depuis 2011, nous confie un militaire du 13e RDP entre deux missions. Les conditions ne sont pas terribles. La chaleur est éprouvante, ça suppose toute une logistique en réapprovisionnement d'eau et en carburant. On fait des kilomètres dans le désert, le matériel résiste difficilement aux cailloux, et nos pompes, c'est pareil. On ne se rend pas compte, mais les types se cachent n'importe où. Ils n'ont pas besoin de boussole, eux, pour se déplacer, et ils ont des relais partout. Le téléphone arabe, ce n'est pas une légende. On tombe tous les jours dans des embuscades, et quand tu y es, tu fais quoi ? Le numéro vert pour demander une exfiltration d'urgence, ça n'existe pas, c'est que dans les films ! Et, croyez-moi, ce n'est pas fini. Ils arrivent de partout, les mecs, armés jusqu'aux dents. » Il ajoute dans un soupir : « Je n'ai pas pris de vacances depuis un an, ma femme ne le supporte plus. Ce qui me fait mal surtout, c'est mon fils qui réclame son papa tous les jours. Mais, là, je dois repartir. »

Où et pour combien de temps ? Il ne nous le dira pas. Pas plus qu'il ne donnera de détails sur ses missions. Notre entretien a été ponctué d'indications toutes plus vagues

---

1. Le 11 janvier 2013, les autorités maliennes demandent à la France son appui pour stopper la progression de groupes terroristes en direction de Bamako et les repousser vers le nord. La France lance en quelques heures une opération militaire en appui des forces armées maliennes, baptisée « opération Serval ».

les unes que les autres : « quelque part sur la planète... », « entre le pôle Nord et le pôle Sud... », « un jour, je ne me souviens plus quand... », « des camarades d'en face ou d'à côté... ».

Lors d'une précédente enquête sur les forces spéciales, le général Henri Bentégeat, qui a été chef d'État-major des armées de 2002 à 2006, nous avait confié : « J'ai fréquenté ces gars lors de mes déplacements en Afghanistan. Ce que je peux vous dire, c'est que, sous couvert de têtes brûlées, ce sont des types d'une très grande humilité et au profil extrêmement équilibré. Ils ne laissent rien apparaître. C'est obligatoire. Sinon, ils ne resteraient pas. »

Au début de l'opération Serval, le nombre de djihadistes représentant une menace pour le Mali était estimé par le renseignement à deux mille. Entre janvier et fin avril 2013, un tiers d'entre eux auraient été tués, quatre cents faits prisonniers et remis à l'armée malienne.

La France a mené une guerre éclair. Le 25 janvier, les militaires franco-africains reprennent l'aéroport de Gao. Trois jours plus tard, dans la nuit du 27 au 28, Tombouctou est libéré des islamistes. Le pays réserve un accueil triomphal au chef de l'État français, en visite à Bamako le 2 février 2013. Mission accomplie pour François Hollande et son ministre de la Défense, Jean-Yves Le Drian, qui se félicitent de ce début d'intervention rondement mené. Sur France Info, les éditorialistes s'interrogent : Jean-Yves Le Drian a-t-il eu raison de se réjouir ? Pour Jean-Sébastien Ferjou, d'Atlantico, « on ne peut que se réjouir, mais cette avancée vers Kidal va se transformer en piège politique [...]. Il faut bien entendre ce que les Américains ont dit : c'est un conflit qui est parti pour durer des années. Mais il n'y a toujours pas de solution politique, on en revient à la situation de départ[1] ».

---

1. Atlantico, 29 janvier 2013.

En août 2014, ce sont les trois mille cinq cents hommes de l'opération Barkhane qui prennent le relais pour traquer les « groupes armés terroristes » sur une zone aussi vaste que l'Europe et à cheval sur cinq pays : le Mali, la Mauritanie, le Niger, le Tchad et le Burkina Faso. « Il s'agit d'une double logique, rappelle le général Pierre de Villiers, chef d'État-major des armées : une logique de "défense de l'avant" de notre territoire national, et une logique de solidarité vis-à-vis des forces armées partenaires en Afrique, qui doivent nécessairement prendre le relais[1]. » La France essuie de lourdes pertes : dix-sept militaires français sont morts depuis le début de l'intervention. De plus, à trop rester sur place, la force d'intervention française s'apparente pour la population locale à une force d'occupation. Enfin, les problèmes de sécurité n'ont pas été réglés pour autant au Mali, comme l'a encore montré l'attentat du 20 novembre 2015 au cœur de sa capitale, Bamako.

Pour Laurent Bigot, ancien sous-directeur « Afrique occidentale » au ministère des Affaires étrangères chargé du Mali, le bilan est alarmant : « On commet exactement la même erreur que les Américains en Irak et au Proche-Orient : on embrase le Sahel. Les attentats suicide n'existaient pas ; maintenant, oui. Le champ d'action des islamistes s'étend de plus en plus, alors que nous n'avons jamais été autant impliqués. Évidemment, les opérations militaires peuvent être utiles, mais elles sont un moyen, pas une fin. C'est une victoire militaire de plus, mais une défaite politique cuisante. Notre approche est uniquement sécuritaire, c'est ça qui aggrave les choses. »

Celui qui a quitté la diplomatie française il y a deux ans ne cache pas sa colère : « Le Mali, c'est cinq mille personnes pour faire la guerre, et une pour faire la paix.

---

1. *Le Figaro*, 20 mars 2015.

Je me souviens, on avait demandé dix personnes pour les négociations. On nous les a refusées. Une équipe technique de négociateurs et d'experts aurait pu accompagner l'offensive militaire, mais on nous a répondu : "Ça coûte trop cher !" Je ne veux pas dire du mal de l'armée, ce n'est pas la question, mais dans dix ans le sentiment antifrançais aura encore grandi à cause de ceux qui donnent les ordres. Il y a un problème au niveau décisionnel, un manque de culture évident, et on ne fait pas assez de coopération sécuritaire. Regardez dans nos écoles militaires ou de police : il y a de moins en moins d'Africains. On préfère les Qataris ou les Saoudiens, parce qu'on pense que ça va permettre de vendre des armes. Les quotas sont de moins en moins tournés vers l'Afrique. »

La diplomatie française lui inspire tout autant d'amertume : « Elle n'est pas à la hauteur. Des pays deviennent infréquentables du jour au lendemain, puis ils redeviennent fréquentables. On a une vision très manichéenne des négociations. On n'est plus une troisième voie. Ça, c'est l'héritage de la présidence Sarkozy. »

Pour Arnaud Danjean, ancien président de la sous-commission sécurité et défense au Parlement européen, le problème vient non pas de l'ancien, mais de l'actuel président de la République : « Mon sentiment, c'est que François Hollande n'a rien compris au problème du terrorisme. Depuis le début, il est dans l'effet d'annonce. Il existe un hiatus terrible entre l'effet affiché, la rhétorique utilisée, et la connaissance réelle de ce qu'est le terrorisme et de la façon de le combattre. » Sur la guerre au Mali, il se montre très critique : « Elle a été mal justifiée. Ce qui est sujet à caution, ce n'est pas l'intervention militaire en tant que telle, mais la transformation de cette opération de défense de l'intégrité du territoire malien en opération antiterroriste massive. »

Le député européen déplore une certaine méconnaissance du problème sécuritaire et du renseignement chez les responsables politiques : « Ils ne s'intéressent pas au sujet en profondeur. D'ailleurs, je suis bien en peine de vous donner le nom d'un collègue, de droite ou de gauche, qui s'y connaisse en renseignement. Le plus qualifié, M. Urvoas, n'est spécialisé que sur le renseignement intérieur policier, la DGSI. Il raconte n'importe quoi sur la DGSE. La DRM, je n'en parle même pas ! Dans la loi sur le renseignement, on ne parle que de l'antiterrorisme, mais on ne parle pas du renseignement en général, le renseignement de contre-ingérence, contre-espionnage ou géopolitique. Or c'est très important, car si on ne fait que de l'antiterrorisme, on se voile la face sur tous les autres problèmes en lien avec le terrorisme, comme la prolifération des armes. » Et de conclure avec une pointe d'ironie : « En revanche, ce président a découvert le formidable outil qu'est l'armée française, notamment avec ses forces spéciales. Et l'armée est ravie de pouvoir gratter sur son budget et faire plaisir à un exécutif de gauche ! »

Et en avant, au Levant !

Parallèlement à l'envoi de troupes au Mali, le chef de l'État a décidé en septembre 2014 d'intervenir au Levant, en Irak et en Syrie : c'est l'opération Chammal. Là encore, les forces spéciales vont permettre à la France de faire du contre-terrorisme en dehors de ses frontières. Les troupes d'élite œuvrent actuellement sous drapeau tricolore en Syrie, officiellement « pour conseiller les rebelles ».

Le ministre de la Défense n'en dira pas plus sur leur mission : comme toujours, ces opérations doivent rester discrètes. C'est à peine si elles existent. La grande bataille de Mossoul est annoncée depuis maintenant près de deux ans.

En janvier 2016, nous nous sommes rendues à Erbil, capitale de la région autonome du Kurdistan irakien, où la coalition emmenée par les États-Unis a installé l'un de ses postes de commandement. Les Américains ont établi leur camp à côté de celui des Français, et deux hélicoptères Black Hawk sont stationnés sur le tarmac de l'aéroport ultra-sécurisé. C'est en partie ici que se prépare la bataille pour reprendre Mossoul, la deuxième ville d'Irak, prise par l'État islamique le 10 juin 2014 et proclamée capitale de Daesh en Irak. Les premiers commandos français ont atterri à Erbil à l'été 2014. Depuis, d'autres groupes sont venus grossir les rangs des « instructeurs » de la coalition. On ne connaît pas leur nombre exact. « Ils sont une bonne grosse centaine, en tout cas », nous confie un officier. Vont-ils participer aux combats à Mossoul ? « Je ne peux rien vous dire. Officiellement, ils sont là pour former les soldats kurdes, les peshmergas, aux armes lourdes et aux techniques de combat en zone urbaine et en plaine. » Nous n'en saurons pas plus.

À l'origine, officiellement en tout cas, l'opération Chammal, lancée trois mois après la prise de Mossoul par l'État islamique, ne devait apporter qu'un soutien aérien dans les frappes contre Daesh en Irak. Mais, un an plus tard, le président de la République, faisant état de la préparation d'attaques terroristes contre la France par Daesh, ouvre la voie aux bombardements aériens sur la Syrie, excluant néanmoins tout envoi de militaires sur place. « Nous n'enverrons pas de troupes au sol [en Syrie], pas plus que nous ne le faisons en Irak[1] », martèle-t-il lors d'une conférence de presse à l'Élysée.

C'est pourtant faux : des soldats français se trouvent déjà en Irak, et leur nombre va augmenter. François Hollande, chef des armées, le sait : il peut compter sur ces forces,

---

1. Conférence de presse, 7 septembre 2015.

discrètes et agiles. Les forces spéciales sont désormais dirigées par le général Grégoire de Saint-Quentin, qui souligne : « Nous devons avoir une grande capacité de renseignement et de discrimination de la menace, c'est-à-dire repérer les individus dangereux qui, pour commettre leur attentat, se fondent souvent dans la population. Notre mission est de les trouver et de les contester dans leurs zones d'impunité à partir desquelles ils préparent leurs actions[1]. »

La coalition a mis un terme à la progression de l'EI au Levant. L'objectif, désormais, est de détruire l'organisation terroriste et de couper les têtes à son plus haut sommet. Pour ce genre d'opérations très spéciales, la France utilise ses services spéciaux.

La lutte clandestine

La DGSE opère principalement en territoire étranger – mieux, en zone « non autorisée ». En clair, ses agents sont là où ils sont censés ne pas être.

Le Service Action (SA) fait partie de la direction des opérations de la DGSE. C'est une unité militaire secrète composé d'agents du Centre parachutiste d'instruction spécialisée. Un centre d'entraînement est basé à Cercottes, dans le Loiret, un autre à Perpignan. Les nageurs de combat sont regroupés au sein du Centre parachutiste d'entraînement aux opérations maritimes basé à Quélern, en Bretagne.

Les hommes du SA, des militaires ultra-entraînés, interviennent sous les ordres de leur hiérarchie militaire ou à la demande du chef de l'État. Le point crucial, c'est que celui-ci pourra nier par la suite leur intervention – qu'elle

---

1. *L'Express*, 16 avril 2015.

se solde par un échec ou par un succès –, car ces soldats ne portent pas d'uniforme. Leur activité est couverte par un secret-défense à toute épreuve, résistant même à celle du temps. Personne ne connaît leurs actions. Ceux qui prétendent le contraire sont des affabulateurs. Ce qui est sûr, c'est qu'ils vont partout où le renseignement est nécessaire. Leurs moyens techniques sont des plus performants, mais rien ne remplace le contact humain. Au Sahel, ils interrogent les djihadistes capturés, des « sources de premier plan », selon leurs propres dires.

La coopération internationale est « intense » : les services secrets de pays étrangers s'échangent des informations, à condition, premièrement, qu'ils partagent un intérêt commun, et, deuxièmement, que ces informations soient de qualité. La collaboration avec les pays musulmans, qui sont les premières victimes des islamistes radicalisés, est essentielle.

Le problème aujourd'hui, ce sont les difficultés pour atteindre Raqqa, en Syrie, ou Mossoul, en Irak. Les fiefs de Daesh sont interdits d'accès aux étrangers qui n'ont pas prêté allégeance à Al-Baghdadi. Le groupe terroriste ne fait aucune exception, même pour les organisations non gouvernementales humanitaires. Daesh exige en effet des humanitaires qu'ils prêtent allégeance à l'EI, avec interdiction de quitter le territoire sous peine d'exécution. Dans ces conditions, il va de soi qu'aucune ONG ne peut prendre le risque d'envoyer ses employés avec un aller simple pour Mossoul ou Raqqa. Les rares journalistes à s'y être aventurés n'en sont pas revenus, sauf cas exceptionnel.

Ou alors ils servent d'instruments de propagande, comme John Cantlie, ce journaliste britannique retenu en otage depuis trois ans et réapparu depuis dans plusieurs vidéos. Il a été capturé en Syrie en novembre 2012 alors qu'il couvrait le conflit avec le journaliste américain James Foley, premier otage exécuté par les djihadistes. Il s'adresse à la caméra comme s'il faisait librement son métier de reporter de guerre et affirme se trouver à Mossoul, en Irak, ou au nord d'Alep, en Syrie. Il s'agit d'une manipulation odieuse : la seule façon pour cet otage de rester en vie est de relayer les mensonges de Daesh dans une série de « documentaires » relatant le quotidien dans les zones occupées par l'organisation terroriste.

Impossible, donc, pour un étranger non combattant de pénétrer en territoire daeshien. À Raqqa, les cartes d'identité syriennes ont été remplacées par des cartes portant le sceau du califat. Les téléphones sont interdits et les réseaux Internet turcs accessibles seulement quelques minutes par jour. Les femmes, contraintes de porter le voile intégral, doivent être accompagnées par un homme lorsqu'elles sortent de chez elles. « La majorité des étrangers viennent pour combattre, mais il y a aussi des familles qui viennent pour vivre sous la loi islamique », assure un militant anti-EI.

De la vie quotidienne dans les villes prises par Daesh ne nous parviennent que quelques rares informations, photos et vidéos, grâce aux militants infiltrés dans la population. Ceux qui les transmettent risquent leur vie à chaque instant. La police de l'EI est redoutable. Elle possède ses propres agents de renseignement à l'extérieur du territoire. Des « éliminations » ont régulièrement lieu, notamment en Turquie, où des militants de Raqqa se font assassiner. Quant aux sources humaines recrutées par les services secrets occidentaux, même fiables, elles ne servent à rien si elles ne sont pas « là où cela se passe ».

Alors, comment entrer en contact avec l'organisation terroriste et peut-on négocier avec ses membres ? « Leurs revendications ne sont pas politiques, nous explique un militaire de haut rang travaillant dans le contre-terrorisme. Ils mènent un combat pour la victoire du bien contre le mal.

Qu'y a-t-il à négocier avec des gens qui diffusent des vidéos atroces, décapitent des otages et de simples habitants sur la place publique, interdisent aux femmes de sortir seules dans la rue, fouettent et exécutent des enfants, à défaut d'en faire des tueurs ou de la chair à canon? Lorsqu'il s'agit de terrorisme d'État, il y a des bases sur lesquelles on peut discuter. Mais, avec ces gens-là, il n'y a rien à négocier. Rien du tout. »

Obama a sa « *kill list* » : les États-Unis éliminent des cibles en territoire étranger avec leurs drones. Des équipes spéciales sont déployées en Irak pour interroger des responsables de l'EI faits prisonniers afin de leur soutirer des informations. C'est ce qui a été fait en mars 2016, comme l'a révélé la chaîne américaine ABC News[1]. Sleiman Daoud al-Afari, un spécialiste des armes chimiques membre du parti Baas sous Saddam Hussein, a été capturé par les Américains, puis mis en détention « temporaire » dans un lieu tenu secret à Erbil. C'est dans cette ville qu'est basée notamment l'unité d'élite américaine appelée Expeditionary Targeting Force. Composée de deux cents membres de la Delta Force et spécialisée dans les missions antiterroristes, elle est déployée par Washington depuis début 2016 pour mener des « raids » contre les responsables djihadistes en Irak et en Syrie et collecter du renseignement. Les prisonniers sont ensuite remis aux autorités irakiennes selon un accord passé entre les États-Unis et Bagdad.

La France a également positionné des commandos des forces spéciales à Erbil. Quel est leur rôle exact? Peu d'éléments filtrent à ce sujet. « Ils font de la formation et du conseil auprès des forces armées kurdes telles que les peshmergas, les seuls à contenir la progression de Daesh en Irak avec les milices chiites », nous confie Gérard

---

1. ABC News, 2 mars 2016.

Chaliand, chercheur et enseignant, spécialiste des conflits asymétriques. Certains commandos sont formés pour aller derrière les lignes afin de repérer des cibles et renseigner sur l'état des forces ennemies, mais ils ne sont pas habilités à « neutraliser » l'ennemi, comme on dit dans le jargon militaire.

Les agents français du SA, eux, sont formés à cela. Nous ne nous aventurerons pas dans le débat sur le bien ou le mal de l'usage des services secrets au sein d'une démocratie. L'ancien diplomate Laurent Bigot, lui, condamne sans ambiguïté ces exécutions « extra-judiciaires » en territoire hostile : « Une intervention militaire contre des terroristes est une réponse d'urgence, mais celle-ci est illégitime dans la durée. On a emboîté le pas à la doctrine américaine. Si les militaires ont des informations suffisamment précises pour tuer des personnes, pourquoi ne pas les transmettre à la justice ? S'affranchir si systématiquement de la présomption d'innocence et du droit à un procès juste et équitable, c'est aller contre nos valeurs. *In fine*, on coupe des têtes, mais d'autres repoussent. On n'a tiré aucune leçon de l'Afghanistan ou de l'Irak. Pire, on répète les mêmes erreurs[1]. »

Dans son ouvrage *Qui est l'ennemi ?*, le ministre de la Défense s'exprime au nom d'un pays « en guerre » et n'écarte pas « la résurgence d'un ennemi majeur de type étatique ». Pour lui, Daesh est bien un « proto-État », qui fonctionne avec une « armée terroriste » et une « idéologie extrémiste ».

La France est donc entrée en guerre contre l'ennemi Daesh, et, pour Le Drian, « il n'y a pas d'ennemi de l'intérieur. Si le combattant de Daesh en Syrie et en Irak est un ennemi, et doit être traité comme tel, le terroriste sur le

---

1. *L'Opinion*, 4 janvier 2016.

territoire national est un criminel, et doit être traité comme tel[1] ».

À la lecture de ces lignes, Yves Trotignon ne peut s'empêcher de réagir sur son blog : « Si le terroriste agissant en France est un criminel, pourquoi lui opposer les milliers de soldats de l'opération Sentinelle ? L'invocation, en réalité, d'une réponse adaptée à la "militarisation de la menace" confirme que des centaines de notes écrites depuis les attentats de Bombay, en 2008, n'ont pas été prises en compte, et que ni la police ni la gendarmerie n'ont été préparées aux assauts qui nous visent[2]. »

Les scénarios du « pire »

Ainsi, pour le ministre de la Défense, de nouvelles formes de terrorisme de masse seraient à redouter. Entraînés dans une guerre inédite, nous ne serions pas au bout des « explorations croisées du civil et du militaire à des fins terroristes ». Devrons-nous à terme faire usage d'armes nucléaires ? Le ministre nous y prépare, d'une certaine manière, et relève surtout qu'un nouveau domaine, le cyber, fait déjà peser sur nous des menaces considérables. Tout cela n'est guère encourageant, d'autant que l'utilisation de ces nouvelles armes élargit considérablement le champ du possible en matière de guerre.

Le pire est-il à venir, comme l'annonçait Marc Trévidic en septembre 2015 ? Ce qui est certain, c'est qu'en Syrie ou en Irak des gens réfléchissent activement aux moyens de faire monter le niveau de menace d'un cran. Eux sont très forts pour imaginer le pire. Et, depuis septembre 2001 déjà, les services de lutte antiterroriste tentent de percer

---

1. Jean-Yves Le Drian, *Qui est l'ennemi ?*, op. cit.
2. Blog Abou Djaffar, *Le Monde*, 30 mai 2016.

à jour ce qu'ils imaginent. « Il faut regarder le problème non pas par notre bout de la lorgnette, mais par le leur, explique Alain Chouet, l'ancien de la DGSE. Si vous voulez comprendre l'adversaire, il faut savoir comment il pense. »

Prévenir la menace, traquer les terroristes, c'est donc imaginer le pire à leur place pour être capable de les empêcher de le faire advenir. C'est pourquoi les spécialistes dressent la liste de toutes les attaques dont nous pourrions être victimes. La liste de nos peurs.

« Il ne faut aujourd'hui rien exclure, et je le dis avec toutes les précautions qui s'imposent, [...] il peut y avoir aussi le risque d'armes chimiques et bactériologiques[1] », prévient Manuel Valls aux lendemains des attaques de novembre. Dans le jargon des services, on parle d'attentat NRBC (nucléaire, radiologique, biologique et chimique) ou d'attentat à la « bombe sale ». C'est l'une des inquiétudes majeures des fonctionnaires de la lutte antiterroriste. Depuis plusieurs mois, l'État islamique sait fabriquer du gaz moutarde. Il l'a même testé dans les combats contre les peshmergas en Irak à l'été 2015. « La CIA pense que l'EI a la capacité de fabriquer de petites quantités de chlorine et de gaz moutarde », confirme, quelques semaines plus tard, John Brennan, le directeur de la centrale de renseignement américaine. Pour ce faire, l'organisation terroriste bénéficierait de l'aide de spécialistes, dont d'anciens proches de Saddam Hussein.

Grâce à l'interception de conversations téléphoniques, les services de renseignement savent qu'une attaque chimique d'ampleur figure dans le top 10 des objectifs de l'État islamique. Du rêve à la réalité, il leur reste cependant un pas difficile à franchir. Passer d'une fabrication de petites

---

1. Manuel Valls devant l'Assemblée nationale, 19 novembre 2015.

quantités de gaz toxiques à une attaque massive sur notre sol n'est pas si simple.

« Malgré de nombreuses déclarations provocatrices, la menace est restée limitée aux produits biologiques et chimiques[1] », rappelle Philippe Migaux. Alain Bauer souligne : « En fait, c'est bien plus compliqué qu'on ne le croit : empoisonner de l'eau ou de l'air, ce n'est pas si simple. Ce qui est sûr, c'est que l'impact psychologique d'un tel attentat est considérable, même quand il échoue. La secte Aum a bien tenté quelque chose dans le métro japonais, mais ça n'a pas marché. » Cela n'a peut-être pas « marché » dans la mesure où le nombre de morts n'était pas à la hauteur des attentes des commanditaires, mais on se souvient du très fort retentissement médiatique et de l'effet psychologique sur la population[2].

Reste que, pour Philippe Migaux, « tout risque d'attaque chimique ou biologique ne peut être écarté pour l'avenir, en raison du besoin de nouveauté dans les armes de terreur, de la diffusion grandissante des technologies et du recrutement d'individus bien intégrés dans les sociétés occidentales et disposant de savoir-faire scientifiques[3] ». En 2013, diverses informations en provenance de Syrie, rapportées par des journalistes et des membres d'ONG, faisaient état de la détention de gaz sarin par Bachar el-Assad, mais aussi par les groupes djihadistes. « Selon les témoignages que nous avons recueillis, les rebelles ont utilisé des armes chimiques, faisant usage de gaz sarin »,

---

1. David Bénichou, Farhad Khosrokhavar, Philippe Migaux, *Le Jihadisme. Le comprendre pour mieux le combattre*, op. cit.

2. Le 20 mars 1995, un attentat au gaz sarin dans le métro de Tokyo, revendiqué par la secte Aum, a fait 13 morts et des milliers de blessés.

3. David Bénichou, Farhad Khosrokhavar, Philippe Migaux, *Le Jihadisme. Le comprendre pour mieux le combattre*, op. cit.

déclare en mai 2013 Carla Del Ponte, ex-procureure suisse, membre de la commission d'enquête pour la Syrie à l'ONU.

Dans le catalogue de nos peurs, les cyberattaques arrivent juste derrière les attaques chimiques. Moins inquiétantes à première vue, elles pourraient en réalité se révéler tout aussi dévastatrices. Un ancien responsable à la direction technique de la DGSE nous parle, sous couvert d'anonymat : « Imaginez des terroristes entrant dans le système de contrôle aérien d'un aéroport parisien. On a beau avoir les meilleurs outils informatiques du monde, on ne peut pas exclure une cyberattaque de ce type. En faisant cela, les terroristes créent une grosse panique au-dessus de Paris, avec des avions qui ne sont plus contrôlés ou qui se crashent, une usine qui explose... ce genre de choses. Jusqu'à maintenant, ils n'ont pas encore fait leurs preuves, mais ils y travaillent à fond. Ils recrutent des ingénieurs pour y arriver. Comme ils ont de l'argent, tout est possible. »

Guillaume Poupard, directeur général de l'Agence nationale de la sécurité des systèmes d'information (ANSSI), fait le même constat : « Pour l'instant, ils n'ont pas de capacités propres [pour mener des attaques informatiques complexes], mais cela peut aller vite, car ils peuvent acheter cette capacité auprès de mercenaires informatiques intégrés à des groupes de plus en plus structurés, puissants, compétents techniquement, riches et protégés par des États ». Les services redoutent plus que jamais un tel « Pearl Harbor électronique », selon l'expression de Leon Panetta, l'ancien patron de la CIA.

Arriver à pénétrer des systèmes de contrôle industriels n'est pas à la portée du premier venu, même s'il est calé en programmation informatique. Cela étant, pour Gilles de Kerchove, le coordinateur de l'Union européenne pour la lutte contre le terrorisme, « Daesh a montré une énorme sophistication dans l'utilisation des réseaux sociaux [...]. À un moment donné, il y aura bien un gars avec un doctorat en technologie de l'information qui sera capable d'entrer dans un système ». Il ose même une prédiction : « Je ne serais pas étonné qu'avant cinq ans il y ait des tentatives d'utiliser Internet pour commettre des attentats. C'est-à-dire entrer [...] dans le centre de gestion d'une centrale nucléaire, d'un barrage, d'un centre de contrôle aérien ou l'aiguillage des chemins de fer[1]. »

Selon notre expert en cybertraque, ancien de la direction technique de la DGSE, « le jour où ils pourront faire quelque chose, ils le feront. Mais l'usine qu'ils feront exploser, elle ne sera certainement pas ici. Elle sera plutôt en Inde, au Pakistan ou au Bangladesh. Il y aura trois ou quatre mille morts. C'est plus facile de faire sauter une usine ou une centrale là-bas où les conditions de sécurité sont moins élevées ».

« L'autre crainte, pointe Philippe Migaux, ce sont des intrusions de grande ampleur dans des systèmes d'information, par exemple, avec l'intention de les détruire ou de dérober des renseignements sensibles. Les dégâts seraient évidemment considérables si les terroristes pouvaient s'introduire virtuellement dans les entreprises liées aux secteurs de l'eau, de la finance, de l'industrie ou des transports[2]. »

Enfin, depuis le 11 septembre 2001, la menace d'attentats dans le transport aérien reste d'actualité, avec des projets toujours plus sophistiqués et ambitieux. De l'Anglais Richard Reid, surnommé « Shoe bomber » pour avoir voulu, en décembre 2001, faire sauter un avion en vol avec des explosifs cachés dans sa chaussure, au cas de l'avion russe qui s'est désintégré au-dessus du Sinaï égyptien en octobre

---

1. *La Libre Belgique*, 26 mars 2016.
2. David Bénichou, Farhad Khosrokhavar, Philippe Migaux, *Le Jihadisme. Le comprendre pour mieux le combattre, op. cit.*

2015, les explosifs ayant été dissimulés dans une canette de soda, l'imagination des terroristes ne faiblit pas. Malgré des systèmes de sécurité toujours plus stricts dans les aéroports, ils parviennent à déjouer les contrôles.

Une autre menace se profile autour des avions : les attaques de missile. Rien qu'à Roissy-Charles-de-Gaulle, deuxième plus gros aéroport d'Europe, 177 points de tir possibles ont été détectés. Le périmètre à surveiller est immense. « Nos sociétés sont donc très vulnérables, constate Philippe Galli, le préfet de Seine-Saint-Denis. Roissy a été conçu pour fluidifier l'entrée et la sortie des passagers. Aujourd'hui, si l'on veut protéger l'aéroport, il faut un système de contrôle à l'entrée qui va au contraire ralentir le flux des passagers. On a envoyé une mission à Tel-Aviv pour voir comment les Israéliens gèrent leurs aéroports. Eux sont en état de guerre depuis quarante ans... »

Assurer une surveillance quotidienne relève de l'impossible. « À l'occasion de la COP 21[1], poursuit le préfet, nous avions mis en place une base aérienne mobile destinée à sécuriser l'ensemble des sites aéroportuaires et à protéger les délégations. Mais cela veut dire une rampe Crotale, des antimissiles, des Rafale... Il y avait six cents personnels au total, des Hawk qui tournaient en permanence en l'air. Bref, on peut faire ça une fois de temps en temps, mais pas tous les jours. » Là encore, même si la menace est réelle et oblige les services à travailler dessus, de telles attaques nécessiteraient de la part des organisations terroristes des agents ultra-formés au maniement des armes. « Dégommer un avion au décollage requiert un peu d'outillage. Ce qui peut être assez facile pour des militaires aguerris est nettement plus compliqué pour des types qui sont juste bricolos.

---

1. La Conférence mondiale sur le climat, organisée à Paris en décembre 2015, rassemblait 195 pays.

Cela ne veut pas dire que cela ne va pas arriver un jour. Une bonne partie de l'armée de Daesh est constituée d'anciens de Saddam, il ne faut pas les sous-estimer », conclut Philippe Galli.

On se souvient qu'en 1975 l'aéroport d'Orly essuie deux attentats à la roquette visant des avions de la compagnie israélienne El Al. Le 13 janvier, le commando palestinien, équipé d'un bazooka (comme on appelait alors les lance-roquettes RPG-7), opère depuis l'intérieur d'une voiture stationnée sur une voie d'accès aux pistes. Il vise à deux reprises un Boeing 707 d'El Al qui roule sur la piste, sans l'atteindre. La roquette traverse en revanche de part en part un DC9 yougoslave. Une deuxième roquette n'a pas explosé et s'écrase sur une voiture. Huit jours plus tard, deux tireurs munis d'un autre lance-roquettes parviennent à s'installer sur la terrasse de l'aéroport et s'apprêtent à tirer sur un jumbo-jet israélien qui s'élance sur la piste lorsqu'un CRS en faction les aperçoit et leur tire dessus. Les terroristes prennent la fuite en lançant des grenades. Bilan : trois blessés, dont le CRS et des passagers de l'aéroport. Dans leur fuite, les terroristes s'enferment dans les toilettes en prenant dix otages avec eux. Orly est cerné par les forces de l'ordre. Le ministre de l'Intérieur de l'époque, Michel Poniatowski, se rend sur place. Pour faire part de leurs revendications, les membres du commando glissent des papiers sous la porte des toilettes. Ils exigent un avion pour le lendemain matin 8 heures, direction Beyrouth. Les négociations vont se poursuivre toute la nuit. Au petit matin, les otages sont libérés, un avion d'Air France s'envole, avec son personnel à bord, pour acheminer les terroristes au Liban.

Aujourd'hui, les terroristes se font sauter lors de leurs prises d'otages. Les négociations sont impossibles.

La France appuie la coalition qui soutient les rebelles des forces arabo-kurdes. Les frappes aériennes n'ont pas cessé depuis bientôt deux ans. Comment « gagner la guerre » militairement face à la puissante organisation terroriste ? C'est aux experts de répondre à cette question. Ce qui est certain, c'est que l'étau se resserre : en Irak, Falloujah a été reprise en juin 2016, et la bataille se prépare à Mossoul, tout comme à Raqqa, en Syrie, où les forces armées mettent en œuvre une stratégie d'encerclement et d'étouffement. En tentant de couper les voies d'accès, la coalition espère « asphyxier » Daesh, qui peine de plus en plus à s'approvisionner en denrées alimentaires et en énergie.

Les civils, une fois encore, sont les principales victimes de cette guerre. Alors, fallait-il intervenir au Levant ? Pour cet acteur du contre-terrorisme : « Quelle que soit notre action sur place, la situation reste complexe. En frappant, on prend le risque en retour de voir les attentats se multiplier. Et, si on ne fait rien, on perd la face devant un ennemi qui nous attaque sur notre propre sol. De toute façon, la répression ne réglera pas à elle seule le conflit au Moyen-Orient. Celui-ci est avant tout politique. Le pouvoir a horreur du vide. Daesh a profité de l'abandon de certaines zones par les autorités en place pour s'y engouffrer. En Irak, il a exploité l'humiliation ressentie par les sunnites après l'intervention américaine qui a mis au pouvoir une coalition favorable aux chiites. En Syrie, il a saisi l'opportunité de la guerre civile pour s'implanter dans des zones où les alaouites – le camp de Bachar el-Assad – avaient perdu de leur influence, comme dans la région de Raqqa. La solution est donc politique. La vraie lutte antiterroriste, ce n'est pas à nous de la mener, c'est en premier lieu aux acteurs locaux. Elle doit être sociale, économique et diplomatique. »

Faut-il faire comme les Américains, éliminer physiquement les ennemis un à un ? En France, la justice ne tue pas. Lorsque notre gouvernement frappe l'ennemi au Levant ou au Sahel, c'est parce qu'il s'estime en état de légitime défense. Depuis Merah, aucun terroriste n'a survécu à l'assaut des forces de l'ordre. Le message est clair : la France ne veut plus négocier.

Conclusion

Le 14 juillet, à Nice, vers 22 h 30, un camion meurtrier s'engage sur la promenade des Anglais, où la foule est venue admirer le feu d'artifice. Le véhicule fonce sur près de 2 kilomètres, écrasant les spectateurs sur son passage. Horreur et panique sur la French Riviera. Le conducteur, un Tunisien de 31 ans, est abattu par les forces de l'ordre. Bilan : 84 morts. À la une des médias du monde entier : le « massacre » de Nice avec en photo le camion blanc, le cadavre d'un enfant et sa poupée sur le sol.

Un camion, contrairement à une ceinture d'explosifs ou à une kalachnikov, cela fait partie de notre quotidien. À Nice, les terroristes ont réussi à renouveler leur mode opérationnel. La date, le 14 juillet, est le symbole de notre nation et de sa devise, « Liberté, Égalité, Fraternité », qu'exècrent les djihadistes. Le lieu, la Côte d'Azur, incarne le luxe et le tourisme.

Au lendemain de l'attentat, la classe politique se déchire. Comment ce camion a-t-il pu pénétrer dans un périmètre sécurisé ? François Hollande décide de prolonger l'état d'urgence, comme après chaque attaque. Le gouvernement mobilise encore davantage les services de renseignement.

Est-ce le principal enjeu ? On le sait, les forces de sécurité sont épuisées. La stratégie des djihadistes fonctionne. Encore une fois, ils ont un coup d'avance. C'est le principe même du terrorisme. Les politiques mesurent-ils réellement l'ampleur de la tâche face à la menace qui vise les fondements mêmes de notre société ?

« Nous sommes au bord de la guerre civile » : c'est en ces termes que Patrick Calvar s'exprime en mai 2016 à deux reprises. « Il nous appartient donc d'anticiper et de bloquer tous ces groupes qui voudraient, à un moment ou à un autre, déclencher des affrontements intercommunautaires[1] », prévient le responsable de la sécurité intérieure devant les députés de la commission sur les attentats du 13 novembre.

Un haut responsable du renseignement souligne notre impuissance : « Les djihadistes passent par la case prison, où ils entrent en contact avec des prédicateurs de talent. Des petites frappes de banlieue en ressortent djihadistes sans qu'on l'ait vu venir. Car, après leur condamnation, la période de suivi s'arrête, forcément. On n'a plus rien contre eux. Ils se planquent, on les perd, et fatalement ils passent en dessous des radars.

« Si on est honnête, il faut arrêter de fantasmer sur le risque zéro. Le maillage absolu, le filet sans trou, cela n'existe pas. Même si on peut toujours mieux faire, la vraie réponse est dans la capacité d'une nation à être résiliente dans la durée. Ne pas paniquer, ne pas demander toujours plus et considérer que l'effort doit être fait collectivement. Alors, on y arrivera. Les Français surmonteront le choc. Ce n'est pas que l'affaire des services de sécurité, c'est aussi une question de comportement civique et de vigilance. Il n'y a aucune raison pour qu'on n'y arrive pas ; on a connu bien pire et on en est venus à bout. »

---

1. *Le Figaro*, 22 juin 2016.

L'État demande à la population d'être résiliente, soit. Mais les responsables politiques ne parviennent pas à la rassurer. Les mesures coercitives montrent leurs limites. Pour convaincre, il faut des résultats. Or les Français ne peuvent que faire un constat d'échec. La menace ne s'estompe pas ; au contraire, elle s'amplifie. L'affaiblissement de l'EI sur ses territoires promet un retour des « bombes » sur notre sol. Les milliers de combattants partis faire le djihad vont revenir, fatalement aguerris et déterminés.

La solution ne relève pas du tout-sécuritaire, tous les responsables de la lutte antiterroriste le disent. Notre système est certainement le meilleur du monde, mais peut-il résister face à une menace protéiforme et fulgurante ? Les décisions prises par nos responsables politiques montrent un décalage entre les moyens accordés à l'antiterrorisme et la réalité de la nouvelle menace. Une Ferrari, si performante et confortable soit-elle, ne peut pas éviter le danger qui surgit au coin d'un virage en pleine nuit.

L'État a-t-il les moyens de ses ambitions ? Yves Trotignon n'est guère optimiste : « Avons-nous adopté une stratégie de lutte face à la menace à moyen ou long terme ? La réponse est non. Parce qu'on a confondu la lutte contre les acteurs politiques et militaires et la lutte contre l'idéologie. Les djihadistes ne doivent pas être traités comme des islamistes radicaux, mais comme des acteurs qui nous menacent. Pour l'instant, on fait tout à l'envers. On lance "Stop djihadisme" sur Twitter, avec une propagande assez moisie, et on leur fait la guerre très mollement. On a des professionnels de la traque qui arrêtent des mecs, qui en tuent aussi, mais cela n'altère pas le phénomène djihadiste. On fait de l'anti-Churchill, qui promettait "du sang, de la sueur et des larmes" pour remporter la guerre face au nazisme. »

La solution est nécessairement politique dans tous les pays menacés par le terrorisme islamiste – au Moyen-Orient, où le conflit perdure depuis près de un siècle, comme en Occident, où nos sociétés démocratiques font face à une crise majeure de leurs valeurs fondatrices.

« Il faut redonner de l'espérance à la jeunesse, assure Alain Juillet. Quel que soit son niveau social, un jeune qui commence à se dire : "Je ne suis rien, je suis un minable, je n'ai pas d'avenir" est une proie rêvée. Eux lui disent : "Rejoins le djihad ! Avec nous, ce sera différent. Tu vas croire en Dieu, te soumettre à lui. Tout ce qui se passe, c'est Dieu qui te l'offre. Et si tu meurs, tu deviens quelqu'un." Pour une fois dans leur vie, ils vont exister. Le monde entier va parler d'eux. »

Au terme d'une enquête que nous imaginions essentiellement consacrée à des questions judiciaires et sécuritaires un peu techniques, nous avons compris que l'antiterrorisme est avant tout une affaire de relations humaines et de considérations sociétales et politiques. La lutte antiterroriste ne diffère que par de rares points de la lutte contre la criminalité et relève principalement de la justice de droit commun. Elle est surtout devenue un enjeu politique majeur. Alors que le terrorisme fait désormais partie de leur quotidien, les Français expriment le besoin d'être protégés et rassemblés. Or nos dirigeants semblent dépassés et impuissants. Même leur communication ne fait plus illusion.

Annexes

Organigramme de la lutte antiterroriste en France

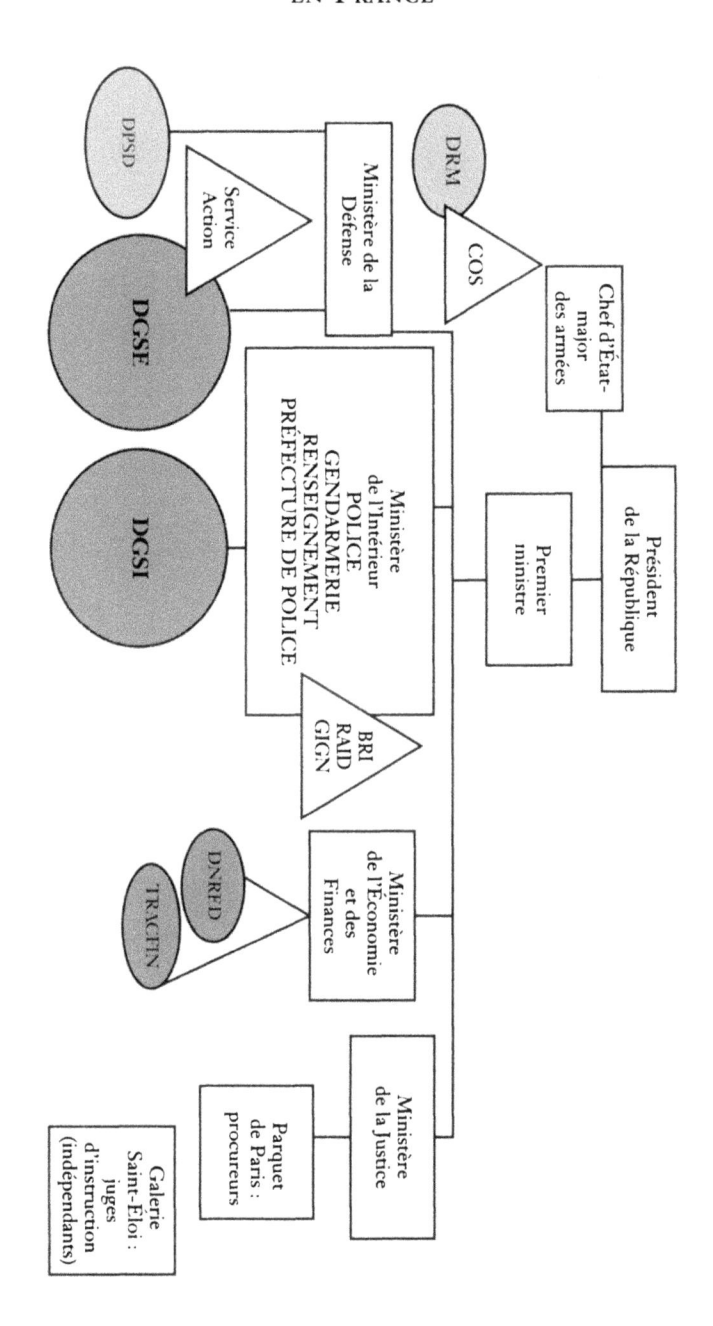

- DPSD
- DRM
- Ministère de la Défense
- Service Action
- COS
- DGSE
- DGSI
- Ministère de l'Intérieur
  - POLICE
  - GENDARMERIE
  - RENSEIGNEMENT
  - PRÉFECTURE DE POLICE
- BRI / RAID / GIGN
- Chef d'État-major des armées
- Président de la République
- Premier ministre
- TRACFIN
- DNRED
- Ministère de l'Économie et des Finances
- Ministère de la Justice
- Parquet de Paris : procureurs
- Galerie Saint-Éloi : juges d'instruction (indépendants)

Nos personnages

Le parquet

François Molins, procureur de la République depuis 2011, dirige le parquet de Paris installé au Palais de justice, sur l'île de la Cité. Les magistrats de la section antiterroriste du parquet de Paris, autrement appelée la C1, sont dirigés par Camille Hennetier. Elle a succédé à Olivier Christen (2007-2012), qui succédait lui-même à Anne Kostomaroff (2004-2007) et à Michel Debacq (2000-2004). Cette section (ex-14e section) a été créée par Alain Marsaud, qui l'a dirigée pendant les deux premières années (1986-1988).

La galerie Saint-Éloi

Le nom de la galerie Saint-Éloi, cette galerie située sous les combles du Palais de justice et qui abrite les juges d'instruction, fait référence au chancelier du roi mérovingien Dagobert Ier. Comme les juges, Éloi, patron des ouvriers, maniait le marteau. Le patron emblématique de la galerie Saint-Éloi a été le juge Jean-Louis Bruguière. De sa création en 1986 jusqu'à son départ en 2007, il l'a vue se transformer tandis que les juges défilaient : Jean-François Ricard, Gilbert

Thiel, Marc Trévidic... Aujourd'hui, dix juges d'instruction – dont Laurence Le Vert (la doyenne), Christophe Teissier, David Bénichou, Nathalie Poux, Jean-Marc Herbaut, Thierry Fragnoli, David de Pas, Isabelle Couzy – travaillent dans ces bureaux, totalement rénovés en 2004.

La DGSI à Levallois-Perret

Patrick Calvar est à la tête de la Direction générale de la sécurité intérieure depuis sa création en 2014. La DGSI renseigne la justice antiterroriste. Elle est née des cendres de la DCRI (Direction centrale du renseignement intérieur) – dont Patrick Calvar était auparavant le numéro deux –, qui était elle-même une fusion de la DST (Direction de la surveillance du territoire) et des RG (Renseignements généraux). Philippe Chadrys dirige la SDAT (Sous-direction antiterroriste), ce service de police judiciaire qui se voit confier les affaires par les magistrats antiterroristes.

La DGSE – la « Piscine »

Bernard Bajolet, ancien diplomate, est le patron des services extérieurs depuis 2013. La « Piscine », installée boulevard Mortier, dans le XXe arrondissement de Paris, est divisée en six sections, dont la Direction du renseignement, un temps dirigée par Alain Juillet (2002-2003) et Patrick Calvar (2009-2012). Alain Chouet, Arnaud Danjean et Yves Trotignon sont eux aussi des anciens de la DGSE.

Le coordonnateur national du renseignement au « Château »

Le coordonnateur national du renseignement a son bureau à l'Élysée et conseille directement le président de la République. Le diplomate Didier Le Bret, nommé en juin 2015, a succédé à un préfet, Alain Zabulon (2013-2015), et à un policier, Ange Mancini (2011-2013), qui avait été un temps à la tête du RAID. C'est l'ancien diplomate Bernard Bajolet qui avait le premier occupé ce poste à sa création en 2008.

Le RAID et autres unités d'intervention

Jean-Michel Fauvergue dirige les policiers du RAID, une unité qui vient de fêter ses trente ans d'existence. À Paris, la préfecture de police a sa propre brigade d'intervention, la BRI (brigade de recherche et d'intervention), dirigée par Christophe Molmy avec son adjoint Georges Salinas. Le général Denis Favier, qui a longtemps commandé les gendarmes du GIGN (Groupe d'intervention de la gendarmerie nationale), a annoncé qu'il quitterait ses fonctions en septembre 2016 pour rejoindre le privé.

Enfin, de nombreux serviteurs de l'État – de la police, du renseignement, de la justice ou des forces armées – ont accepté de nous parler, à condition de rester anonymes pour des raisons de sécurité. Nous remercions tous ces interlocuteurs de nous avoir accordé un peu de leur temps précieux. Leur expertise nous a éclairées sur ce monde si difficile d'accès.

LISTE DES SIGLES

BAC : brigade anticriminalité
BRI : brigade de recherche et d'intervention
BSPP : brigade des sapeurs-pompiers de Paris
CNCIS : Commission nationale de contrôle des interceptions de sécurité
CNCTR : Commission nationale de contrôle des techniques de renseignement
CNR : Conseil national du renseignement
COS : Commandement des opérations spéciales
DCPJ : Direction centrale de la police judiciaire
DCRI : Direction centrale du renseignement intérieur
DGSE : Direction générale de la sécurité extérieure
DGSI : Direction générale de la sécurité intérieure
DNRED : Direction nationale du renseignement et des enquêtes douanières
DPSD : Direction de la protection et de la sécurité de la défense
DRM : Direction du renseignement militaire
DRPJ : Direction régionale de la police judiciaire
DRPP : Direction du renseignement de la préfecture de police de Paris
DST : Direction de la surveillance du territoire

EMOPT : état-major opérationnel de prévention du terrorisme
GIGN : Groupe d'intervention de la gendarmerie nationale
GIPN : Groupe d'intervention de la police nationale
RAID : Recherche, Assistance, Intervention et Dissuasion
RG : Renseignements généraux
SA : Service Action (DGSE)
SAT : Section antiterroriste (préfecture de police de Paris)
SCRT : Service central du renseignement territorial
SDAO : Sous-direction de l'anticipation opérationnelle
SDAT : Sous-direction antiterroriste
SDPJ : Sous-direction de la police judiciaire
UCLAT : unité de coordination de la lutte antiterroriste

Principales lois antiterroristes depuis 1986

9 septembre 1986
Loi relative à la lutte contre le terrorisme et aux atteintes à la sûreté de l'État. Extension de la durée de la garde à vue à quatre jours, report de l'intervention de l'avocat à la 72e heure de garde à vue, alourdissement des peines, incrimination de l'apologie de terrorisme, indemnisation des victimes de terrorisme, autorisation des perquisitions domiciliaires même sans l'assentiment des personnes suspectées, exemption de peines pour des criminels qui empêchent la commission d'un attentat.

Création du Service central de lutte antiterroriste, la « 14e section du parquet » : des juges d'instruction et des procureurs spécialisés centralisent tous les dossiers de terrorisme.

22 juillet 1996
Loi tendant à renforcer la répression du terrorisme et des atteintes aux personnes dépositaires de l'autorité publique. Création du délit d'association de malfaiteurs en relations avec une entreprise terroriste.

30 décembre 1996
Loi relative à la détention provisoire et aux perquisitions de nuit en matière de terrorisme, qui autorise les perquisitions de nuit en enquête de flagrance, préliminaire ou au cours de l'instruction.

15 décembre 2001
Loi renforçant les pouvoirs des agents de police judiciaire en matière de contrôles d'identité pour lutter contre le terrorisme (fouille des véhicules, dans les zones portuaires, les aérodromes), créant le délit de financement des actes de terrorisme et prévoyant la peine de confiscation générale de l'ensemble des biens des personnes coupables d'actes de terrorisme.

9 mars 2004
Loi créant de nouvelles possibilités d'investigation, applicables en matière de terrorisme et de délinquance ou de criminalité organisée : juridictions interrégionales spécialisées, extension du statut de repenti (ou « plaider coupable »), écoutes téléphoniques lors de l'enquête.

23 janvier 2006
Dispositions diverses relatives à la sécurité et aux contrôles frontaliers, qui autorise une garde à vue de six jours en cas de risque d'attentat. La loi impose aux opérateurs télécom, aux fournisseurs d'accès Internet (FAI), mais aussi à tout établissement proposant un accès au Net, comme les cybercafés, de conserver les données de connexion (logs) pendant un an. L'accès à ces logs par les autorités policières n'est plus soumis à l'autorisation d'un magistrat, donc effectué sous contrôle judiciaire, mais simplement à celle d'un haut fonctionnaire de la police nommé par la Commission nationale de contrôle des interceptions de sécurité (CNCIS).

13 novembre 2014
Interdiction du territoire des suspects candidats au djihad et création d'un délit d'entreprise terroriste individuelle.

24 juillet 2015
Loi sur le renseignement : les services sont autorisés à recourir à des techniques d'accès à l'information. Le recours à ces techniques de surveillance devra obéir à une procédure définie par la loi : les demandes écrites seront adressées au Premier ministre. Le Premier ministre donnera ou non son accord après avis de la Commission nationale de contrôle des techniques de renseignement (CNCTR).

TABLE DES MATIÈRES

Prologue 9

1. Ennemis publics numéro un 15
   Quatre mois de traque 15
   La fabrique à djihadistes 22
   2014 : « La France n'a pas peur » 25
   2015 : « C'est une horreur » 28
   2016 : la France en état d'urgence 30

2. Les revenants 33
   Insaisissables 34
   Djihad, l'inexorable promesse du retour 46
   La « menace globale » 48
   Génération(s) djihadiste(s) 52

3. Le pôle antiterroriste 59
   1986 : « Terroriser les terroristes » 64
   1996 : l'association de malfaiteurs 66
   La galerie Saint-Éloi perd la main 73
   2015 : la « speakerine » du parquet 74

4. Chez le juge 79
   Le « bunker » 79
   Repérer les « bombes » 81
   Le secret 91
   « On ne lâche jamais » 94

L'IMPOSSIBLE TRAQUE

5. La matrice..	97
7-9 janvier 2015 : la traque infernale........................	97
Décryptage d'un raté	103
« Où est-ce qu'on a failli ? »..................................	108
Des « pieds nickelés » aux assassins de Paris............	112
Artigat : les « fumeurs de chichon »	
devenus cadres de l'EI....................................	118
Les enfants de Daesh	122
« Les failles ? Quelles failles ? ».............................	127
6. En amont : le renseignement	131
L'aveu de faiblesse	132
Place Beauvau...	139
2008 : la réforme	142
Un organigramme complexe et opaque.....................	145
La culture de l'ombre	150
Les « sources »	156
2015, l'année de la fiche « S »	159
« Prioriser » l'information.....................................	163
Déjouer des attentats...	165
Entre le renseignement et la justice,	
une « muraille de Chine »...............................	168
7. Ennemis d'État...	175
Djihadistes « made in France »	176
« On m'a demandé de rendre service,	
j'ai rendu service, monsieur »	177
De la « petite frappe » au criminel	182
Règle numéro un du parfait djihadiste :	
« passer sous les radars »	185
8. L'assaut...	191
Acte 1 : 13 novembre...	191
Acte 2 : 18 novembre...	205
9. Les racines du mal	213
Molenbeek...	213
Une centaine de Molenbeek en France ?	220
2003 : la volonté de réformer l'islam de France.......	222
Les « territoires perdus de la République »	227